위조 범죄의 이론과 실제

위조 범죄의 이론과 실제

류전철 저

전남대학교출판부

| 머리말 |

90년대 초반 독일유학 중에 받았던 인상 중의 하나는 도서관에 형법관련 연구서가 다양하게 많았다는 점이다. 그 중에서도 200페이지 정도 분량의 개별 주제를 다루고 있는 연구서는 그 주제에 관심 있는 학자뿐만 아니라, 전공학생에게도 유익하게 참고가 되고 있었다. 귀국 후 이러한 점을 동료 형사법 연구자들과 함께 이야기 하면서 우리도 언젠가는 교과서위주의 저술에만 머물지 말고 다양한 주제에 관한 개별 주제를 다루는 연구서를 집필하자고 다짐했던 것이 벌써 15여년이 지나가 버렸다.

저자는 1997년 독일 프라이부르그 대학에서 '한국형법과 독일형법상 문서죄에 관한 연구 - 복사문서를 중심으로 -'라는 주제로 박사학위를 취득하였다. 이러한 박사학위주제를 선정하게 된 배경에는 먼저 위조범죄 특히 문서죄의 이해가 쉽지 않아서 이를 극복하고 싶은 마음과 형법총론의 이론적인 주제보다는 실제적인 문제해결을 위한 연구가 앞으로 더 필요하다는 생각에서였다. 그러나 학위논문의 특성상 복사문서에 집중하다보니 위조범죄 전반에 대한 연구의 아쉬움이 항상 남아있었다. 그러던 차에 전남대학교 학술도서연구비를 지원받게 되어 본서를 큰 포부를 가지고 시작은 하였으나 깊이 있는 연구 성과를 만들지도 못하고 그 동안의 생각을 정리한 정도로 책을 마무리 하게 되었다.

한편으로는 오래 전의 약속을 지켰다는 뿌듯함도 있지만, 책은 욕심으로 쓰는 것이 아니라는 부끄러움이 앞선다. 이 책에서 부족한 부분은 다음 기회에 보완할 것을 다짐해 본다. 이 책을 출간하면서 많은 분들께 감사의 마음을 전하고자 한다. 특히 학문의 길로 나아갈 수 있도록 이끌어 주신 존경하는 아버님께 감사드린다. 그리고 지도교수이신 안동준 교수님, 독일 프라이부르그 대학의 박사학위논문지도교수이신 볼프강 프리쉬 교수님께 감사드린다.

마지막으로 성실하게 원고를 교정해 준 정헌상 조교와 정은주 조교 그리고 책이 발간되기까지 많은 수고를 해주신 전남대학교출판부 관계자 여러분께 감사드린다.

2011년 2월 10일

류전철

| 목차 |

제1장 위조범죄이론의 역사적 전개과정

아주 오래 전부터 인간사회는 의사소통에 의해 이루어지고 있다. 인간 상호간의 의사소통은 일정한 거래영역에서 중요한 역할을 하고, 사회는 이러한 역할을 제도적으로 보장하여 왔다. 그리고 이러한 제도는 사회의 구성원들이 일정한 의사소통의 대상물에 대해 갖는 신뢰를 보호하는 것이었다. 특히 현대사회에서 의사소통과 거래는 각종 신용의 도구와 수단을 통해 이루어지기 때문에 표준적인 신용도구의 신뢰성을 확보하는 일은 사회생활관계의 안정과 평온을 유지하는데 불가결한 전제조건이 된다.[1)]

전통적인 신용도구로서 문서 · 통화 · 유가증권 · 우표 · 인지 · 인장 등을 들 수 있으나, 과학문명의 발달에 따라 현대사회는 이들 전통적인 신용도구의 기능을 수행하는 다른 대상물들을 만들어 내어 대체시켜 가고 있다. 예를 들어 다양한 영상매체나 전자기록 · 전산자료 · 전송사진 · 모사전보(Fax) 등과 같은 것들이 그것이다. 그리고 이러한 신용도구가 사회에서 제대로 기능을 수행할 수 있도록 국가는 형벌을 통해서 신용도구의 진정성과 신용성을 확보하여 왔다. 위조범죄(Fälschungsdelikte)라고 불려지는 일련

1) 김일수, 한국형법 Ⅳ[각론 하](개정판), 1997, 189면.

의 범죄들은 바로 신용도구들에 대한 공공의 신용을 침해하는 행위들을 말한다. 형법은 제207조 내지 제240조를 통해서 통화에 관한 죄(제18장), 유가증권, 우표와 인지에 관한 죄(제19장), 문서에 관한 죄(제20장), 인장에 관한 죄(제21장)를 규정하고 있다.

현행 형법의 위조범죄에 관한 규정은 외국의 입법에 의해 중요한 영향을 받았다. 직접적으로는 일본의 1940년 일본형법가안의 영향을 받고, 간접적으로는 1871년 독일 제국형법과 1925년, 1927년, 1930년 등의 독일형법개정초안의 영향을 받아 규정되었다.[2] 우리 형법상 위조범죄는 - 몇 가지 차이를 간과한다면 - 자구(字句)상으로는 전체적으로 일본형법가안과 유사하다고 할 수 있다.[3] 그러나 이처럼 우리 형법상 위조범죄에 직접적인 영향을 미친 일본형법도 독자적인 연원을 갖고 있는 것은 아니며, 특히 1907년의 일본형법은 1871년 독일 제국형법을 근간으로 제정되었기 때문에 우리 형법상 위조범죄에 관한 규정은 독일형법의 위조범죄규정들에 의해 입법론적인 면에서 간접적인 영향을 받았다고 할 수 있다. 그러므로 우리 형법상 위조범죄에 관한 규정의 근간이 되는 1940년의 일본형법가안이 가지는 의미를 이해하기 위해서는 일본형법가안에 영향을 미친 요인들을 정확하게 이해함으로써 가능한 것이라고 할 수 있다.

---

2) 김일수, 한국형법 Ⅳ[각론 하](개정판), 1997. 193면; 유기천, 각론(하), 130면.

3) 미수범(제235조)을 확장하고, 자격정지에 관한 규정(제237조)을 신설한 점을 일본형법가안과 다른 점이라고 할 수 있다. 우리형법상 문서죄 규정과 1940년의 일본형법가안의 문서죄 규정의 비교는 유기천, 형법학[각론강의 하], 130-131면 참조.

현행 독일 형법상 위조범죄규정은 1871년 형법의 제정 후 여러 차례의 개정안과 1936년의 정부형법개정위원회 안을 반영한 1943년의 형법개정을 통해서 현재의 위조범죄의 형태로 바뀌어졌는데, 우리 형법의 위조범죄규정에 중대한 영향을 미친 1940년의 일본형법가안에는 이러한 변화가 당시의 시대적 사정으로 인해 고려되지 못하였고, 그 후 우리 형법 제정당시에 1871년의 독일 제국형법과 1925년, 1927년 그리고 1930년 등의 독일형법초안과 1940년의 일본형법가안 등만을 고려하였기 때문에 1943년의 형법개정을 통한 현재의 독일 형법상 위조범죄규정과는 다른 형태로 규정되었다.[4] 예를 들어 한국형법 제225조, 제231조와 관련해서 공·사문서를 규정한 점은 1871년의 독일제국형법 제267조와 유사하고 단지 한국 형법에서는 양 문서를 조문상 독자적으로 규정한 점이 다르고[5], 주관적 구성요건요소로서 목적의 내용은 1925년의 독일형법개정 초안 제187조와 같이 '행사의 목적

---

4) 독일형법상 문서죄는 1943년 5월 29일의 형법개정을 통해서 1871년의 독일 제국형법의 문서죄와는 다른 상당한 변화를 가져왔다. 첫째, 문서죄에서 공문서와 사문서를 구별을 폐지하였다. 둘째, 종래에는 문서를 위조·변조하고, 위조·변조된 문서를 행사하여야만 문서죄가 성립하였는데, 개정으로 인해 문서의 위조·변조·행사가 각각 독립된 행위유형으로 규정되었다.

5) 1871년 독일 제국형법 제267조는 "위법한 목적에서 권리나 권리관계에 중요한 국내·외 공문서 또는 사문서를 허위 작성하거나 변조하여 기망의 목적으로 행사한 자는 문서위조죄로 징역에 처한다"고 규정하고 있다. 그리고 제268조에는 문서위조죄를 범해서 재산적 이익을 얻거나 타인에게 손해를 입힌 경우에는 사문서의 경우 5년 이하의 징역과 벌금형, 공문서의 경우에는 10년 이하의 징역과 벌금형이 규정되어 있었다.

으로 규정되었다.[6] 한국형법 제229조와 제234조의 행사죄를 독자적인 구성요건으로 규정한 것은 1925년 초안의 제187조 후단의 영향으로 보여진다.[7]

우리 형법상 위조범죄규정들은 1995년 형법개정을 통해 제227조의2와 제232조의2의 전자기록물과 제237조의2의 복사문서가 문서죄의 새로운 행위객체로 들어오게 되었다. 당시 신설된 규정들은 문서죄의 행위객체인 문서의 개념과 관련하여 제기된 문제들을 입법적으로 해결하였다는 의미를 가지고 있다.

위조범죄(Fälschungsdelikte)에 대한 형법규정들은 공공의 신용을 보호법익으로 하고 있지만, 사회의 신용도구에 대한 '공공의 신용'은 시대와 지역에 따라 변천될 수 있는 것이다. 위조범죄의 역사를 따라 거슬러 올라가면, 지금과는 상이한 인식에서 출발하였다는 점을 알 수 있다. 이러한 인식의 차이는 당연히 위조범죄의 해석에 영향을 미치게 되었다. 예를 들어 위조범죄의 보호법익인 '공공의 신용'과 관련해서 공공의 신용은 법률에 의해서 규범적으로 설정되는 것인지, 아니면 사실상 사회적으로 형성되는 것인지에 대해서 인식의 차이를 보여주고 있다. 마찬가지로 문서의 개념, 위조의 개념, 행사의 개념 등에 관한 해석과 적용에서도 위조범죄에 대한 인식의 차이는 해석론에 반영되고 있다.

---

6) 1925년의 독일형법개정초안 제187조에는 "문서를 법적거래에서 권리나, 권리관계 또는 사실의 증명을 위해서 행사할 목적에서 위조하거나 변조한 자는 1년 이상의 징역에 처한다"고 규정하였다.

7) 1925년의 독일형법개정 초안 제187조 후단에 "위조되거나 변조된 문서를 권리, 법률관계 또는 사실의 증명을 위해서 법적거래에 행사한 자는 문서위조와 마찬가지로 처벌한다"고 규정하였다.

즉 위조범죄 해석론의 패러다임은 각각의 시대를 거쳐 오면서 정립되어 온 인식의 산물이라고 할 수 있다.

제1절 이태리 주석학파와 초기 보통법상의 위조범죄(Crimen Falsi)해석론[8)]

1. 주석학파의 위조범죄론

위조범죄론은 로마법의 주석을 통한 이태리 법률가들에 의해서 시작되었다고 할 수 있다. 역사적으로 이미 12표법을 보면 법정에서 위증을 한 자에 대해서 사인이 소추할 수 있도록 허용하고 있었음을 알 수 있다. 그 후 위증에 관한 규정들을 다른 유사한 범죄들에 준용함으로써 위조가 독자적인 형태의 범죄로 정착하게 되었다. 그리하여 로마공화정시대에는 유언장위조와 주화위조 그리고 대가를 받고 하는 위증을 처벌하는 "위조에 관한 법률(lex Cornelia de falsis)"이 제정되었다. 황제시대에 들어서서 법적거래의 진보적인 발전은 "falsa"의 구성요건들을 확대하게 만들었다. 예를 들어 유언장의 보호를 확장하고, 그러한 유언장의 보호를 점차적으로 모든 공문서와 사문서에도 미치도록 하였다. 또한 주화위조와 위증에 대한 규정들이 보충되었고, 여기에 새로운 구성요건들로서 재판관매수, 가명(假名)의 사용, 아이 바꿔치기

---

8) 이하의 역사적 전개과정은 Georg Schilling, Das strafrechtliche Schutz des Augenscheinsbeweises, 1965, 37면-68면을 참조하였음을 밝혀둔다.

(상속재산을 사취할 목적으로 친생자로 위장하는 경우), 도량형기(度量衡器)의 위조 그리고 물건의 이중매매 등에 관계되는 소위 "유사위조(quasi falsa)"가 덧붙여졌다. 결과적으로 로마법상의 위조(Falsum)는 전체적으로 상이하고, 부분적으로 외부적인 관점에 따라 병렬시킨 범죄라고 할 수 있으며, 근본적으로 이러한 위조범죄들의 공통성은 소송과의 관련성에서만 찾을 수 있었다. 즉, 로마시대의 위조범죄들은 모두 "위조에 관한 법률(lex Cornelia de falsis)"에 따라 소송절차를 통해 소추될 수 있었다.

주석학자들은 로마법의 개별적인 경우들을 체계적으로 총괄하고 가능한 한 일반적인 원칙들에서 기록하려고 노력하였다. 위조로 결합된 구성요건들의 다양성 때문에 주석학자들의 노력은 광범위한 추상성을 통해서만 성공할 수 있었다. 즉 위조범죄의 공통된 표지로서 "진실의 왜곡(immutatio veritatis)"을 발견하였고 그리고 그것을 위조범죄로서 나타내어지는 범죄군의 특징으로 끌어올렸다. 그러나 '진실왜곡'이라는 표지만으로는 그 영역이 너무 넓기 때문에 부차적인 표지들을 통해서 위조범죄를 제한하려고 하였다. 즉, 행위자의 고의와 "제3자의 손해(praeiudicium alterius)"라는 표지를 통해서 위조범죄의 범위를 제한하였다. 이러한 과정을 거쳐 이태리 주석학자들은 위조범죄를 "고의적으로 진실을 왜곡하여 제3자의 손해를 야기하는 것(dolosa veritatis immutatio in praeiudicium alterius facta)"이라고 정의하였다.

"제3자의 손해"에 대한 주석학자들의 다양한 논의로 인해 제3자의 손해는 위조범죄의 본질이라고 받아들여졌다. 이러한 관점은 당시의 문헌에서 "손해"는 단지 재산상의 불이익과 관계된다고 이해하는 견해를 보면 그 의미가 분명해진다.[9] 그러나 이러한 해석은 도량형기(度量衡器)의 위조에 관해서는 의문이 없지만, 사법제도에 반하는 부정직성을 처벌하는 범죄와는 일치할 수 없다는 것을 알 수 있다. 즉 형사절차와 관계되는 위증죄와 재판관매수, 그리고 무고죄도 마찬가지로 위조범죄군에 속한다는 것을 고려한다면 "제3자의 손해"에서 손해를 재산상 손해라고 이해하는 것은 타당하지 않다. 따라서 로마법상 위조범죄를 이해하기 위해서는 "진실왜곡"과 "제3자의 손해(damunm alterius)"의 관계를 규명할 필요가 있다. 손해에 대해 상술하고 있는 문헌들을 보면 전적으로 문서죄와 위증죄에만 관련되어 있다. 이에 따르면 양 범죄에서 손해의 결과는 발생할 필요가 없고, 행위가 손해를 위해서 적합한 것으로 충분하다고 한다. 이러한 적합성은 주로 형식적인 결함으로 인해 활용할 수 없는 진술에도 인정되었다. 그 이유는 법정에서의 진술 그 자체는 형식적인 행위를 의미하기 때문이었고, 위증으로 인한 형식적 결함도 사법에 대한 침해에 포함되기 때문이다.

위조된 문서의 손해적합성과 관련하여 행해진 구별은 주목할 만한 것이다. 문서화된 법적거래의 내용적인 결함으로 후속적인 상황들이 무효가 된다면, 그러한 행위자의 행위에는 "위조벌(poena falsi)"이 개입되어져야만 한다고 한다. 이와 반대로 문

9) Georg Dahm, Das Strafrecht Italiens im ausgehenden Mittelalter, 1931, S.503; Tomas Würtenberger, Das Kunstfälschertum, 1940, S.207.

서 그 자체가 형식적인 결함이 있는 경우, 즉 이미 외부적으로 엄격한 형식규정을 충족하지 못한 경우에는 처벌하지 않는다. 따라서 여기서 문서 위조행위의 유해성과 가벌성은 행위자의 행위가 적합한 기망수단을 위해 만들었는지 또는 그 결과가 다른 사람을 기망시키는데 적합한지 등에 따라 판단된다. 이것으로부터 "제3자의 손해"는 어느 경우에도 성공한 기망과 연결되어 발생하는 것이기 때문에 진실왜곡의 외부에 놓이는 손해를 의미하는 것은 아니라는 결론이 나온다. 오히려 "진실왜곡"은 기망을 위한 계기를 주는 사정을 만들어야만 한다는 점을 명확히 하여야 한다. 객관적인 위험성이 결여된 모든 행위들은 사람들을 오도하는데 영향을 미칠 수 없기 때문에 위조범죄에서 배제된다. 그러므로 손해적합성이라는 표지는 단지 기망의 자격에만 관계될 뿐이며, "제3자의 손해"는 위조범죄의 표지로서 "진실의 왜곡"과 함께 독자적인 개념표지라는 것은 적절하지 못하며, "제3자의 손해"는 오로지 적합한 기망수단으로서 특색만을 나타낼 뿐이다. 결국 "진실왜곡"만이 위조범죄의 본질을 이룬다고 할 수 있다.[10)]

기망행위의 다양성 때문에 전술한 것 이외에 로마법상의 사기적인 행위의 수많은 사례들을 포함할 수 있는 위조의 일반적 개념이 이태리법에서는 개별적 구성요건 뒤로 물러난다. 그 구성요건들은 주로 문서범죄, 주화범죄, 위증죄와 관계된다. 상응하

---

10) Franz Heinemann, Das Crimen Falsi in der altitalienischen Doktrin, 1904, S.26.

는 개별규정들은 독일의 민중법들에서도 마찬가지로 찾을 수 있고, 중세에 와서야 비로소 "위조"라는 통일적인 표기가 문헌에 등장하게 되었다. 어쨌든 위조라는 개념에 비밀스럽게 재산손해가 들어가기는 하였지만, "위조"는 주로 주화위조, 문서위조, 상품위조에 제한되어졌다. 마찬가지로 칼로리나 형법전도 제111조 내지 제114조에서 개별적인 위조사례들만을 다루고 있다. 맨 먼저 주화위조가 규정되었고, 이 경우에 부진정한 주화들을 일부러 주변사람들에게 사용한 자들은 가장 엄하게 처벌되었다.(제111조) 문서위조에 관한 제112조는 오직 위조물의 작성만을 목표로 하고 있었고, 이때에 형벌의 정도는 행위가 얼마나 사악하고 해로운 결과를 가져왔는지에 따라서 정해졌다. 도량형기(度量衡器) 그리고 상품의 질에 대한 위조에 관한 제113조는 기망적인 준비만으로는 충분하지 않고, 행위자가 대상물들을 올바른 것으로 사용하고, 교부할 것을 요구하였다. 그리고 제114조는 경계위조를 다루고 있다.

2. 초기 보통법상 위조범죄해석론

초기 보통법의 학자들도 이태리 주석학자들의 해석론을 받아들였었다. 그렇기 때문에 그들은 칼로리나 형법전 제111조 이하의 구성요건들을 일반적인 원칙의 결과로서 간주하였다.[11] 그들은 이것을 이태리의 모범례에 따라서 "dolosa immuntatio ver-

11) Friedrich Schaffstein, Die Carolina in ihrer Bedeutung für die strafrechtliche Begriffsentwicklung, ZStW 52, S.795.

titatis in damnum alterius facta"(고의적으로 진실을 왜곡하여 제3자의 손해를 야기하는 것)이라는 일반적 가벌성을 법적으로 규정된 개별적인 사례들로부터 끌어내었다. 이렇게 함으로써 일련의 형법구성요건들에 대한 종전의 집합적 표기는 고유한 범죄의 전형(典型)으로 전환되었고, 단지 그 내부에서만 "열거된 위조"와 "열거되지 않은 위조"로 구별되었다.

제2절 19세기 위조범죄해석론

1. 형식범죄로서 위조와 사기

"진실왜곡(immutatio veritatis)"의 표지를 근거로 해서 19세기 초반에 형식적 범죄로서 위조이론이 생겨났다. 이에 따르면 "진실왜곡(Entstellung der Wahrheit)"을 수단으로 실행된 모든 범죄적 행태가 위조에 속한다고 한다. 여기에는 필연적으로 타인을 기망하기 위해 노력할 것이 요구되지 않고, 진실을 은폐하거나 과거의 행태들에 대한 근거를 인멸하는 것으로 충분하다. 그 결과 배임과 횡령이 위조영역에 편입되어졌다.

위조범죄의 형식적인 성격의 표현으로서 "제3자의 손해(praeiudicium alterius)" 대신 "진실왜곡"과 "권리침해"가 등장하였다. 예를 들어 위조를 "권리침해를 야기한 타인에 대한 기망"으로 정의를 하였다.[12] 여기서 권리침해는 생명, 자유, 건강처럼 법적으

---

12) Karl Grolman, Grundsätze der Criminalrechtwissenschaft, 4.Aufl., 1825,

로 보호되는 이익들의 침해나 소위 구속력있는 권리들에 대한 침해일 수 있다. 여기에 국가의 수여권(授與權)을 침해한 것으로 설명되는 신분표시와 관등표시의 사칭도 포함시켰다.[13] Feuerbach는 위조범죄를 "의도적이고 위법한 타인에 대한 기망"으로 제한하여 정의하였다. 그 이유는 위조범죄에 대한 형사제재는 이미 기망적인 행위 그 자체에 연결되었기 때문이라고 하였다.[14] 다시 말해, 기망으로 타인에게 손해를 가하거나 또는 최소한 기망적인 행위의 중지를 요구할 타인의 권리를 침해하면 위법한 것이라고 한다. 이렇게 위조범죄를 구성함으로써 사실 별 어려움 없이 문서위조와 위증을 일반적인 위조개념에 포섭할 수는 있었지만, 제3자가 타인으로부터 기망당하지 않을 소극적 권리에 대해서는 상세하게 설명할 수 없게 되었다. 그래서 Feuerbach는 기망의 시도가 이미 처벌된다고 하면, 그러한 기망행위를 금지할 수 있는 제3자의 권리가 인정되어야 하기 때문에 위조는 원칙적으로 기망적 행위의 실행으로 기수가 되지만, 상품위조와 중량위조의 경우에는 기수를 인정하기 위해서는 인도 내지 행사가 요구된다고 하였다.[15] 또한 위조의 표지로서 기망적인 행위를 통해서 야기된 권리침해 이외에 불법적인 이익을 얻으려는 행위자의 목적을 부가적으로 추가한 견해도 제시되었다.[16] 이때의 '목적'이란 물질적

---

§ 288.

13) Karl Grolman, a,a,O., § 290.

14) Amseln von Feuerbach, Lehrbuch des Gemeinen in Deutschland gültigen Peinlichen Rechts. 9.Aufl., 1826, § 410.

15) Amseln von Feuerbach, a.a.O., § 410.

인 이익만이 아니라, 애욕의 만족, 증오, 복수 또는 향락의 충족 등도 고려되었다.

상술한 견해들은 모든 기망적인 행위를 통해 야기된 권리침해와 관련된 위조개념을 사용하면서 좁은 의미에서 위조범죄를 강조하였다. 진실왜곡은 진실하거나 법률적으로 필요한 표지와 같은 사실의 변경을 통해서 일어나야만 하는 것이기 때문에, 좁은 의미의 위조범죄는 특별한 구성요건적 행위를 통해서 특징지을 수 있었다. 이런 입장에서 Grolmann과 Feuerbach는 오직 상품변조와 문서변조만을 위조범죄로서 열거하고, 반면에 위조된 물건과 부진정 문서의 새로운 작성은 좁은 의미의 사기에 속하는 것으로 보았다. 이에 반해서 Tittimann은 그러한 구별을 하지 않고 모든 기망적인 사실조작을 좁은 의미의 위조로서 파악했다. 그는 사기와 좁은 의미의 위조를 다음과 같이 구분했다. 즉 좁은 의미의 위조는 객체의 진실한 특성이 변화되는 것임에 반하여, 사기는 그러한 대상의 변화가 없이 단지 구술에 의한 거짓에 해당한다. 따라서 사람이나 물건의 바꿔치기는 그 객체의 진정한 특성은 변화됨이 없이 단지 뒤바꾸어진 경우이기 때문에 사기에 해당하지 위조범죄가 아니라고 하였다.[17)]

19세기 초반의 위조범죄이론은 Klein에 의해서 중대한 진전을 경험했다. 그는 자연법적 관점에 근거하여 기망과 권리침해의 관계를 상세히 규명하였다.[18)] 먼저 제3자에게 진실할 것을 요구

16) Carl August Tittmann, Handbuch der Strafrechtswissenschaft und der deutschen Strafgesetzkunde, Dritter Theil, 1809, §§ 511,512.

17) Carl August Tittmann, a.a.O., § 520.

하는 권리는 존재하지 않기 때문에 "기망을 통해 야기되는 권리 침해"는 원칙적으로 보호되는 타인의 법적지위의 침해의 경우에만 가능할 수 있다. 거짓과 기망은 단순히 침해수단을 형성하는 것이기 때문에 기망적 행위에 의하여 발생한 손해가 생명, 건강, 자유 또는 명예와 관련된다면, 위조는 손해의 발생으로서 비로소 기수가 된다고 한다. Klein은 형사제재가 이미 기망적인 행위 그 자체와 연결되는 경우에는 더 이상 불확정적인 구속력있는 권리의 침해가 아니라, 국가와 공중을 향한 진실왜곡 그 자체에서 가벌적인 권리침해가 있다고 보았다. 그렇기 때문에 국가의 위임에 의해서 재판하는 사람들에 대한 시민들의 진실의무가 확정되는 것이라고 하면서 위증죄의 가벌성을 정당화하였다. 또한 Klein은 소위 진실왜곡이 공공과 대중에 향해진 경우에 그러한 공공유해적인 사위적(詐僞的) 행위의 가벌성도 긍정하였다.[19] 결론적으로 Klein은 기망적 행위 그 자체를 단순한 행위수단으로서가 아니라 권리침해 그 자체로 파악하였다.

진실에 대한 구속력있는 권리의 침해영역에 대한 상세한 서술은 Henke에 이르러서야 비로소 가능하게 되었다.[20] 그는 먼저 거짓과 기망을 통해서 야기된 구성요건적 결과로 인해서 형벌에

---

18) Carl Klein, Beiträge zur richtigern Bestimmung und naturgemäßern Entwickelung der Theorie über das Verbrechen des Betruges und der Fälschung in seinen verschiedenen Arten, in: Neues Archiv des Criminalrechts, Band 1, S. 138 ff.

19) Carl Klein, a.a.O., S. 237.

20) Eduard Henke, Handbuch des Criminalrechts und der Criminalpolitik, Dritter Theil, 1830, § 151.

처해지는 경우를 권리침해의 영역에서 제외시켰다. 그렇지만 거짓이 타인의 어떠한 이익의 박탈 또는 비방을 향한 것인 때에는 그러한 거짓은 독자적인 권리침해로서 나타나야만 하는 것이다. 그러므로 국가가 목적을 달성하기 위해서 시민들에게 진실을 말할 것을 법적 의무로 할 필요가 있는 영역에서는 진실침해 그 자체가 가벌적이라고 한다. Henke는 이러한 영역에서 거짓은 시민적 의무의 침해로서 간주되고 동시에 거짓에 대한 처벌은 국가권력의 권리 그 자체로서 간주했다. 그렇기 때문에 그는 거짓을 공공의 신뢰와 신용에 대한 범죄로 분류하였다.

Henke의 위조범죄론에서 형식적 범죄개념의 해체를 확인할 수 있었다면, Abegg는 기망적 행위를 다시금 통일적인 범죄그룹으로 다루었다.[21] 그에 의하면 이러한 범죄그룹의 가장 근접한 침해객체는 인간의 자유이다. 왜냐하면 당사자는 기망적 행위가 없었다면 다른 결정을 할 수 있었을 것이기 때문이다. 기망적 행위가 국가에 있어서나 인간의 도덕적인 공존 - 이러한 공존의 전제들은 신뢰와 신용이다 - 에 있어서 진실에 반한다면, 기망적 행위는 위법한 것이다. 그리고 이러한 범위에서 진실을 경험하고, 진실을 가장한 외관에 의해 기망되어서는 안되는 타인의 권리가 존재한다고 한다. 이에 따르면 진실의무는 기본적으로 제한이 없고, 진실의무로부터 사적 영역과 사회적 영역이 도출된다. 그는 기망적인 행위가 종종 별도의 범죄적 결과의 달성에 기여

21) J. Fr. H Abegg, Lehrbuch der Strafrechts-Wissenschaft, 1836, §§ 184, 192.

하기도 하지만, 더 나아가 진실왜곡 그 자체는 "오로지 진실이라는 외관을 보여주는데" 본질이 있다는 것으로부터 '진실에 대한 권리침해'의 형식적 성격을 끌어내었다. Abegg는 협의의 위조와 광의의 위조를 구별하고, 그 의미상 전자에 있어서는 진실왜곡이 행해지는 외부적 대상이 요구되고, 후자에 해당하는 사기죄에서는 의사의 자유에 대한 침해로써 손해의 결과를 야기하는 기망이 요구된다고 한다.[22]

Klein은 이미 그 이전부터 협의의 위조범죄의 구성요건을 보다 예리하게 파악하려고 노력하였다. 그는 위조범죄의 행위객체로서 물적인 대상의 요구를 일반적인 언어사용을 통해서 정의를 내렸다. 즉 협의의 의미에서 위조범죄의 행위객체로서 물적 대상은 사실적인 기망적 조작들만 해당하는 것이라고 하였다.[23] 그리고 변조의 본질은 물질적인 변화뿐만 아니라, 부가적으로 원래의 명칭을 유지하고자 하는데 있다고 보았다. 예를 들어 타인의 도장을 변조한 경우에 변조된 금속 그 자체는 물질적인 관점에서 여전히 높은 순도로 나타날 뿐만 아니라, 원래의 명의인의 의사표시도 변조된 문서에 유지된다. 그러나 변조의 경우에는 국가나 일반인에 대한 진실의무가 인정되지 않기 때문에 기망을 통해서 야기한 권리침해를 어디에서 찾을 수 있는지는 불명확한 채 남아있다. 이와는 반대로 위조의 경우에는 권리침해의 표지가 전면에 등장한다. 이러한 구별에 의해서 위조는 변조와의 관계에서

22) J. Fr. H Abegg, a.a.O., § 200.
23) Carl Klein, a.a.O., S. 127, 130.

어느 정도의 독자성을 얻게 되었다. Klein에 의하면 위조는 “사실적으로 만들어진 거짓”으로서 기술되지만, 그가 열거하고 있는 위조사례들에는 몇 가지 예외적인 경우들이 포함되어 있다. 그는 세 가지 예외적인 위조사례를 예시하고 있다. 첫 번째 위조사례로 행위자가 어떠한 권리도 없이 행한 대상물의 제작을 들고 있다. 즉 타인의 각인(刻印)을 남용하는 주화위조뿐만 아니라, 자신의 이름을 사용하였지만 권한이 없는 주화주조권의 행사도 위조의 예에 포함시켰다. 왜냐하면 오직 주화주조권의 소유자만이 주화에 각인하는 것이 정당화되기 때문에, 모든 다른 자의 제품은 ”부진정“한 것으로서 간주된다고 하였다. 두 번째 위조사례는, 대상의 제작은 본래 적법하지만, 타인의 제품으로 속이기 위해서 행위자가 타인의 도장, 인장 또는 표시를 이용한 경우에도 동일하게 위조로 간주하였다. 그리고 세 번째 위조사례로 행위자가 타인의 법적 지위는 침해하지 않으면서도 객체에 부적합한 자격을 부여하여 조작한 경우도 위조에 해당한다고 하였다.

Klein은 위조의 특징은 위조대상물에 대한 물리적인 영향 대신에 허위성을 대상물에 화체시키는 데 있다고 한다. 그리고 변조와는 반대로 위조에 있어서 허위성은 주로 타인의 의사표시를 기망하는 것과 관련이 된다고 한다.[24] 이런 이유로 Klein에게서 의사표시의 위조로서 위조이론이 전개되는 첫 번째 발단을 확인할 수 있게 된다.

---

24) Carl Klein, a.a.O., S. 132.

2. 진실에 대한 권리의 침해로서 위조범죄

"기망을 통해 야기한 권리침해"라는 개념의 위조범죄이론이 고수되는 동안 그 이론은 협의의 위조개념을 편입할 수 없었다. 왜냐하면 위조에 의해서 권리침해라는 결과, 즉 진실왜곡을 넘어서는 해로운 결과가 발생할 것을 요구하는 위조범죄이론에서는 대상물 그 자체에 대한 가공 또는 허위성의 지속적인 화체에 의한 위험성만으로 위조범죄가 되지 않는다고 하고 있었기 때문이다. 이러한 전통적인 개념정의를 깨뜨리고 어떤 사례들에서는 진실왜곡 그 자체가 권리침해를 형성한다는 Klein의 사고를 다시 제기한 Martin에 의해서 논쟁이 유발되었다.[25] 그는 위조의 유개념(類槪念)을 발전시키고, 위조를 "공적 형벌이라는 법적인 위협을 수단으로 하여 보호되는 진실에 대한 권리의 침해"로서 설명하였다. 위조범죄는 독자적인 범죄라기보다는 보조적인 범죄라고 인식하던 기존의 위조범죄이론과 달리 협의의 위조범죄는 진실왜곡에 의한 행위가 이미 다른 형벌을 통해 처벌되는 범죄로서가 아니라, 진실왜곡 그 자체의 가벌성이 필요하다는 점을 강조하였다. 더 나아가서 Martin은 사기적 행위(Stellionat)와 개별적인 사례에서 공갈을 진실해야 할 강제적 의무의 침해로 간주하고 위조범죄유형에 편입하기도 하였다.[26] 결론적으로 Martin의 이론을 통해서 협의의 위조의 독자성을 위한 발단은 확인할 수 있지만,

25) Cristoph Martin, Lehrbuch des Teutschen gemeinen Criminal-Rechts, 1825, § 193.

26) Cristoph Martin, a.a.O., § 201, 202.

사기와 관련해서는 진실침해가 너무 강조되었다고 할 수 있다.

Cucumus는 모든 로마법상 위조(falsa)와 유사위조(quasi falsa)를 순수하게 "진실에 대한 권리에 반하는 범죄"로 이해하였다. 이에 반해서 사기는 실질적인 법영역에 향해 있으며, 사기에 있어서 진실왜곡은 오로지 손해의 수단으로서만 기여한다고 한다.[27] 이러한 구별이 비록 합리적이기는 하지만 여전히 위조는 사기의 표지에 불과한 것으로 이해되고 있을 뿐이다. 왜냐하면 진실에 대한 권리가 오로지 법익의 불가침성의 관점에서만 인정되고 있기 때문이다. 위조의 특성은 권리와 관련하여 위조되어, 그 위조물에 의해서 적극적이거나 소극적으로 객관적인 인식토대를 기망하는데 있는 것이며, 또한 법질서에 반하는 개별의사가 화체된 대상물을 지속적으로 외부에서 지각할 수 있게 만든다는데 있다. 이런 관점에서 보면 위조는 지속적인 기망수단을 만들어 내는 사기미수가 될 수도 있다. 따라서 위조행위에 의해 사실적인 것으로 되는 화체된 허위성 있는 대상을 행사하는 경우에는 특별하게 진실에 대한 권리에 반하는 범죄로서 이해해야만 한다고 한다. 그리고 손해의 의도를 가지고 만들어진 단순한 거짓은 진실에 대한 권리가 아닌 다른 권리들을 침해하기 위한 범행수단으로서만 고려될 수 있다. 왜냐하면 구체적인 권리침해가 존재하기 전에 단순한 거짓만으로는 아직 법률에 반하는 의사여부를 판단할 수 없기 때문이다.[28]

---

27) Cucumus, Von dem Unterschiede zwischen Fälschung und Betrug, in: Neues Archiv des Criminalrechts, Band 10, S. 685.

28) Cucumus,, a.a.O., S. 687.

위조와 사기의 궁극적인 분리는 Bauer에 의해서 행해졌다.[29] 그에 의하면 한편으로는 진실에 대한 권리의 침해로부터 나오는 유해한 기망의 위험이, 다른 한편으로는 실제의 기망을 통해 야기한 손해가 형벌근거를 형성한다. 그렇기 때문에 위조는 위조에 의해 침해된 자를 고려하지 않고, 오직 진실에 대한 권리를 부담하는 자에게만 향해있다. 이런 이유로 기망적 행위의 종료로 기수가 인정된다. 왜냐하면 기망적 행위를 종료함으로써 제3자가 오도의 위험에 놓이기 때문이다.[30] 그 밖에도 Bauer는 소위 진실에 대한 소극적 권리, 즉 보호되는 법익과 관련하여 기망적 행위의 부작위에 대한 권리는 독자적인 의미가 없다고 하였다. 왜냐하면 이런 경우에는 권리침해에 대한 일반적인 보호가 중요하고, 진실왜곡은 오로지 행위수단으로서만 나타나기 때문이라고 한다.

Heffter도 Bauer와 마찬가지로 위조범죄를 진실에 대한 침해의 독자적인 범죄로서 간주하고, 위조를 그의 교과서에서 "가벌적인 간계"와 "가벌적인 부정직"과 함께 같은 장에서 다루고 있다. 그 장의 주제는 "진실과 정직할 법적의무에 대한 범죄"이다.[31] 이 때에 Heffter는 사기죄를 재산상 손해에 제한하는 것은 포기하고, 진실왜곡을 넘어서는 모든 권리침해로 이해했다. 마찬가지로 위조범죄의 범위 또한 포괄적으로 정하였는데, 그 이유는 위조범죄는 모든 로마법상 "위조"와 "유사위조"를 말하고 있고,

---

29) Anton Bauer, Lehrbuch des Strafrechtes, 2.Aufl., 1833, §§ 269 ff.

30) Anton Bauer, a.a.O., § 275.

31) August Wilhelm Heffter, Lehrbuch des gemeinen deutschen Strafrechtes, 6.Aufl., 1857, §§ 381 ff.

더 나아가 국가 또는 사회의 이익이 존재하는 진실의무의 모든 침해를 언급하고 있기 때문이라고 한다. 그렇기 때문에 주화범죄, 문서범죄 그리고 위증죄, 척도위조, 중량위조 그리고 상품위조 등을 위조범죄로 열거한다. 여기에다 관청에 대한 모든 허위의 보고들, 그 외에 이름과 호적위조도 추가하였다.

진실에 대한 권리의 침해라는 위조범죄이론의 공로는 "기망을 통해 야기한 권리침해"라는 거의 무제한적인 영역을 분류하고 사기와 위조의 혼동을 제거했다는데 있다. 진실의무의 효력범위를 제시하려는 시도는 먼저 국가에 대한 진실의무와 관련하여 논의되었고 그리고 예외적인 사례들로 사인(私人)에 대한 진실의무도 논의되었다. 이 후 위조범죄이론은 로마법상 "위조"와 "유사위조"를 위한 진실에 대한 권리를 포함하여 공동의 형벌근거를 제시하려고 노력하였다. 통일적인 토대는 진실에 대한 권리보다는 진보적인 관점에서 공공의 신뢰와 신용에 대한 권리, 즉 공공의 신용(publica fides)에서 찾았다.

3. "공공의 신용(publica fides)"의 침해로서 위조범죄

공공의 신용에 대한 침해로서 위조범죄이론은 1818년에 나온 Mittermaier의 논문이 중요한 의미를 갖고 있다.[32] Mittermaier에 의하면 선서한 증인과 관련된 진실의무는 단지 도덕적 요구에

32) C. J. A Mittermaier, Ueber den Meineid nach dem gemeinen Rechte und den Bestimmungen der neuesten Strafgesetzbücher, in: Neues Archiv des Criminalrechts, Band 2, S. 85 ff, 97 f.

불과한 것이라고 하고, 위증의 가벌성은 공공의 신뢰와 신용으로부터 도출되는 것이라고 한다. 증인의 선서를 통해서 국가와 시민은 믿을 만한 증언이라고 믿게 되는 것이라고 설명하고, 그렇기 때문에 선서는 - 주화표시와 유사하게 - 믿을 만한 증언으로 인식되어졌고, 그런 이유로 "공공의 신뢰와 신용"에 연결되는 매개체가 선서라고 생각하였다. 아마도 여기서 공공의 신뢰와 신용은 사람의 진술이 진실할 것이라는 "신뢰"의 기대일 것이다. 그러나 이러한 신용은 법적거래, 특히 사법을 위한 의사표시의 중요성으로부터 처음부터 기인하는 것이 아니라, 그저 형사제재를 통해서 진실의무의 주의를 보장하려는 것에 기초한 것이다. 그래서 기망적인 행위의 처벌로부터 진실의무가 생겨나는 것이며, 진실의무에 반하는 행위에 대한 형사처벌의 결과로서 진실의 정확성에 대한 신뢰와 더불어서 공공의 신뢰와 신용을 형성할 수 있다고 했다. 그는 화폐, 공인 그리고 공문서의 진정성과 마찬가지로 선서의 신성성에 대한 이러한 신용에서 국가와 시민의 거래의 토대를 이해하였다. 이런 관점에서 그는 앞서 열거한 범죄들을 국가에 대한 범죄로 배치하고, 공공의 신뢰와 신용이라는 집합개념은 대주석서(大註釋書)를 통해서만 정당화되고 명확하게 될 수 있는 매우 불확정적 개념이고, 일반 국민들은 쉽게 이해할 수 없는 개념이기 때문은 포기할 것을 요구하였다.[33] Mittermaier에 따르면 공공의 신뢰는 선재(先在)하는 개념으로서 보호할 가치가

---

33) C. J. A Mittermaier, Ueber den neuesten Zustand der Criminalgesetzgebung in Deutschland, 1825, S. 123/124, 132.

있는 이익으로서 그에 상응하는 형벌규정이 형성된 것이 아니라, 형벌법규를 통해서 고려되는 기대로부터 나온 것이라는 점이 증명된 것이라고 할 수 있다.

Martin은 진실에 대한 권리의 귀속주체와 관련하여 사인(私人)에 속하는 경우와 국가에 속하는 경우로 구별하였다.[34] 그는 사기행위와 공갈 외에 경계위조, 허위의 무고와 위증 그 자체도 사적 범죄로 열거하고, 단지 통화범죄만 국가행정에 대한 범죄로서 다루고 있다. 또한 "폭력"과 "위조" 외에도 모호한 범죄의 제3의 그룹으로 "가벌적인 불성실"을 언급했다. 그는 "가벌적인 불성실"은 신뢰에 상응하여야 할 강제의무를 고의적으로 이행하지 않고 방치하거나 침해하는 것이라고 하였다. 이러한 범죄그룹에 속하는 것으로 위탁한 물건의 손상, 문서내용의 누설, 유언장의 사전개봉 그리고 물건의 이중매매 등을 열거하고 있다. 그러나 간수에 의한 죄수의 탈옥은 국가범죄로 들고 있다.[35]

Martin이 위조와 불성실을 사인(私人)에 대해 행해지는 범죄인지 또는 국가에 대해 행해지는 범죄인지만을 구별하고 있는 반면에, Bauer는 공공에 대한 위험한 위조를 공공의 신뢰와 신용에 반하는 범죄로서 다루었다. 그는 먼저 거래의 대상물에 대해서 범해지는 상품위조를 언급했다. 여기에다 기망적인 조작과 거래의 안전에 기여하는 표시들, 예컨대 척도, 중량 그리고 인장을 추가하였다. 마지막으로 일반적인 기망수단인 화폐위조가 열거되

34) Cristoph Martin, a.a.O., § 194.
35) Cristoph Martin, a.a.O., §§ 204, 231.

었다. 이러한 범죄들의 공통성이 공적 거래의 안전에 있다면, 진실왜곡 그 자체는 그의 형법교과서 그 다음 장에서 다루고 있다. 여기서 "공공의 신뢰침해"에 대한 죄가 전면에 등장한다. 여기에는 위증, 공문서 위조 그리고 경계위조, 허위의 무고, 파산 그리고 배임이 속해 있다. 그리고 "직무행위에 있어서 위조"를 공무원범죄로 그리고 가족신분에 관한 위조를 가족권에 대한 침해로 제시하였다.[36] Henke는 주로 개별적인 범죄들을 체계적으로 배열 하고자 했던 Bauer를 넘어서서, 국가의 이익을 위해 부과되고 있는 진실의무에 대한 모든 위반을 "공공의 신뢰와 신용의 침해"로 평가함으로써 진실에 대한 권리는 공공의 신뢰와 신용의 내용적 구성부분을 이루게 되었다.[37] Mittermaier는 진실왜곡을 공공의 신뢰에 대한 공격수단으로만 이해하고, Bauer는 진실에 대한 권리침해가 갖는 공공위험성만을 강조했던 반면에, Henke는 공공의 신뢰와 신용으로부터 진실의무을 끌어냄으로써 통합적 요소를 찾았다고 할 수 있다.[38]

이런 이론적 논의과정을 거쳐서 "공공의 신용(publica fides)"의 침해로서 위조범죄이론에 대한 토대가 마련될 수 있었다. Rosshirt는 로마법상의 "위조"와 "유사위조" 그리고 보통법상 위조의 공통의 표지로서 "공적으로 보장된 신뢰의 남용"을 강조하였다. 그는 "공동체의 감정 침해"에 대해서도 말하였는데, 행위자는 그러한 공동체의 감정의 토대 위에서 그가 도덕에 뿌리박고 있

36) Anton Bauer, a.a.O., §§ 298-300.
37) Eduard Henke, a.a.O., § 151.
38) Georg Schilling, a.a.O., S. 49.

는 공동의 신뢰를 어떻게 파괴했는지를 인식해야만 한다고 하였다. 이러한 인식을 위해서는 우선 먼저 어느 정도의 범위에서 도덕이 공공의 신뢰를 받아들일 것인지가 확정되어야만 한다. 그렇지만 공공의 신뢰의 남용이 바로 가벌적인 위조가 된다고 할 수는 없고, 적어도 침해가 인식될 수 있을 정도로 특정된 범죄 의사로써 행해진 경우에만 공공의 신뢰남용을 가벌적인 위조라고 할 수 있다고 한다. Rosshirt에 의하면 위조는 주로 공적인 권리와 관련된다는 근거에서 사문서위조와 중량과 척도의 위조를 단순히 경찰법상으로만 가벌적이라고 하고 있다.[39] 이러한 논의를 보면 "공공의 신용"의 범위는 법률적인 열거에 의해서 결정된다는 것을 추론할 수 있다.

Rosshirt와 마찬가지로 Marezoll도 로마법상 입법자의 의도(ratio legis)에 따라서 위조의 본질을 정하려고 시도하였다.[40] 그는 "위조"와 "유사위조"의 공통적 표지를 이러한 범죄가 가진 공공위험성과 국가와 사회의 구성적 토대인 "공공의 신뢰와 공공의 신용"에 대한 침해에서 찾았다. 위조범죄들은 공공의 신용의 토대로써 간주되고 그에 대한 신용이 국가뿐만 아니라 시민들에게도 동일하게 필요한 외부적인 표시, 현상들 그리고 객관적인 인식근거들을 모방하여 오도하는 것이기 때문에 공공의 위험을 초래하는 것이다. 따라서 위조범죄에 대한 형벌근거는 공공의 신뢰

39) Konrad Franz Rosshirt, Geschichte und System des deutschen Strafrechts, Dritter Theil, 1839, § 152.

40) Theodor Marezoll, Das gemeine deutsche Criminalrecht als Grundlage der neueren deutschen Strafgesetzgebungen, 1841, § 146.

와 신용을 위험하게 하는 행위를 통해서 국가와 국가의 법제도를 위협하는 일반적인 불이익을 만드는데 있다고 한다.

Merezoll에 연결해서 Mittermaier도 마찬가지로 공공의 신용을 위조범죄에 더 넓게 원용하면서, 위조범죄의 객관적 구성요건으로서 신용대상에 대한 위조 또는 변경이 요구된다고 하였다. 그리고 그 신용대상들이란 공공의 신용의 토대로서 혹은 권리의 수단으로 여겨지는 것들을 말한다고 하면서도, 위조범죄에 위증도 포함될 수 있게 하기 위해서 법률과 관습에 따라 진실에 대한 믿음이라는 형식의 기망적 행위에 대해서도 언급하고 있다. 그러나 그는 위조는 단순히 위험한 기망수단을 만들어 내는 것만 요구되는 것이므로, 행위자의 목적이 재산이나 가족신분의 손상을 겨냥하거나 또는 이익의 취득을 겨냥하고 있는 경우에는 사기의 미수에 해당한다고 하고 있다.

Zirkler는 특정한 객체들에 대한 신뢰는 거래의 편리함에 기여한다는 근거에서 신뢰와 신용에 대한 권리를 안전에 대한 권리로 대체하였다.[41] 그는 위조행위를 불변의 진실을 왜곡시키는 것으로 표현하지 않고, 인간의 자의에 의해서 기록되고 꾸며진 상징이나 사람이 신뢰하는 믿음의 남용을 가리킨다고 하지만, 이것은 다만 신뢰가 사람의 표현 또는 대상적인 상징과 연결되었다는 것만을 말하는 것이다. 그러나 단순한 신뢰의 실추가 아니라, 진술이나 표시를 믿는 일반에 대한 책무의 남용으로 그의 견

41) von Zirkler, Beiträge zur Lehre von der Fälschung nach dem Württembergischen Strafgesetzbuch, in: Archiv des Criminalrechts, Neue Folge 1840, S. 44, 60.

해를 이해하고자 한다면, 그러한 책무의 토대에 대한 제시가 그에게는 결여되어 있다. 따라서 모든 기망적 행위는 일반의 안전을 침해한 것으로서 형벌이 부과되는 것이라고 하는 것이 오히려 논리가 정연한 것으로 보인다.

Ortloff는 법적으로 중요한 어떤 것이 표현된 특유한 진정성형식들과 관련하여 신뢰와 신용에 대한 일반의 권리로서 공공의 신용을 설명하였다.[42] 따라서 위조는 공공의 신용을 현실적으로 수행하는 대상들과의 관계에서만 발생할 수 있다. 그렇다면 어떤 기준에 따라서 개별적인 대상물들의 "일반적인 신용성"과 위조객체로서 그것들의 특성이 결정되어지는 것인가? 이에 대해서 그는 법 규정들을 근거로 제시한다. 이때의 법 규정은 상징의 제작권한과 사용권한을 규정하고 그러한 권한의 존중에 일반의 신뢰가 기초되어있는 것을 말한다. 그러므로 일정한 표시에 대한 신용은 그것을 제작할 때 요구되는 진실의 책무로부터 도출되어진다고 한다. 동시에 Ortloff는 선재하는 보호이익으로부터 진실의무를 도출하는 것도 시도하였다.[43] 이를 위해서 그는 법적거래의 안전과 단순화에 대한 필요성을 주장하였다. 이러한 필요성은 특정한 상징물을 일반적인 신뢰를 향유해야만 하는 보장물로 할 것을 사회일반이 요구하는 것을 말한다. 그러므로 보장물의 법적인 필요성에 대한 공공의 확신이 보장물에 대한 법적인 보호가 부여되도록 만든다는 것이다. Ortloff는 위조범죄를 통해서 일정한 표시에 신

42) Hermann Ortloff, Lüge, Fälschung, Betrug, 1962, S. 240 f.
43) Hermann Ortloff, a.a.O., S. 274/275.

용이 부여되어야 한다는 것 이외에도 표시의 진정성과 진실성을 침해하는 것에 대한 금지도 포함하였다. 그렇지만 표시의 제작, 사용 그리고 내용 등등에 관한 규정들과 보장물들에 대한 규정들은 반드시 연관되어야만 하고, 이러한 규정들의 준수와 법적으로 확정된 진실의무의 이행으로부터 비로소 일반적인 신뢰가 도출될 수 있으며, 보장물에 수반되어 있는 신뢰나 보장물의 진정성에 근거를 두고 있는 진실은 침해되어서는 안된다고 하고 있다.

Ortloff가 위조와 기망을 본질적으로 분리하려고 시도는 하였지만, 성공적이지는 못하였다. 즉 위조와 기망의 연관성을 간접적으로 인정함으로써 위조 그 자체는 독자성을 상실하게 되었다. 그는 행위자가 단순한 미혹(迷惑)을 넘어서서 제3자의 손해를 위해 노력한 경우에는 사기의 범행방법 또는 사기미수로 보고 있다. 그는 사람들의 인적인 관계에 관련되는 모든 표상들, 예컨대 휘장, 유니폼, 의복, 신체형태, 외형 그리고 목소리상태 등을 보장대상물로서 본 것도 특이한 것 중 하나이다. 결국 Ortloff는 "공공의 신용"이라는 것이 그저 기망적인 행위의 가별적인 사례들을 통일적인 명칭으로 통합하는데 기여할 뿐이라는 것을 보여주고 있다.[44]

"공공의 신용"을 침해하는 범죄로서 위조범죄이론이 여러 논의과정을 거쳐 오면서 어떤 의사를 표시하는 자에게 요구되는 '타인을 오도해서는 안 된다는 진실의무'는 진실성과 진정성에 대한 공공의 신뢰를 보호하는 구성요건으로 구체화되어졌다. Merkel

44) Georg Schilling, a.a.O., S. 52.

은 "공공의 신용"을 법적으로 중요한 사실들을 위한 "확실한 인증형식들에 대한 신용"과 동일시하였으며, 모든 형식들과 표시들을 인증형식들로서 생각하였다. 그러한 형식과 표시없이는 보통의 거래생활이 발전될 수 없고 유지될 수 없다.[45] "공공의 신용"의 침해로서 위조범죄이론의 공적은 위조범죄의 범위를 제한하려고 하였다는 점에서 찾을 수 있다. 위조범죄를 진실에 대한 권리의 침해로 이해한 위조범죄이론에 의해서 지나치게 확대되었던 위조범죄의 범위가 어느 정도 제한되었다. 즉 물건위조는 로마법과 연결하여 위조범죄의 영역 이외에서 다루어졌고 법적거래와 영업거래의 일반적인 동요와 개인의 단순한 손해의 구별을 강조하는 것도 "공공의 신용"의 침해로서 위조이론이 위조범죄를 제한하고자 노력한 점을 명백하게 보여주고 있다. 그러나 공공에 대한 진실왜곡의 모든 것들을 포함하려고 표현된 "공공의 신용"에 내포된 내용적 불명확성은 독일 제국형법에서도 이 이론에 대한 논의가 지속되도록 하였다.

제3절 프로이센 형법과 1871년 제국형법에서 위조범죄해석론

1. 프로이센형법에서 위조범죄해석론

프로이센의 입법에서는 사기와 위조의 구별을 명확하게 하려

45) Adolf Merkel, Kriminalistische Abhandlungen, Band II : Die Lehre vom strafbaren Betruge, 1867, S. 15.

고 시도하였다. 1794년의 프로이센을 위한 일반법에서 사기와 위조를 재산범죄에 규정하였다. 일반법의 체계에서는 상이한 문서범죄들은 가중된 사기의 형태로 나타났다.[46] 일반법 제1256조 제2항 20에서는 매우 넓고 형식적인 사기개념을 포함하고 있다. 즉 사기는 고의적인 착오의 야기를 통해서 누군가의 권리를 침해하는 것이라고 정의되었다. 따라서 사기죄의 발현형태는 배임죄, 변조죄, 타인의 의무의 침해를 수반하는 사기 그리고 공공의 사기들이었다.

문서위조는 일반적인 위조개념의 가중된 하위형태로서 열거되었다. 일반법 제1378조 제2항 20에서 정의된 일반적 위조개념 아래에는 문서위조, 사기도박, 금세공업자나 예언가 등의 사기행위 그리고 경계침범죄가 속하였다. 일반법 제267조 제2항 20에서 이미 내국의 유가증권위조는 통화위조와 마찬가지로 국가의 권리에 대한 범죄로 들고 있는 반면에, 1828년의 초안에서는 공문서에 대한 모든 위조는 공공의 신용에 대한 범죄로서 열거되고 있다. 이러한 범죄들에 통화위조를 제외하고 상품위조, 척도와 중량위조, 파산, 무고죄 그리고 위증죄를 포함하였다.[47]

위조범죄의 기수와 관련한 문제에서는 보호법익을 고려하여 공적인 유가증권과 통화위조의 경우 위조물의 제작만으로 기수가 되었다. 그 근거로서 가벌성의 주된 대상은 위조물을 통해서 야기된 개별적인 기망적 재산침해가 아니라, 위조범죄에 이미 내

46) Diethelm Kienapfel, Urkunden im Strafrecht, 1967, S. 37 f.
47) Georg Schilling, a.a.O., S. 58.

재하고 있는 기망의 일반적 위험에서 보았다.

1833년 초안규정에서는 공문서와 사문서의 위조를 단지 가중된 사기미수로 다루고 있는데 반하여, 그 후의 형식적 사기범죄와 위조범죄에 관한 입법적인 전개과정에서는 문서위조죄가 체계적으로 독자적인 구성요건으로 규정되어 있다. 즉 사기죄는 기망을 통해서 영향을 미친 재산손해로 제한되고, 위조범죄는 초기의 형식적 범죄의 범주로서 독자적인 장에 규정되었다.

1843년 초안에서 문서위조의 해석론의 독자성이 문서개념의 정의에 관한 규정을 통해서 나타났다.[48] 이 규정은 1851년의 프로이센 형법에 의해서 받아들여졌다.[49] 법률적인 개념정의에 대한 규정은 서면성(書面性)과 증명중대성이라는 두 가지 요소로 구성되었다. 그렇지만 작성자의 인식가능성은 아직 나타나지 않았다. 또한 프로이센 형법 제247조의 구성요건은 문서를 변조하거나 위조문서의 작성이라는 두 개의 행위로 이루어진 범죄로 만들어졌다.

---

48) 규정의 내용은 다음과 같다. "Unter Urkunden ist jede Schrift zu verstehen, welche zum Beweis von Verträgen, Verfügung, Verflichtung, Befreiungen oder überhaupt von Rechten oder Rechtsverhältnissen von Erheblichkeit ist".

49) 1851년 프로이센 형법에서 문서범죄는 1810년의 프랑스 형법(Code Penal)의 영향을 받았다. 특히 중요한 영향은 프랑스 형법에서 처음으로 명확하게 구별했던 부진정문서의 작성(Herstellung unechter Urkunden)과 허위문서(Unwahrer Urkunden)의 구별이었다. 이에 대해서는 Kienapfel, a.a.O., S. 26 f.

2. 1871년 제국형법에서 위조범죄해석론

1851년 프로이센 형법에서 문서범죄의 체계적인 독자성을 통해서 위조범죄의 해석론의 발전을 위한 토대가 마련되었다. 이미 John은 그의 형법초안을 위한 제안이유서에서 위증과 문서위조 사이의 내부적 관련성을 주장하였다.[50] 그는 증언과 문서가 증명수단으로서 위조되어서는 안 된다는 점에서 공동의 "법률적인 토대"를 모색하였다. 그는 사기죄로부터 문서죄를 분리한 후에 경계위조와 문서손괴를 가중된 사기의 사례들로 다루는 1851년의 프로이센 형법 제243조 제6호와 제7호의 규정을 비판하였다. 이러한 비판이 있은 후에 경계위조와 문서손괴는 1870년 초안과 제국형법에서 문서범죄의 장에 등장하였다. 또한 문서위조의 구성요건 자체는 1851년 프로이센 형법 제247조에 비해서 1870년 초안 제272조에서 본질적으로 변경되었다. 먼저 문서개념이 삭제되었다. 왜냐하면 문서를 "서면"으로만 제한한 것은 실무를 고려하지 못한 것이었기 때문이다. 그 다음으로 사기에 대한 위조범죄의 독자성을 강조하기 위해서 종전의 손해목적은 "위법한 목적"으로 대체되었다. 이 점에 대해서 제안서에서는 - 사기목적을 넘어서 - 이미 문서위조만을 가지고도 타인을 기망하기 위한 위험한 수단이 제작된 것이라고 설명하고 있다. 문서와 문서적 증명의 중요성으로 인해서 문서위조의 경우에 단순한 기망과 사기보다도 공공의 이익이 더욱 강조된다는 점이 추가되었다. 이 초

50) Ed. Richard John, Entwurf mit Motiven zu einem Strafgesetzbuch für den Norddeutschen Bund, 1868, S. 568.

안의 규정은 독일 제국형법전에 변경없이 통과됐다. 1943년 5월 29일의 개정에서 비로소 형법 제267조의 위조와 변조라는 두 개 행위의 범죄구성요건에 행사가 추가되어 세 개의 독자적인 행위들로 해체되었고 주관적 구성요건에 "위법한 목적"이 "법적거래를 기망하기 위해서"로 대체되었다.

1871년의 제국형법에서는 문서범죄의 체계적인 독자성에도 불구하고 위조범죄이론은 이와는 다르게 전개되었다. 여러 부분에서 일반법(Gemeinen Recht)과 관련시켜 설명하고, 특히 "공공의 신용"이론을 그대로 이어받아서 위조범죄 유형들을 함께 배열하기도 하였다.

Liszt의 이론은 과거의 형식적 범죄로서 위조이론들을 연상케 한다. 그는 문서범죄를 위한 실질적인 보호법익을 부인하고 문서범죄의 공통성을 단지 보호객체에서 찾았다. 그렇기 때문에 그는 문서범죄를 통화범죄와 상품위조와 함께 "침해의 수단을 통해 특징지워지는 범죄"들로 분류했다. Liszt는 공동위험적인 범죄들과 폭발물의 남용범죄도 그러한 범죄들에 포함시켰다.[51)]

Wächter는 위조범죄를 진실에 대한 권리로서 이해하였다. 그는 사기와 위조는 어떤 권리의 보호를 위해 존재하는 진실에 대한 권리의 침해라는 점에서 양 죄의 공통성을 강조하였다.[52)] 그리고 위조는 부차적으로 인간의 인식능력에 증가된 장애를 가져

---

51) Franz von Liszt, Lehrbuch des Deutschen Strafrechts, 3.Aufl., 1888, S. 502 ff.

52) Carl Georg Wächter, Deutsches Strafrecht, Vorlesungen von C.G von Wächter, herausgegeben von O. von Wächter, 1881, S. 462.

오는 위험한 기망수단으로서 물건을 제작하거나 변경하는 것을 통해서 나타난다고 하면서, 이러한 일반적인 위조개념 내에서 그는 문서위조와 통화위조를 높은 형벌로서 처벌되는 가중형태로서 강조하였다. 그리고 위조범죄행위는 공공의 신뢰의 중요한 토대를 불안정하게 만들기 때문에 위조에 의한 거래의 특별한 위험을 강조하였다. 또한 Wächter는 위증을 공공의 신용의 침해라는 관점에서 위조와 관련해서 다루었다.

Wächter가 위조범죄를 여전히 진실에 대한 권리에 근거하여 다루고 있었던 반면에, 대부분의 형법학자들은 오로지 "공공의 신용"에 근거하여 위조범죄이론을 전개하였다. Hippel이 문서범죄와 통화범죄를 "전체"에 대한 범죄로서 또는 "공공의 이익"에 대한 범죄로서 파악하면서, 문서범죄와 위증범죄에 대해서도 증명보호를 위한 공통된 역할을 강조하였으며, 마찬가지로 문서범죄와 통화범죄를 "위조범죄"로 파악하였던 것도 공공의 신용이라는 기본사상에 기초한 것이었다.[53]

Mezger의 위조이론은 전적으로 공공의 신용에 근거하고 있다. 그는 통일적인 범죄집단으로서 넓은 의미의 위조범죄를 제시하고, 위조범죄의 공동의 침해객체를 "법적거래에서 신뢰"로 구성했다. 위조범죄는 법적거래에서 "진정성과 진실성"이라는 기대를 파괴한다고 한다. 그리고 넓은 의미에서 위조범죄로서 문서범죄와 통화범죄 이외에도 위증범죄와 무고범죄를 들고 있다. 그는 사기를 재산범죄의 역사적 전개과정을 근거로 하여 위조범죄에

53) Robert von Hippel, Lehrbuch des Strafrechts, 1932, S. 341.

서 배제하였다. 법적 거래에서 기대되는 신뢰를 침해하는 범죄들 중 Mezger는 세 가지 침해유형을 구별하였다. 우선 좁은 의미에서 문서범죄와 통화범죄를 특징짓는 진정성에 대한 침해, 그리고 공정증서허위기재와 무고죄에서 거짓의 형식을 통해서 발견되는 진실성에 대한 침해를, 마지막으로 증명의 침해를 들고 있다. 그는 위조범죄를 위조나 거짓이 아니라 진정성과 진실성에 이용되는 보조수단을 행위자가 제거하는 것이라고 보고 있다.[54)]

Hälschner는 "공공의 신용"이론을 새로운 방향으로 돌려놓았는데, 문서범죄와 통화범죄를 신의칙(Treu und Glauben)에 대한 공격으로서 이해했다. 그 이유로써 진실왜곡 자체가 형벌근거로서 결정적인 요인을 형성하고, 그러한 진실왜곡은 "법적거래의 안전"을 위험하게 만들기 때문이라고 한다.[55)] 이것으로써 현대 위조범죄이론에 미친 공공의 신용이론의 중대한 영향을 명백하게 이해할 수 있게 된다. 공공의 신용이론은 계속해서 문서범죄를 법적거래의 안전과 신용으로 배열하는 수많은 형법학자들에 의해서 위조범죄이론에 영향을 미치게 되었다.

또한 Meyer는 "법적거래의 안전"에 대한 범죄에 관한 장에서 법적인 가치표시들에 대한 범죄, 특히 통화 그리고 법적 증명수단에 대한 증명범죄들을 다루고 있다.[56)] 그는 증명범죄들을 사실

---

54) Edmund Mezger, Deutsches Strafrecht, 3. Aufl., 1943, S. 210 f

55) Hugo Hälschner, Das gemeine deutsche Strafrecht, Zweiter Band, Zweite Abtheilung, 1887, S. 514 ff.

56) Hugo Meyer, Lehrbuch des Deutschen Strafrechts, 1875, S. 565 ff., 571 ff., 582 ff.

증명에 중대한 진술들 또는 증명에 중대한 대상들과 관련되는 그러한 것들로 구분하고, 오직 후자의 것들만 위조범죄로서 분류하면서 여기에 상표위조, 더 나아가 척도위조와 중량위조를 포함해서 모든 문서범죄들을 포함하고 있다. 이에 반해서 상품위조는 사기로 분류하였다. 그는 위조범죄의 공통성을 법적 거래에서 중대한 신용대상물들의 변경 또는 위조의 작성으로 이해하였고, 증명에 사용되는 대상들의 불가침성은 거래생활의 일반적인 토대 중의 하나라는 점 때문에 위조범죄를 "공공의 신용"이론과 명확하게 결합시켰다.

Sauer는 위조범죄의 보호법익을 어떤 범주에 한정하기 위해서 위조범죄의 실행행위와 관련시켰다. 그는 위조범죄의 보호법익은 "법적거래와 경제거래에서 증명수단, 특히 문서의 위조에 대한 안전"으로 이해하였다.[57] Schröder와 Mezger는 소위 증명거래를 법적거래의 부분영역으로서 독자화 시켰는데, Schröder는 문서범죄의 보호법익으로서 "법적거래 특히 증명거래의 안전과 순수성"을 들고 있고,[58] Mezger는 증명거래 대신에 증명 그 자체를 강조하였다.[59] 넓은 의미의 위조행위와 좁은 의미의 위조행위의 구별은 Mezger의 경우에도 유지하고 있지만 그 구별의 의미들은 퇴색되고 오직 법 규정의 기준들로서만 고려되고 있다. 그렇기 때문에 Mezger는 진실왜곡이 범죄행위를 위해서는 중요하

---

57) Wilhelm Sauer, System des Strafrehts, Besonderer Teil, 1954, S. 181.

58) Adolf Schönke-Horst Schröder, Strafgesetzbuch, 11.Aufl., 1963, Rdn. 1 zu § 267.

59) Edmund Mezger, Strafrecht, II, Besonderer Teil, 7.Aufl., 1960, § 66.

다는 이유로 사기범죄를 고발하지 않는 행위도 넓은 의미의 위조범죄로 들고 있다.

전술한 내용을 통해서 "공공의 신용"이론이 새로운 이론들에 의해서 계속적으로 발전되어가는 것을 볼 수 있었다. 새로운 이론들은 먼저 일반 또는 법적거래의 신뢰에 대한 공격으로서, 그 후에는 법적거래의 안전과 신뢰의 침해로서, 마지막으로 증명거래로 제한하는 방향으로 전개되었다.

이하에서는 위조범죄이론의 두 번째 발전선상을 보여주는데, 각각의 위조범죄이론들은 보호법익을 "공공의 신용"의 사실적인 토대에 향하게 하는 노력들로 특징지을 수 있다.

우선 첫 번째로 위조는 행위객체들에 대해 가지는 진정성의 기대를 실망시키는 것이라는 전통적인 견해로부터 Merkel은 벗어났다.[60] 그에게 문서는 행위자가 다른 사람의 관념을 오도하고 법적거래의 안전을 동요시키기 위해서 사용하는 단순한 침해수단 이상의 것이었다. 그렇기 때문에 그는 침해객체를 증명수단의 신뢰성으로부터 도출되는 신뢰로 보지 않고, 직접적으로 진실을 매개하는 행위객체의 적합성에서 찾았다. 이에 따르면 인증형식들과 인증표시들이 위조자가 침해하는 보호법익이 된다. 따라서 위조범죄자는 증명력 형성에 기여하는 행위객체를 침해하는 것이며, 그것들의 고유한 기능수행을 방해하게 된다는 것이다. 왜냐하면 위조범죄의 행위객체들은 증명수단으로서 거래와 소송에

60) Adolf Merkel, Urkundenfälschung, in: Handbuch des deutschen Strafrechts, herausgegeben von Franz von Holtzendorff, III. Band, S. 785.

서 생활관계의 질서를 가능하게 하고, 또한 사회 일반인이 그것들을 신뢰할 수 있었을 때에만 질서과제라는 기능을 수행할 수 있기 때문이다. 이런 관점에서 증명력에 대한 침해는 바로 문서제도 또는 법적인 인증제도에 향해져 있다고 할 수 있다.

Binding도 행위객체의 증명수단특성을 위조이론의 출발점으로 삼았다.[61] 그렇지만 그는 범죄적인 침해가 증명수단의 제도 또는 증명수단의 증명력에 향해있는 것이 아니라 증명행위 그 자체에 대한 것이라고 하였다. 즉 그에게는 행위객체의 위조나 변조가 결정적인 것이 아니라, 증명하기 위해서 위조물을 사용하는 것이 중요하였다. 그렇기 때문에 그는 위조범죄의 공동의 보호법익으로서 "증명수단의 진정성과 진실성을 전제로 한 증명의 순수성"이라고 표현하였다. 그에 의하면 행위객체의 범주는 구술진술과 서면진술 그리고 증명표시들을 포함하고 있다. 그렇기 때문에 그는 위증죄, 문서죄, 통화죄 그리고 나머지 증명표시들에 대한 범죄들을 위조범죄로 들고 있다.

Binding의 위조범죄 해석론과 연결해서 Weismann은 검증물(檢證物)의 안전을 위해서도 형법규정을 통하여 위조범죄와 증명범죄를 보충할 것을 요구하였다. 소송에서 사용하기 위한 위조증명 또는 물질적인 증거의 위조가 결정적인 불법내용이라고 한다면, 증인증명과 문서증명의 위조 외에도 검증물의 위조도 형벌로 처벌하는 것이 논리적으로 일치하는 것으로 보았다. 그렇기 때문

61) Karl Binding, Lehrbuch des Gemeinen Deutschen Strafrechts, Besonderer Teil, Zweiter Band, Erste Abteilung, 2.Aufl., 1904, S. 114/115.

에 Weilnböck는 Weismann의 이론의 연장으로서 좁은 의미의 위조의 범죄개념을 발전시키면서, 그러한 관점에서 진정하지 못한 증명수단을 가지고 행해지는 증명에 대한 침해를 이해하였다. 그는 여기에 문서범죄와 통화위조 외에도 검증대상들에 대한 위조도 들고 있다. 이 외에도 진실하지 못한 증명수단을 통한 증명의 침해를 공정증서부실기재와 위증죄도 함께 포함함으로써 넓은 의미의 위조범죄개념도 정립하였다.[62]

위조범죄는 형법해석학의 가장 난해한 영역 중의 하나로 인식되고 있다.[63] 형법에서 위조범죄의 해석론이 난해해진 이유는 먼저 그 역사적 전개과정에서 찾을 수 있다. 앞에서 살펴 본바와 같이 로마법상의 위조범죄를 이태리 주석학자들을 통해서 중세를 거쳐 근대로 이어져오는 과정에서 많은 논쟁을 거쳐 왔고, 프로이센 형법과 독일제국 형법에서도 위조범죄의 적절한 해석기준을 제시하기 위한 끊임없는 논쟁이 있어 왔다.

20세기 후반 이래로 급격히 발전한 과학문명은 우리 사회의 많은 부분에 변화를 가져왔으며, 사회의 신용물에 대한 공공의 신용에 대한 인식도 달라져 가고 있다. 지금의 위조범죄해석론에 의하면 사기죄와 위증죄를 위조범죄로 전혀 인식하고 있지 않지만, 위조범죄는 오랜 시간동안 논쟁과정을 거쳐 사기죄로부터 독자성을 갖게 되었다. 또한 위증죄의 본질적 속성을 국가의 사법을 위한 것으로 분리시키는 것조차 쉬운 일이 아니었다. 이런 과

62) Georg Schilling, a.a.O., S. 67.
63) Tröndle, LK § 267 Rn. 1 ff.

정을 보면 우리의 형법해석론이란 현재의 시점에서 우리가 인식하는 범주의 결과일 뿐이라는 생각을 가지게 한다.

향후 위조범죄해석론의 주요 관심사항은 변화된 사회에서 새롭게 부각되는 사회적 신용물을 위조범죄의 행위객체로 편입할 것인지와, 기존의 위조개념에 대한 새로운 관점을 어느 정도 고려할 것인지에 있다고 할 수 있다.

제2장 위조범죄이론의 구성원리

제1절 위조범죄의 보호법익

우리 형법 제207조 내지 제240조까지에서 통화에 관한 죄(제18장), 유가증권, 우표와 인지에 관한 죄(제19장), 문서에 관한 죄(제20장), 인장에 관한 죄(제21장)를 규정하고 있다. 이러한 형법규정들에 대한 해석론을 전개하고 있는 국내의 형법각론 저서들에서는 이러한 범죄들을 일반적으로 「공공의 신용에 대한 죄」라는 명칭으로 동일한 범죄군으로 서술하고 있다. 그리고 서로 다른 행위 객체들, 즉 통화, 유가증권, 문서, 인장 등이 각각 다름에도 불구하고 위의 네 개의 서로 다른 범죄들을 공통적으로 만드는 것은 공공의 신용이라는 보호법익이며, 그 보호의 정도가 추상적 위험범의 형태라고 기술하고 있다.[1)]

---

1) 김성천/김형준, 형법각론, 2000, 649면 이하; 김일수, 한국형법 V, 1995, 219면 이하; 박상기, 형법각론 (제7판), 2008, 495면 이하; 배종대, 형법각론 (제7전정판), 2010, 666면 이하; 백형구, 형법각론 9개정판), 2002, 495면 이하; 오영근, 형법각론, 2002, 782면 이하; 이재상, 형법각론 (제7판), 2010, 543면 이하; 이정원, 형법각론, 1999, 564면 이하; 임웅, 형법각론, 2001, 549면 이하; 정성근/박광민, 형법각론, 2002, 558면 이하. 그러나 '사회경제적 질서를 보호하는 형벌법규'라고 보는

그러나 국내 문헌과 대법원 판례에서 공공의 신용이라는 보호법익의 실체를 구체적으로 규명하지 않고 있다. 예를 들어 공공의 신용은 법률에 의해서 규범적으로 설정되는 것인지, 아니면 사실상 사회적으로 형성되는 것인지에 대해서 구체적으로 판단하지 않고 있다. 이런 상황에서 판례는 "오늘날 일상거래에서 복사문서가 원본에 대신하는 증명수단으로서의 기능이 증대되고 있는 실정에 비추어 볼 때 이에 대한 사회적 신용을 보호할 필요가 있다"고 하여 사실상 사회적으로 형성되는 것으로 이해하는가 하면,[2] 이와는 달리 "오늘날 일상거래에서 복사문서가 원본을 대신하는 증명수단으로서의 기능이 증대되고 있는 실정을 감안한 판결은 타당하다고 볼 수 있다. 그러나 이러한 형사정책적 관점이 과연 형법이론적 관점을 무시한 채 형법해석의 결정적인 기준이 될 수 있는가는 의문이다"는 입장은 공공의 신용을 규범적 개념으로 이해하고 있다고 보여진다.[3]

복사문서의 문서성과 관련된 대법원의 판례나 공문서부정행사죄에 관한 대법원의 최근 판례와 관련해서 논의되는 상황을 살펴보면, 공공의 신용이라는 보호법익을 고려한 법해석론은 거의 고려하지 않는 것으로 보인다. 만일 형법해석론상 위조범죄의 공통적인 보호법익인 공공의 신용에서 해결의 실마리를 발견할 수 있다면, 논쟁이 되고 있는 몇 가지의 형법문제들이 해결될 수 있지 않을까 하는 기대를 가지게 한다.

견해로, 유기천, 형법학 [각론강의 하], 1982, 125면 이하.

2) 대법원 1989.9.12. 선고 87도506 전원합의체판결.

3) 하태훈, 복사문서의 문서성, 형사판례연구[1] 1993, 204면.

1. 보호법익으로서 "공공의 신용"의 실체

(1) "공공의 신용"의 일반적인 이해

위조범죄의 공통의 표지로서 공공의 신용의 실체를 규명하는 것은 쉽지 않은 일이다. 대부분의 문헌에서는 공공의 신용을 특별한 내용적 설명 없이 마치 자명한 것으로 이해하고 사용하고 있다.

가장 일반적인 서술의 형태를 참고로 하여 현재의 이해를 검토하기로 한다. "사회생활은 정상적인 인간관계를 주축으로 한다. 이 관계 속에서 신뢰라는 끈이 없으면 공동체적 삶은 죽은 것이나 다름없다. 신용은 현대사회에서 시민생활을 구성하는 기초요소인 것이다. 공공의 신용이 지켜지지 않는 사회는 극도의 이기심과 불신이 팽배하게 되고, 사회통합은 그만큼 어려워지기 때문이다. 특히 현대사회에서 의사소통과 거래교통의 체계는 각종 신용도구와 수단을 통해 이루어지기 때문에 표준적인 신뢰도구와 신뢰성을 확보하는 일은 사회생활관계의 안정을 위해 불가결한 전제조건이 된다"고 서술한다.[4] 이러한 서술에서 나타나는 공공의 신용은 사회공동체의 본질을 규정하는 표현의 의미를 가지고 있다. 또한 사회공동체의 존속을 위해서 공공의 신용이 절대적 필요하다는 것을 강조하는 것 이상은 아니다. 즉 공공의 신용이 무엇인가에 대해서는 말하고 있지 않다.

---

4) 김일수, 한국형법 V, 1995, 219면.

(2) 위조범죄와 "공공의 신용"

앞서 살펴 본 위조범죄의 역사적 전개과정에서 찾을 수 있는 공공의 신용의 실체는 명확하지가 않다. 로마법상의 '위조'와 '유사위조'라는 상이한 범죄들을 이론적으로 정립하려는 이태리 주석학자들에 의해서 만들어진 '진실의 왜곡'이라는 공통의 표지가 보통법 학자들에 의해서 '진실에 대한 권리 침해'로 나타나고, 마침내 19세기에 들어와서 '공공의 신용'에 대한 범죄로서 위조범죄가 확립되었다는 것을 보여줄 뿐 그 내용적 실체에 대해서는 분명하게 밝혀주지 못하였다.

로마법상 유언장이 진실할 것이라는 일반의 신뢰를 침해하는 행위를 처벌함으로써 유언장에 대한 공공의 신용을 보호하였다고 보기는 어렵다. 왜냐하면 로마법상 '위조'와 '유사위조'는 모두 소송상 증명절차와 관련되어 있었기 때문이다. 이태리의 주석학자들에 의해서 발견된 위조범죄들의 공통의 특징인 '진실의 왜곡'은 위조범죄들의 사실상의 특징을 추상적으로 구성한 것이다. 마찬가지로 19세기 초반의 형식적 위조범죄이론도 '진실왜곡'을 수단으로 실행된 모든 범죄적 형태를 포함하는 것이었다. 이때에는 특정한 권리자의 권리를 '진실왜곡'을 통해 침해한다는 것이었다는 점을 유의할 필요가 있다. 즉 사회공동체내에서 각자가 가지는 권리를 '진실왜곡'을 수단으로 침해하게 되면 그러한 권리침해로써 처벌되는 것으로 구성하였다. 이때에도 역시 '공공의 신용'은 아직 등장하지 않는다.

이러한 위조범죄이론에 권리침해 없이도 기망적 행위에 의해서 범죄가 될 수 있다는 견해들이 주장되면서 '공공의 신용'이 위조범죄의 보호법익으로 등장하였다. 즉 사회의 공존을 위한 전제인 신뢰와 신용을 기망적 행위에 의해서 침해한다면 그러한 기망적 행위자체가 이미 위법하다는 것이다. 따라서 진실의무는 기본적으로 제한이 없다고 보았다.

위증의 가벌성을 공공의 신뢰와 신용으로부터 끌어낸 Mittermaier는 공공의 신용의 실체에 대한 약간의 실마리를 제공하였다. 공공의 신용은 원래 법적거래, 특히 사법을 위한 의사표시의 중요성으로부터 기인하는 것이 아니라, 그저 진실의무의 유의를 형사제재를 통해서 보장하려는 진실의무에 기초한 것이며, 따라서 기망적인 행위의 처벌로부터 진실의무가 생겨나는 것이라고 하였다. 그리고 그러한 진실의무의 결과로서 진실의 정확성에 대한 신뢰와 더불어서 공공의 신뢰와 신용을 형성할 수 있다고 하였다. 그러나 공공의 신용이라는 집합개념은 불확정적이기 때문에 그러한 개념의 사용을 포기하여야 한다고도 주장하였다. 그에 의하면 공공의 신용은 규범이전에 선재하는 어떤 것이 아니라, 규범적 보호에 의해서 생겨나는 것이라고 보고 있다.[5)]

이러한 견해에 의한다면, 사회공동체에는 많은 신뢰의 대상들이 존재하지만, 형사제재를 통해서 확보된 진실의무의 침해만이 공공의 신뢰의 대상이라고 할 수 있다는 것이다. 즉 공공의 신용은 사회에서 존재하는 것이 아니라, 법규범에 의한 제재의 반사적 측면에 불과하다는 것을 말해주고 있다. 또한 법률적인

5) C.J.A. Mittermaier, a.a.O., S. 85 ff.

열거가 공공의 신용의 범위에 대해서 결정한다는 견해도 이런 관점에 서 있다.[6] 마찬가지로 신용도구가 진정한 의사소통의 기능을 원활히 할 수 있도록 그 진정성과 신용성을 확보하는 일은 평화로운 공동생활의 질서유지라는 형법의 중요한 임무에 속한다고 하면서, 그러한 신용도구의 진정성과 신뢰성을 확보하는 보장수단이 바로 공공의 신용을 보호하는 죄형법규라는 견해도 같은 입장이다.[7]

지금까지 살펴본 내용에 의하면 위조범죄의 보호법익으로서 공공의 신용은 비록 그 내용적인 불명확성과 애매함은 있지만, 19세기부터 오늘날까지 별 다른 문제제기 없이 사용하고 있다는 것을 알 수 있다. 그러나 공공의 신용의 실체는 존재하지 않는 것이라고 보여진다. 왜냐하면 공공의 신용이 '기망적 행위'를 통해서 '진실을 왜곡'하는 범죄적 행태를 포괄하는 상징적 의미로 사용되고 있기 때문이다. 특히 사회에 선재(先在)하는 '신용의 대상물'이 존재하는 것이 아니라, 법적인 보호를 통해서 '공공의 신용'이 창출된다는 관점에서 상징적일 뿐이다. 그러나 입법자가 사회의 평화로운 공존질서를 위해서 형벌법규를 통해서 보호하고자하는 보호객체가 아니라, 입법자가 보호함으로써 생겨나는 '공공의 신용'이라는 보호법익은 모순으로 보여지지 않는가? 이러한 문제는 다음에서 새로운 법익관점을 통해 문제해결을 시도하기로 한다.

---

6) Konrad Franz Rosshirt, Geschichte und System des deutschen Strafrechts, Dritter Theil, 1839, §§ 146, 148 S. 13 f.

7) 김일수, 한국형법 V, 220면.

2. 형법해석에서 법익의 기능

(1) 형법해석기준과 법익의 역할

형법해석의 기준으로 일반적으로 제시되고 있는 내용은 전통적 해석기준에 따른 문법적 해석, 논리-체계적 해석, 역사적 해석, 목적론적 해석으로 나누고, 이외에 헌법합치적 해석을 추가하기도 한다.[8] 이러한 해석기준들은 각각 나름대로의 장점과 합리적인 근거를 가지고 있으므로 해석결과를 서로 달리 할 수 있다. 해석자는 그가 내리고자 하는 결론에 가장 적합한 해석기준을 선택하여 논거로 삼을 수 있다. 그러나 논자에 따라서는 해석기준들의 순위를 인정하기도 하고, 해석기준들 사이의 순위를 부인하기도 한다.

대다수의 국내 형법학자들은 이른바 방법다원주의의 입장에서 의심스러운 사례에서 정의에 합당한 바람직한 결론을 논증할 수 있기 위하여 문법적 해석, 논리-체계적 해석, 역사적 해석, 그리고 목적론적 해석을 함께 고려해야 한다고 한다.[9] 그러나 '법문의 가능한 의미'가 해석방법론과 관련해서 한계기능을 갖는가에 대하여 다수의 견해는 이를 긍정하고 있다.[10] 그러나 소수의 견해는 법문을 구성하는 언어 그 자체가 불명확한 것이어서 그 의미를 밝힌다는 것은 허구적이라는 관점에서,[11] 또는 해석의 출

8) 배종대, 형법총론 제8전정판, 2006, 112면.
9) 대표적으로 김일수, 형법학원론, 110면.
10) 김일수, 형법학원론, 111면; 배종대, 형법총론, 114면.
11) 이상돈, 법이론, 1996, 45면 이하.

발점은 법문의 일상적인 의미의 폭이지만, 이 폭은 다시금 '입법자의 의사'에 의해 그 가능한 의미의 범위가 확정된다는 견해가 있다.[12)]

형법해석에 있어서 법익의 역할은 논쟁이 되고 있는 문제이다. 이 문제는 특히 Honig의 논문이래로 새롭고 진지하게 검토되었다.[13)] 그는 간명하게 법익은 입법자에 의해서 개별적인 형법규정들에서 인정된 목적에 불과한 것이라고 하였다. 그가 해석했던 바에 의하면 법익은 물질적 또는 이상적 이익들이 아니라, 목적 또는 가치들이며, 법익은 목적론적 해석방법에 속한다고 한다. 즉 그는 가치로서 법익을 이해하고, 이것은 국민의식을 통해서 정립된다고 보았다. 그가 법익개념을 현실적 대상으로부터 분리함으로써, 법익을 법률적 사고과정에서 개별적 형법규정의 의미와 목적을 이해하는데 노력하는 '범주의 통합'으로서 파악하고 있다.

최근에 형법해석방법과 관련하여 법익의 기능에 대해서 부정적인 견해도 제시되고 있다. 즉 수많은 형법상의 이론적 개념들을 해석하는 경우에 - 예컨대 절취, 영득, 처분, 사악함 (또는 고의, 인과관계, 행위) 등등 - 법익에 대한 고려는 역할을 하지 못하며, 다른 경우들, 즉 '문서'나 '재산'의 외연에 대해서 논쟁하는 경우에는 법익에 대해서는 일치하지만, 다툼이 있는 것은 오로지

---

12) 김영환, 형법해석의 한계, 형사판례연구[4] 1996, 13면.

13) R. Honig, Die Einwilligung des Verletzten, Teil 1, 1919. (Heinz Koriath, Zum Streit um den Begriff des Rechtsguts, GA 1999, S. 561 ff.에서 재인용)

보호의 효율성이라고 한다.[14] 그러나 법익이 형법해석을 위한 논증형식으로 전혀 의미가 없다고 주장하지는 않고, 다만 적은 의미만 부여할 수 있을 뿐이라고 한다.

법익의 내용을 통한 형법규범의 해석방법은 일반적으로 '객관적 · 목적론적' 해석방법이라고 한다. 객관적-목적론적 방법은 종종 해석수단의 왕좌로서 그리고 결정적인 기준으로 간주되어진다. 객관적 이론은 객관적-목적론적 해석기준의 도움을 받아 결정시점의 법의 객관적인 목적으로부터 법률해석의 기준을 얻는다.[15] 법원의 판례를 보면은 대부분 법률의 의미와 목적이라는 형식을 이용한다. 객관적-목적론적 기준의 상위개념 하에서 판례와 학설에서는 수많은 서로 다른 유형의 논증들이 제시되었다.[16] 그러한 논증의 예로 '사물의 본성', '법질서에 내재하는 원칙들', '평등의 원칙', '헌법합치적 해석의 원칙', '규범영역의 객관적 구조', '정의의 요구', '인정되어진 사회의 가치들', '윤리적 원칙들', '정치적-세계관적인 요청' 등등을 들 수 있다. 이러한 상황에서 객관적-목적론적 해석은 합리적인 논증을 위한 모든 유형들의 집합체로 보여진다.

사실 객관적 · 목적론적 해석의 도구들이 가치개념들이기 때문에 그것을 객관화 할 수 있는 또 다른 노력이 필요하다. 특히 법률문언 그 자체가 완전히 명백한 경우에는 문법적 해석을 제

14) Heinz Koriath, Zum Streit um den Begriff des Rechtsguts, GA 1999, S. 576.

15) Bartholomeyzik, Die Kunst der Gesetzesauslegung, 3.Aufl. 1965, S.44.

16) Koch/Rüßmann, Begründungslehre, 1982, S. 166.

외한 그 외의 나머지 해석기준들은 불필요하게 되지만, 반대의 경우에는 문법적 해석은 독자적인 해석기준으로서 쓸모가 없게 된다. 이 경우에는 목적론적인 해석방법을 통해서 해결해야만 한다. 따라서 형법해석은 법률의 문언으로부터 시작해야 하지만, 해석의 중점은 보호되는 법익과 법률의 객관적 의미와 목적에 두어야 한다.

(2) 해석을 통한 법익결정의 현실관련성

여기서는 객관적-목적론적 해석의 기준으로서 보호법익의 문제를 보기로 한다. 체계비판적인 방향에서 이론을 구성하지 않고, 체계 내적인 방향에 향해있는 법익이론들은 어떤 보호법익들이 주어진 형법적 체계에 존재하였는지를 열거하고, 이러한 보호법익들을 분류적인 틀로 나누는 것과 형법각론의 배열을 보호법익에 설정하고, 그러한 보호법익을 통해서 개별적인 구성요건들의 해석을 위한 표지를 세우고 근거지우려고 지금까지 시도하였다. 예컨대 고소권, 승낙에 의한 법익포기 또는 정당방위의 허용의 이론적 구성을 한다. 이러한 형법이론의 구성은 법익의 이해없이는 시작될 수 없다. 그리고 이러한 법익의 이해는 주어진 형법적 체계, 즉 각각의 보호되는 법익의 관찰로부터 도출한다.

지금까지 주로 체계적인 문제에 관심을 가진 법익이론은 가치와 현실의 관계에 관심을 가지지 않고, 형법적인 보호법익의 개념과 기능을 주로 논의하였다. 그러나 우리가 법익이론을 위한 중대한 문제의 전면에 서 있는 것은 규범이 아니라 현실과의 연관에 있다는 점을 인식하게 된다면, 보호법익의 개념과 기능에 대한 관점으로부터 전환할 수 있게 될 것이다. 즉 이미 법익으로서 형법적으로 보호되고 있는 것들은 사실상 사회적으로 실현되어진 것으로부터 이해될 수 있다는 것을 말한다. 형법전에 의해서 일컬어진 법익의 내용과 한계는 법률 자신으로부터 생겨나는 것이 아니라, 그러한 법률을 사회적 현실에 적용하면서 비로소 생겨나는 것이라고 이해하는 것이다.[17)]

만일 규범 자체를 규범을 평가하는 현실과 원칙적으로 독립된 것으로 생각한다면, 현실의 변화는 규범을 위해서는 단지 우연적이고 간접적으로 의미가 있을 뿐이다. 물론 규범은 일반적으로 변화된 현실에 반응할 수 있다. 만일 그렇지 않는다면 규범은 법정책적으로 효력을 상실하거나 불의로 이끌어지기 때문이다. 따라서 법정책적인 효력은 간접적으로 규범을 현실변화에 적응하도록 요구하고 관철할 수 있다. 그러나 이와는 반대로 규범과 현실의 직접적인 연관을 통해서 구성할 수도 있다. 즉 규범은 현실을 고려한 해석을 통해서 비로소 완전히 효력있는 법적인 행위지시가 될 수 있다. 그렇기 때문에 현실변화를 통해 직접적으로 규범의 내용을 파악할 수 있게도 한다. 이런 관점에서는 법실현의 과정은 두 개의 나누어진 단계, 즉 먼저 규범의 내용을 확정하고 그리고 나서 평가되는 현실의 변화에 따라서 묻는 단계로 수행되는 것이 아니다. 왜냐하면 현실은 규범내용을 항상 같

17) Winfried Hassemer, Theorie und Soziologie des Verbrechens, 1973, S. 105.

이 구성하는 요소이기 때문이다.

물론 이러한 법익의 결정과정이 사회적 현실과 관련해서 개별적으로 어떻게 행해지는 가의 문제는 우리가 법익을 위해 중대한 현실이 무엇이고 그리고 법익이론에서 이론적으로 어떻게 그것을 구성할 것인가에 대한 정확한 서술을 전제로 한다. 그러나 여기서 분명한 것은 법익결정의 역사성은 사회의 변화뿐만 아니라, 형법해석의 현실연관이 함께 기초된다는 점이다. 우리는 이미 규범의 해석을 통한 법익결정에서 방법론적으로 의식하던 안 하던 항상 현실이해로부터 결정하고 있는 것이다. 이와 같이 해석을 통한 법익결정은 규범뿐만 아니라, 규범과 관련된 현실, 정확하게는 이러한 현실에 대한 해석자의 이해를 통해서 행해진다.

상술한 문제와 관련해서 Hassemer는 사실적이고 규범적인 요소들이 형법해석의 현실연관을 변증법적으로 어떻게 구성하는지에 대해서 독일에서의 복사문서의 문서성에 관한 논의를 예를 들어 설명하고 있다.[18]

법적거래에서 원본문서대신에 복사문서가 널리 사용된 이래로 형법이론과 형법실무에서는 복사문서가 고유한 문서개념을 충족하지 못할지라도, 고유한 의사기능과 증명기능을 갖고 따라서 독일형법 제267조의 의미에서 문서로서 인정할 것인지가 문제로 제기 되었을 때, 독일연방법원은 법원의 사법적 문서개념의 정의에 반하는 복사본의 문서성을 부정하였다.[19] 이에 대해서 형

18) Winfried Hassemer, a.a.O., S. 107 ff.
19) BGHSt 24, 141 f.

법은 법적거래에 의해서 증명수단으로서 효과적으로 인정된 모든 대상물에 문서성을 인정해야만 한다고 반론이 제기 되었다.[20) 즉 Schröder는 형법적 개념의 해석을 함에 있어서 그러한 개념에 효력을 부여하기 위해서 문서범죄의 보호법익은 넓혀져야만 하고, 형법을 통해서 보장되는 신용물과 마찬가지로 법적거래에서 사실상 신용성이 부여되는 것으로 간주되는 것도 포함하여야만 한다는 주장을 통하여 규범이해를 현실이해로부터 찾아야 한다고 하였다. Hassemer는 이러한 반론은 전통적인 법관법적 문서개념의 교정을 위해서 사실적으로 현실화된 보호관념에 근거한 주장이라고 하였다. 사실 독일연방법원도 복사본의 문서성은 부인했지만, 법적거래에서 복사본의 사용에 대한 보호필요성은 인정하고 있다. 즉 규범과 관련된 현실은 규범해석을 함께 결정할 수 있다는 것을 원칙적으로 인정한 것이다. 다만 복사본의 문서성을 인정하는 것은, 즉 현실로부터 실제의 규범결정은 허용되지 않은 법형성으로 간주하고 입법적인 해결로 결론짓고 있다. 그러나 규범은 항상 규범의 바탕이 되는 현실로부터 이해해야한다는 점은 독일연방 대법원도 인정하고 있다.

또한 연방법원의 판결에 나타난 중요한 점은 복사본이 법적거래에서 그 사이에 계속해서 증명기능을 가져왔다는 사실로부터 형법이 복사본도 보호해야한다는 결론을 도출하지 않음으로써 사회적 현실을 단순히 받아들이지 않고, 형법은 그러한 현실을 평가하고 형법 자신의 범주에 따라 평가한다는 점을 보여주

20) Horst Schröder, Anmerkung zu BGH v. 11.5.1971, JR 1971, S. 468 ff.

고 있다. 이것을 Hassemer는 현실은 규범내용을 확정하기 위한 유일한 결정인자(決定因子)가 아니고, 현실은 단지 해석의 필요적인 사실인자일 뿐이라고 하고 있다.

만일 법적거래의 안전을 위하여 거래에 참여하는 사람들에게 스스로 조심과 주의를 요구하는 것이 처벌을 통해서 형법적 규범력을 강화하는 것보다도 더 바람직 한 것이라고 주장한다면,[21] 이것은 형법해석과정에서 왜곡되게 결정된 현실의 기능의 다른 극단을 보여주는 것이다. 이것은 규범과 현실의 필요적인 변증법을 올바로 파악하지 못한 것이며, 현실을 유일한 결정토대로 과대평가한 것으로 본다. 사회에서 사실상 보호가치있는 것으로서 간주되고 실현되어지고 있다는 것으로만 이미 형법적 법익의 대상이라고 할 수는 없다. 여기서 법익결정의 현실관련성과 관련한 중요한 점은 법률규범의 해석을 통한 법익결정이 이미 - 방법론적으로 의식하던 안하던 - 현실이해로부터 결정된다는 점이다.[22]

(3) 위조범죄의 보호법익의 특수성

형법해석방법 중의 하나로서 객관적-목적론적 해석을 행하는 경우에 법익을 통한 해석의 기준이라는 것은 지금까지 일반적으로 사용하는 방법이었다. 모든 범죄구성요건에는 보호법익이 존재하고, 이를 '행위객체 없는 범죄는 있을 수 있지만, 보호객체없

---

21) Diethelm Kienapfel, Zur Urkundenqualität von Fotokopien, Xerokopien und Abschriften, NJW 1071, S. 1784.

22) Winfried Hassemer, a.a.O., S. 109.

는 범죄는 없다'는 표현으로서 강조해왔다. 그리고 약간의 차이는 있지만 국내의 형법해석에 있어서 개별 구성요건의 보호법익의 내용은 대략 일치하고 있다.

우리 형법에서 위조범죄는 공공의 신용이라는 공통된 보호법익아래 신용도구들 중에서 전통적으로 중요시되어 온 통화·유가증권·우표·인지·문서·인장 등으로 분류하여 개별 구성요건들을 두고 있으며, 최근에 현대사회의 기술혁신을 통해 전통적인 신용도구들을 대체하고 있는 전자기록 등을 포함하고 있다. 우리 형법에서 위조범죄에 대한 이러한 구성은 연혁적으로 다른 나라의 위조범죄의 역사적 전개과정과 같은 선상에 있다고 할 수 있다.

살펴본 바와 같이 위조범죄의 보호법익으로서 공공의 신용은 하나의 집합개념으로 이해할 수 있다. 따라서 하나의 집합개념으로서 공공의 신용이라는 보호법익의 내용은 큰 의미를 갖지 못한다. 오히려 형법해석을 위해서 중요한 것은 공공의 신용이 사회적으로 형성되는 것인지, 아니면 규범적으로 설정되는 것인지의 문제를 해결하는 것이다.

현재 다수의 형법학자들은 입법자가 공공의 신용을 보호하기 위해서 형법규범을 두고 있다고 이해하고 있다. 이러한 이해를 바탕으로 하여 공공의 신용을 보호하는 형법규범은 수범자인 일반시민들에게 "공공의 신용과 신뢰를 훼손하지 말라"는 금지규범을 제시한다고 한다. 그리고 더 나아가서 입법자는 이러한 형법규범을 통해서 근본적으로 "공공의 신용과 신뢰를 준수하라"는 적극적인 요구규범들을 시민들의 법의식에 호소하고 있다고 한다.[23] 이것은 공공의 신용은 형벌규정에 상응해서 선재하는 보호가치가 있는 이익으로 형성될 수는 없고, 형법규범을 통해서 비로소 생겨나는 기대로부터 나오는 것이라는 관점이나, 법률적인 열거를 통하여 공공의 신용의 범위가 비로소 결정된다는 관점과 같은 것이다. 즉 공공의 신용은 형법규범에 의해서 생겨나는 순수한 규범적인 보호객체이지, 사회 일반의 사실상의 신용은 고려의 대상에서 제외해야 한다는 것을 의미한다.

그러나 해석을 통한 법익결정은 규범뿐만 아니라, 규범과 관련된 현실, 정확하게는 이러한 현실에 대한 해석자의 이해를 통해서 행해진다는 관점에서 공공의 신용을 고찰한다면 다른 결론에 도달하게 된다. 여러 다른 형법규범과는 달리 위조범죄의 본질은 '진정한 것처럼 보이는 외관'을 법적거래에 보여줌으로써 일반인이 신용하는 대상들의 기능을 해치는데 있다. 특히 유가증권과 문서의 경우는 통화와 달리 사적인 거래에 참여하는 자들 사이에서 형성되는 '대상물의 신용'이 형법규범을 통해서 보호해야 하는 보호객체이지, 입법자가 규범적으로 설정해 놓은 대상물에 한정하는 것은 현실을 외면한 순수한 실정법적 사고일 뿐이다. 더군다나 법적거래의 발전속도에 비추어 볼 때, 입법자에 의한 사회적 신용의 보호는 전혀 실효성이 없는 경우가 대부분일 것이다. 이런 관점에서 대법원이 오늘날 일상거래에서 복사문서가 원본에 대신하는 증명수단으로서의 기능이 증대되고 있는 실정

23) 김일수, 한국형법 V, 220면.

에 비추어 볼 때 이에 대한 사회적 신용을 보호할 필요가 있다고 한 것은 형사정책적인 관점만이 아니라, 위조범죄의 보호법익을 고려한 타당한 법해석이라고 할 수 있다.[24)]

위조범죄가 그 보호법익을 공공의 신용에 두고 있는 한, 그러한 공공의 신용은 사회에서 형성되고 널리 이용되어 공공이 신용하는 대상물을 포함하기 위한 보호법익으로 이해해야 한다. 물론 형법규범의 해석을 위해서 보호법익을 결정할 때, 순수한 규범적 관점이나 순수한 사실적 관점만을 유일하게 고려해서는 안 된다. 그러나 다른 범죄와 달리 위조범죄의 경우에는 특히 현실을 고려하지 않고 순수한 규범적 관점에서 공공의 신용을 보호한다고 이해해서는 안 된다. 왜냐하면 위조범죄의 핵심은 '위조'에 있지 위조의 '대상물'에 있는 것이 아니다. 그 대상물이라 함은 사회가 단지 오랜 동안 사용해온 신용의 도구일 뿐이기 때문이다. 위조범죄란 일반인으로 하여금 진정한 것으로 오인할 수 있는 정도의 통화・유가증권・문서 등을 만들거나 사용하는 범죄라는 점을 고려한다면, 당연히 현실을 구성하는 '일반인의 관점'이 우선적이어야지, '입법자의 관점'이 우선할 수 없는 것이다.

결론은 위조범죄에 있어서는 법적거래의 현실이 공공의 신용이라는 보호법익의 결정을 위해서 중요한 결정인자가 되어야 한다는 것이다. 물론 사회 일반인의 공공의 신용의 정도를 어떻게 판단하고 결정해야 하는지의 문제가 남는다. 이 문제는 먼저 문제가 되는 신용의 대상물에 대한 개별적인 사회현실을 파악하는

---

24) 대법원 1989.9.12. 선고 87도506 전원합의체판결.

것이 중요하고 그리고 이러한 현실을 법관의 규범적 판단에 맡기는 정도에서 해결해야 할 것이다.

3. 기존해석론의 비판적 검토

(1) 복사문서의 문서성에 대하여

형법상 구성요건에 속하는 행위의 객체나 행위는 궁극적으로 그러한 대상에 대한 침해행위의 금지나 요구를 통해서 보호하고자 하는 보호객체를 위한 것이다. 따라서 형법상 보호할 보호법익의 범주에서 구성요건에 속하는 행위나 행위의 객체가 정해지는 것이지, 행위객체나 구성요건적 행위가 법익보호의 외연을 결정하는 것이라고 할 수 없다. 물론 이러한 주장은 개별 범죄의 보호법익의 내용이 일치한 것을 전제로 한다. 여기서 문제가 되는 위조범죄의 보호법익에 대해서는 공공의 신용이라는데 일치하고 있다. 그리고 공공의 신용이라는 보호법익은 사회적 현실을 바탕으로 해서 법적거래에서 개별적인 대상물에 대한 일반인이 신용을 보호하는 것이다.

지금까지 복사문서의 문서성에 대한 논의는 문서범죄의 행위객체로서 '문서'의 개념적 표지가 복사본에도 있는가라는 문제에 집중되어 왔다. 이러한 논의에서 사회에서 사실상 신용의 대상으로 복사본이 사용되고 있기 때문에 이를 보호할 필요가 있다는 것을 형법이론적인 논거로서가 아니라, 형사정책적인 논거라고 하고 있다. 그러나 형법상 '문서'는 '음란'과 함께 대표적인 규범적 구성요건요소이고, 여기서 '규범적'이라 함은 '평가적'이라는 의미를 가지고 있다.[25] 시대적 변화에 따라 '음란'이라는 개념적 외연이 달라지는 것처럼, '문서'의 개념적 외연도 사회현실의 변화에 따라 그 외연을 달리하는 것은 단지 규범적 구성요건요소로서의 '문서개념' 뿐만 아니라, 문서범죄의 보호법익이 사회현실에 바탕을 둔 공공의 신용에 있기 때문이다. 따라서 사회적 현실을 반영하여 복사문서가 공공의 신용을 침해하는 것으로 그 '평가적'관점을 달리 하는 것은 이미 기존형법해석의 범주에 있는 것이지, 형사정책적 관점이라고 할 수 없다.

또한 죄형법정주의와 관련하여 "전자복사본에 의한 부정서류의 범람으로부터 진정문서에 대한 사회적 신용의 보호필요성을 강조하여 복사문서의 문서성을 인정함으로써 '문서'개념과 더 나아가 문서'위조'의 문언의 가능한 의미를 벗어나 목적론적 해석의 한 형태로 허용된 확장해석의 한계를 넘어서는 것이다"는 비판이 있다.[26] 이러한 비판은 문서죄의 행위객체인 문서'개념'과 문서'위조'의 개념을 전통적인 개념에 고정시켜두었을 때 가능한 것이다. 현재의 문서의 개념은 전형적인 '진정문서'의 개념이다. 이에 따르면 "문서를 위조한다"라는 의미는 "이미 성립된 진정문서를 작성권한 없이 다시 부진정문서로 만든다"는 의미가 된다. 이러한 의미는 성립되기 어렵기 때문에 이를 다시 구성하면 "진정문

25) 류전철, 규범적 구성요건요소에 관한 소고, 형사법연구 제10호(1998), 35면.

26) 하태훈, 복사문서의 문서성, 형사판례연구[1], 211면.

서의 형태를 가진 대상물을 작성권한 없이 진정문서와 같은 외관을 갖게 한다"로 된다. 따라서 우리가 "형법상 문서가 무엇인가?"라고 묻는다면 전통적인 문서개념, 즉 진정문서의 개념을 말하는 것이 타당하다. 그러나 "문서죄의 행위의 객체가 무엇인가?"라고 묻는다면 문서죄의 보호법익인 "공공의 신용"을 침해할 수 있는 수단, 즉 '외관상 문서'라고 할 수 있다.[27] 이러한 이론구성은 이미 문언의 가능한 의미 안에 있는 해석이며, 또한 보호법익을 통한 목적론적 해석의 한계를 넘는 것이라 할 수 없다. 따라서 죄형법정주의의 관점에서 목적론적 해석의 한계를 벗어났다는 비판은 잘못된 것이다.

(2) 공문서부정행사죄의 부정행사에 대하여

대법원은 전원합의체 판결을 통해서 「우리 사회에서 운전면허증을 발급받을 수 있는 연령의 사람들 중 절반 이상이 운전면허증을 가지고 있고, 특히 경제활동에 종사하는 사람들의 경우에는 그 비율이 훨씬 더 이를 앞지르고 있으며, 금융기관과의 거래에 있어서도 운전면허증에 의한 실명확인이 인정되고 있는 등 현실적으로 운전면허증은 주민등록증과 대등한 신분증명서로 널리 사용되고 있다」고 하면서 신분확인을 위한 신분증명서(주민등록증)의 제시를 요구받고 자신의 인적 사항을 속이기 위하여 다른 사람의 운전면허증을 제시한 행위는 그 사용목적에 따른 행

27) 류전철, 형법상 문서개념의 재구성, 형사판례연구 재11호(1999), 236면 이하 참조.

사로서 공문서부정사용죄가 성립한다고 해석하였다.[28]

복사문서의 문서성에 관한 대법원 판결과는 달리 이 판결에 대해서 긍정하는 견해들이 있다. 그리고 그러한 견해들도 오늘날 운전면허증이 주민등록증의 대용으로 신분확인을 위해 이용되는 현실을 고려한 해석론을 전개하고 있다.[29] 특히 우리 사회에서 운전면허증은 일반거래에서 뿐만 아니라 관공서에서도 신분확인용으로 주민등록증과 동일하게 사용되는 현실을 바탕으로 하여 신분확인에 대한 운전면허증의 제시는 문서의 기능적 사용에 해당하는 것으로 보는 것은 공문서부정행사죄의 목적론적 의미와 일치되는 해석이라는 견해는 주목할 만하다.[30]

공문서부정행사죄의 해석에 관해서는 논의가 다양하게 진행되고 있으므로 여기서는 이 판결의 쟁점과 관련해서 '사용권한 없는 자의 용도내 사용'이 부정행사인지의 문제만 언급하기로 한다. 우리 사회는 특정한 목적과 관계된 개인의 동일성 증명을 위한 다양한 문서를 사용하고 있다. 그 중 주민등록증은 신분증명을 위한 공문서이다. 주민등록증을 특히 신분증명을 위한 공문서라고 일반적으로 이해하는 것은 17세 이상의 자가 모두 소지하고 있기 때문이다. 그러나 17세 미만의 자가 신분증명을 위해 자신의 여권을 제시하거나, 주민등록을 분실한 자가 신분증명을 위해서 자신의 운전면허증을 제시하는 경우에 우리 사회의 일반인

---

28) 대법원 2001.4.19. 선고 2000도1985 전원합의체판결.

29) 김일수/서보학, 형법각론(새로쓴 제6판), 2004, 774면; 박상기, 공문서부정행사죄, 형사판례연구[8] 2000, 291면.

30) 이정원, 형법각론, 595면.

들은 이를 통해 제시자의 신분을 확인하고 있다. 공문서부정행사죄의 보호법익을 공문서의 부정행사로 인한 공공의 신용이라고 한다면, 이러한 공공의 신용이라는 보호법익의 침해가 현실적으로 사회현실에서 신분증명의 기능을 하는 여러 공문서에 의해서 발생할 수 있으며, 실제로 발생하고 있다는 점을 고려한 형법해석이 위조범죄의 하나인 공문서부정행사죄에도 타당한 해석일 것이다.

복사문서의 문서성과 관련한 논의와 마찬가지로 전원합의체 판결의 논거에 대하여 "이러한 해석은 개별법규가 보호하고자 하는 법익이 무엇인가라는 규범의 목적을 고려하는 기능적·목적론적 해석이 아니라 단순히 많은 사람이 소지하고 있는 실생활에서 신분확인용으로 널리 사용되고 있다는 현실을 반영하여 처벌해야 한다는 정책적 의미 밖에 없는 것으로서 법해석이라고 볼 수 없다"는 비판이 있다.[31] 그러나 이러한 비판은 전술한 바와 같이 타당하지 않다. '현실을 반영하여 처벌하는 것'이 아니라, "공공의 신용"이라는 보호법익의 근거가 사회현실에 있고, 그러한 현실을 고려한다는 것은 본죄의 목적론적 해석의 출발이라고 보아야 한다.

대부분의 문헌들에서 법이론적 관점하에서 사회현상으로써 법을 말하고, 법이론도 사회현상에서 규명되어야 하고 따라서 법해석에 있어서 변화·발전하는 사회현실을 고려해야한다고 하면

31) 천진호, 공문서부정행사죄에 있어서 부정행사, 형사법연구 제17호(2002), 177면.

서도 개별적인 해석론을 전개하는 과정에서는 사회현실의 고려를 형사정책적 관점으로 돌려버린다. 특히 위조범죄의 해석에 있어서 그 보호법익인 "공공의 신용"이 사회현실을 고려한 규범적 판단으로 그 외연이 정해져야 함에도 대부분 현실을 규범적으로 설정하는 해석론을 전개하고 있는 것은 문제라고 보여진다.

이런 관점에서 개정형법 제237조의2를 통해서 복사문서의 문서성을 인정한 것은 위조범죄의 보호법익을 통한 목적론적 해석의 포기를 의미하는 것이며, 형법상 '문서'가 규범적 구성요건요소라는 형법이론상 일반적 이해를 허구로 만들어버린 결과가 되었다. 따라서 이 규정은 폐지되어야 하고, 위조범죄의 보호법익에 대한 학계의 심도 있는 논의를 통해서 "공공의 신용"의 실체를 규명하고, 이러한 보호법익의 행위객체인 문서개념의 규범적 구성요건요소로서의 특성을 살려서 변화하는 사회현실에 법해석을 통해서 적응할 수 있어야 할 것이다.

제2절 형법상 문서개념

1. 문서의 개념의 문제점과 재구성

지금까지 한국형법상 문서죄에 대한 문헌에서는 '문서'를 문서죄의 행위객체라고 간단하게 언급하고, 문서개념에 대해서 상술하는 것이 일반적이다. 문서죄의 행위의 유형은 - 전자적 기록물에 대한 위작・변작을 제외하면 - 위조・변조・작성 그리고 행사이다. 각각의 행위의 객체는 위조의 대상으로서 문서, 변조의 대상으로서 문서, 허위작성의 대상으로서 문서, 행사의 대상으로서 문서로 구분할 수가 있으나 우리 형법상 문서죄에서는 일반적인 문서개념만을 상술하고, 그 개념을 행위객체의 공통적인 개념으로 이해하고 있다.

일반적인 문서개념의 기능은 우리가 "무엇을 문서라고 하는가?"라고 하는 물음에 대답할 수 있는 것이다. 만일 "문서죄의 대상으로서의 문서는 무엇인가?"라고 묻는다면 일반적인 문서개념은 하나의 전형을 -예를 들어 변조의 대상으로서 문서- 제시할 수 있을지 몰라도, 문서죄의 객체로서의 문서를 이해하기 위한 개념으로는 부정확함을 알 수 있다. 즉, 일반적인 문서개념은 그 내포와 외연을 통해서 단지 문서죄와 다른 범죄의 한계기능을 할 뿐이다.

(1) 문서의 개념정의

문서[32]란 문자 또는 이에 대신할 부호에 의해 사상 또는 관념을 표시한 물체로서, 법적으로 중요한 사실을 증명하기 위한 것이거나 증명할 수 있는 것이어야 함은 물론 작성자 또는 명의

---

32) 독일에서 아주 오래 전에는 문서란 책(Buch)을 의미하였었다. 1851년 프로이센 형법 제223조 2항에는 문서에 대한 정의규정이 있었다. 그에 따르면 "문서란 권리나 법률관계에 대한 계약, 처분행위, 의무, 면제 등 증명을 위한 중요한 서면을 말한다"고 규정되었었다. 그러나 1871년의 제국형법의 입법자는 문서를 서면(Schrift)에 제한하는 것이 실무의 필요를 고려하지 않은 것이라는 이유에서 프로이센형법에 있었던 문서개념을 삭제하였다.

인을 인식시켜 줄 수 있는 것을 말한다.[33] 이러한 개념정의에 따라 한국 형법상 문서죄의 해석론에서는 문서의 개념요소로서 영속적(永續的) 기능과 증명적 기능 및 보장적 기능을 필요로 한다고 이해되고 있다.[34]

형법해석론상 문서죄의 문서는 '규범적 구성요건요소'로 이해되고 있다. 여기서 규범적이라 함은 보통 '평가적'이라는 의미로 이해되고 있다. 즉 문서는 하나의 평가적 개념이지 사실상으로 감지할 수 있는 특정된 대상물을 지칭하는 것은 아니다. 그러므로 우리가 형법상 문서라고 하는 것은 선재(先在)하는 개념으로서가 아니라, 현실에 존재하는 어떤 대상물을 평가함으로써 결정할 수 있다고 할 수 있다. 이러한 의미에서 문서의 개념요소로서 세 가지 기능은 형법상 문서라고 평가될 수 있는 평가기준으로 이해하는 것이 타당하다고 생각한다.

---

33) 김일수, 한국형법 V, 309면; 이재상, 형법각론, 572면; 정성근/박광민, 형법각론, 562면; 진계호, 형법각론, 515면; 하태훈, 복사문서의 문서성, 형사판례연구[1], 205면; 대법원 1985.6.25. 선고 85도758 판결.

34) 문서의 이러한 세 가지 요소는 독일의 제국법원의 판결을 통해 형성되고, 독일 연방최고법원에 의해 계속적으로 견지됨으로써 확고하게 된 것이다. 그러나 한국형법의 해석론에 있어서 문서개념의 세 가지 기능적 요소들의 세부적인 설명에서 각 기능적 요소들에 관한 이해가 일치하지 못하고 있다. 예를 들어 문서의 원본성의 문제를 문서의 영속적 기능에서 '의사표시의 직접성'과 관련하여 논하고 있는 견해와 보장적 기능에서 다루는 견해가 있고, 초안 또는 초고의 문서성의 문제를 증명적 기능에서 다루는가 하면, 다른 견해에 의하면 의사표시의 문제로 영속적 기능에서 다루고 있다.

1) 영속적 기능

문서의 본질은 문서의 존재자체에 있는 것이 아니라 그 속에 화체되어 있는 관념 또는 의사의 표시에 있다. 따라서 문자 또는 이에 대신할 부호에 의한 의사표시라는 점은 형법상 문서개념의 핵심적인 요소이다.[35] 또한 이러한 의사표시가 문자 또는 이에 대신할 부호에 의해서 물체에 화체되어 외부적으로 표시됨으로써 어느 정도 계속성을 가질 수 있어야 한다는 점도 문서개념의 중요한 개념요소를 이루고 있다. 따라서 의사표시가 유체물에 결합되어 어느 정도 지속되어야 한다는 지속성은 문서개념의 내포를 이루고 있다.

2) 증명적 기능

모든 문서에 의하여 표시된 내용은 일정한 법률관계 내지 사회생활상 중요한 사항을 증명할 수 있는 것이어야 한다. 왜냐하면 법률상 중요한 의미를 가지는 문서만 형법에 의하여 보호되는 것이기 때문이다. 따라서 일반적인 견해에 의하면 문서의 증명적 기능은 증명능력과 증명의사를 내용으로 한다고 한다.[36] 이에 대하여 문서의 증명적 기능에서 핵심적인 요소는 법적으로 중요한 사실이라고 하고 그 밖에 주관적인 증명의사나 객관적인 증명능력은 실무적으로 큰 의미를 갖고 있지 않다고 하고, 제한

35) 김일수, 고려대 법학논집 제33집, 1997, 442면; 이재상, 형법각론, 497면; 정성근/박광민, 형법각론, 700면.

36) 박상기, 형법각론, 521면; 배종대, 형법각론, 689면; 이재상, 형법각론, 574면; 정성근/박광민, 형법각론, 565면.

된 의미에서 고려한다 하더라도 증명의사와 증명능력을 중복적으로 요구하는 것은 무리이고 선택적으로 존재하면 충분하다고 하는 견해가 있다.[37] 사실 법적인 중요성이 없어서 문서죄에 의해 보호되지 않는 문서란 거의 없다고 해도 과언이 아닌 것이 현실이다. 따라서 문서의 증명적 기능은 문서개념의 제한적 기능을 수행하는데 별로 기여하지 못한다고 보여진다. 특히 순수하게 객관적 기준으로 정하여지는 증명능력은 문서라는 관념을 전혀 주지 못하는 소설이나 시가(詩歌)정도의 한계를 지워 주는 기능으로 전락하였다. 또한 증명의사라는 요소도 '우연문서'를 인정함으로써 개념적 요소로서의 의미가 상실되었다고 할 수 있다. 그렇다면 문서의 증명적 기능에서 중요한 개념적 요소는 '법적으로 중요한 사실'이라고 이해하는 것이 현실적으로 적합한 것이라 생각한다.

3) 보장적 기능

문서에는 관념 또는 의사를 표시한 한 주체, 즉 작성명의인이 있어야 한다. 의사표시의 내용을 보증할 수 있는 명의인이 존재하는 경우에만 법적거래에서 문서로서의 증명가치를 가질 수 있다. 왜냐하면 법적거래는 관념 또는 의사가 누군가에 의해서 표시되고, 그 의사를 표시한 자에 의해서 의사내용이 보증된다는 점에 대한 신뢰를 바탕으로 행해지고 있고, 이러한 신뢰의 대상물이 바로 문서이기 때문이다. 그러므로 문서의 특별한 가치는

37) 김일수, 고려대 법학논집 제33집, 450면.

법적거래에서 문서의 명의인을 통해서 그 의사표시가 귀속되는 자가 누구인지를 알 수 있다는 점에 있고, 의사표시의 내용에 따르는 일정한 법적 효과를 명의인에게 귀속시킬 수 있게 한다는 점에 있다. 따라서 명의인이 없거나 누가 명의인 인지를 판별할 수 없는 것은 문서가 될 수 없다고 한다.[38] 이와 같이 의사표시의 내용을 보증할 수 있는 명의인이 있어야 한다는 의미에서 문서의 개념적 요소로서 문서의 보장적 기능이 요구된다.

여기서 명의인이란 문서에 나타난 의사표시의 명목상의 주체를 말한다. 이에 비해 작성자란 의사표시의 내용을 현실적으로 화체시킨 자를 말한다. 따라서 문서의 명의인은 문서를 실제로 작성한 자를 말하는 것이 아니라 법적 거래에 있어서 문서의 표현내용이 귀속하는 자, 즉 의사표시의 주체를 말한다.[39]

또한 문서의 특별한 증명가치는 작성명의인으로부터 생겨난다. 그러므로 문서에는 그 의사표시뿐만 아니라 작성명의인도 인식될 수 있을 정도로 화체되어야만 된다. 왜냐하면 명의인의 인식가능성을 통해서 문서는 보장적 기능을 수행하고, 문서의 진정

---

38) 김일수, 한국형법 V, 322면; 배종대, 형법각론, 691면; 이재상, 형법각론, 576면; 정성근/박광민, 형법각론, 567면.

39) 김일수, 한국형법 V, 322면; 박상기, 형법각론, 523면; 배종대, 형법각론, 691면; 이재상, 형법각론, 577면; 정성근/박광민, 형법각론, 567면. 우리 형법학에서의 이러한 일치된 견해는 문서의 실제작성자가 누구이냐에 관하여 독일형법학에서 논의되는 물체설(Körperlichkeitstheorie)과 정신설(Geistigkeitstheorie) 중에 정신설에 입각하고 있다고 보여진다. 독일에서의 그러한 논의의 배후에는 '우연문서'의 인정여부가 놓여 있다. Tröndle, Leipziger Kommentar, Strafgesetzbuch, 10.Aufl., § 267 Rn.17; Puppe, Jura 1979, 633면 참조.

성 개념을 위한 토대를 제공할 수 있기 때문이다. 따라서 문서의 특별한 증명가치가 의사표시의 귀속에 있다고 한다면, 작성명의인이 적어도 귀속을 가능케 할 정도로 특정되어야 한다는 것은 문서의 개념적 요소라고 보아야 한다. 그러므로 작성명의인이 불특정한 문서(예를 들어 匿名의 文件)는 형법상 문서라고 볼 수 없다.[40] 물론 명의인에 대한 엄격한 특정이 요구되는 것은 아니며, 특정된 명의인이 있다고 오신시킬 정도의 문서이거나 문서의 종류·형식·내용 등 여러 가지 사정을 기초로 작성명의인을 인식할 수 있는 문서이면 충분하다고 보아야 한다.[41]

명의인의 인식가능성은 보통은 명의인의 서명이나 날인에 의하지만, 해석론상 요구되는 정도는 명의인에 대한 단순한 외관만으로도 충분하다고 본다. 판례도 마찬가지로 "명의인이 작성한 것으로 볼 수 있는 형식과 외관을 갖춘 이상 명의인의 날인이 있을 것을 요건으로 하는 것은 아니다"고 한다.[42] 따라서 명의인이 명시되지 않은 경우라도 문서의 형식과 내용에 의해 누가 작성하였는가를 알 수 있는 정도이면 된다.

명의인의 의사를 표현한 물체 그 자체여야 한다는 문서의 원본성과 관련한 논의는 개정형법에 신설된 복사문서에 관한 특별

---

40) 서일교, 형법각론, 248면; 손해목, 문서에 관한 죄, 박양빈교수 화갑논문집 1996, 284면; 정성근/박광민, 형법각론, 567면; 진계호, 형법각론, 520면.

41) 김일수, 한국형법 V, 324면.

42) 김일수, 한국형법 V, 323면; 배종대, 형법각론, 691면; 이재상, 형법각론, 576면; 정성근/박광민, 형법각론, 567면. 대법원 1975.6.24. 선고 73도3432 판결; 대법원 1989.8.8. 선고 88도2209 판결.

규정으로 그 의미가 반감된 듯하다.[43] 일반적으로 문헌에서 복본·등본·사본을 구별하고, 복본에 대하여만 문서성을 인정하는 근거로 작성명의자에 의해 여러 개의 원본을 작성하는 방법이라고 설명하고 있다. 그러나 외관상으로 원본인지 복본인지 사본인지는 구별하기 어려운 경우에 작성명의자의 주관적 의사에 의하여 그 문서성을 결정한다고 하는 것은 문제가 있다고 생각한다.

(2) 문서개념의 재구성

문서범죄에 있어서 전통적인 문서개념을 고찰하여 보면, 전통적인 문서개념이 형법의 구체화를 위해서 충분한 지도적 기능을 하고 있는가에 의심을 갖게 된다. 형법에서 구성요건해당성은 특정한 행위나 사건을 형법규범의 문언에 형식적으로 포섭하는 것 이상을 전제로 하고 있다. 왜냐하면 그러한 포섭가능성은 형벌권의 개입의 정당성을 위해 단지 필요한 형식적 조건일 뿐이지 충분한 실질적 조건은 아니기 때문이다. 형벌개입의 실질적 조건은 그러한 형식적 조건에 추가적으로 처벌받는 자가 법적으로 제재를 받을 만한 방법으로 행위 하였다는 것이다. 즉, 법익보호의 관점이 형벌의 개입을 위한 실질적 전제가 되어야 한다.[44]

일반적인 이해에 의하면 문서죄의 문서는 문서의 세 가지 개

43) 박상기, 형법각론, 524면; 배종대, 형법각론, 692면.

44) Freund, JuS 1991, 724면. 구성요건에 해당하고 승인되지 않은 행위에 대해 참조할 만한 한 중요한 문헌으로 Wolfgang Frisch, Tatbestandsmäßiges Verhalten und Zurechnung des Erfolgs, 1988.

념요소, 즉 계속적 요소, 증명적 요소, 보장적 요소가 충족되어져야만 한다고 한다. 그러나 이러한 문서의 개념요소들은 "문서"라는 단어로부터 단순히 연역적으로 추론되는 것이 아니라, 객관적으로 정당한 것으로서 인정된 법적거래의 이익으로부터 추론되어져야 한다. 그리고 법적거래의 이익이란 물체에 화체된 의사표시가 그 의사표시를 하는 자로 나타나는 자에 의한 것이라는 것을 신뢰할 수 있는 것으로 이해하여야 한다. 그러므로 문서범죄에서 문서의 개념정의를 위해서 지금까지 일반적으로 이해되어왔던 개념은 보다 상세한 내용적인 충전을 필요로 한다. 이 때에 내용적인 충전이란 단순히 문서라는 자구합치적인 연역으로부터 생겨나는 것이 아니라, 개념의 특별한 기능의 관점에서 행해져야만 한다. 또한 개념의 특별한 기능은 다시금 문서죄의 특유한 보호기능으로부터 나온다고 할 수 있다.

법적거래에서 문서의 가치는 오늘날 더 이상 특정한 증명방법이라는데 있지 않고, 오히려 문서의 특별한 가치는 문서의 '증명내용'에 있다. 즉 법적거래의 참여자들의 판단과 결정의 자료로서 그리고 증명수단으로서 문서의 특별한 가치는 문서의 영속적 기능에 바탕을 둔 보장적 기능을 가지고 그 가치를 법적거래에서 인정받고 있다는 점에 있다. 따라서 문서죄에 의해서 보호되는 보호법익은 문서에 특유한 증명가치, 즉 문서의 계속적 기능에 바탕을 둔 보장기능에 대한 법적거래의 이익으로서 그리고 증명수단으로서 문서의 기능적 유용성에 대한 이익으로서 표현되어질 수 있다. 이러한 관점에서 보면 전통적인 문서개념이 형식적이고 오로지 자구에 근거한 개념정의에 근거하고 있으며, 문서죄를 구체화하는 과정에서는 별다른 도움이 되지 않는다는 점을 알 수 있다. 특히 이러한 관점은 지금까지 형식적인 진정문서의 관점에서 다수설에 의해서 문서성이 부인되고 있는 복사문서에 대한 문제를 이해함에 있어서도 적절하다.

문서죄의 해석론상 제기되는 많은 문제들은 전통적인 문서개념이 진정문서에 근거하고 있다는 것으로부터 생겨난다. 물론 전통적인 문서개념은 위조된 문서, 즉 부진정문서를 이해하기 위한 중요한 실마리를 제공한다. 그러나 진정문서의 개념은 문서죄의 적용과정에서 충분한 포섭기능을 할 수 없고, 오히려 그 작성이 처벌되는 부진정문서의 개념이 비록 진정문서의 개념전제들을 충족하지 못하지만, 진정문서처럼 보이는 외관(外觀)을 불러일으킴으로써 법적거래의 이익을 침해한다. 따라서 우리의 관심은 '무엇이 문서인가?'로부터 '무엇이 문서죄의 행위객체가 될 수 있는가?'로 돌려져야만 한다.

1) 진정문서 · 부진정문서 · 외관상의 문서

일반적으로 진정문서란 문서명의인과 문서작성자가 일치하는 문서를 말한다. 따라서 진정문서는 문서의 작성명의 자체에 허위성이 없는 문서를 말한다. 부진정문서는 문서명의인과 문서작성자가 일치하지 않는 문서를 말하고, 이는 작성명의 자체에 허위성이 있는 문서를 말한다.[45] 이처럼 우리형법상 문서죄에서 문서

45) 부진정문서를 명의인과 작성자가 일치하지 않는 문서라고 정의한다면, 엄밀한 의미에서 부진정문서와 위조문서는 동일한 개념이라고 할 수

의 보장적 기능을 위해 문서의 명의인과 작성자의 일치여부를 기준으로 진정문서와 부진정문서를 구별하고 있다.[46]

진정문서는 문서의 영속적 기능과 증명적 기능의 충족을 당연히 전제하고 있다. 따라서 진정문서의 개념과 형법상의 문서개념은 일치하고 있다. 여기에 부진정문서는 문서에 나타난 명의인(schein- barer Aussteller)과 문서의 실제작성자(wirklicher Aussteller)가 동일하지 않은 문서를 의미한다. 그리고 부진정문서에서는 문서의 작성명의인이 인식될 필요는 없고, 단지 작성명의인의 외관만 매개하고 있으면 된다.

일반적인 이해에 의하면 형법상 문서개념은 문서의 개별적(영속적, 증명적, 보장적) 개념요소들이 실제로 존재할 것을 요구하고 있기 때문에, 이러한 의미에서 부진정문서는 형법상의 문서가 아니다. 왜냐하면 부진정문서는 그 자체는 증명능력이라는 문서의 개념적 요소와 문서의 명의인과 문서작성자가 일치하지 않아서 작성명의인의 인식가능성이라는 개념요소가 결여되었기 때문이다. 따라서 형법의 문헌에서 문서개념은 진정문서만을 염두에 둔 개념이다.[47] 따라서 위조행위의 결과적 산물인 부진정문서가

없다. 왜냐하면 위조개념은 통설에 따르면 '작성권한 없이' '타인명의를 모용하여' 부진정문서를 작성한다고 이해하기 때문에 부진정한 문서일지라도 명의인의 승낙을 얻은 경우에는 위조라고 할 수 없기 때문이다. 따라서 부진정문서는 진정문서와 반대되는 개념으로 이해하고, 부진정문서 중 권한없이 명의인을 모용하여 작성한 문서를 위조문서라고 보는 것이 타당하다.

46) 김일수, 한국형법 V, 297면; 정성근/박광민, 형법각론, 560면.

47) Binding에 의하면 이러한 진정문서라는 개념은 단지 반대개념으로서 '부진정문서'를 판단하기 위한 기능만을 가진다고 본다.(Binding, Lehr-

문서죄의 행위객체로서 먼저 진정문서의 요건을 충족하고, 그리고 부진정할 것을 요구한다는 것은 모순이다. 왜냐하면 진정문서이면서 부진정문서라는 것은 양립될 수 없는 것이기 때문이다. 따라서 문서죄의 행위객체로서 먼저 진정문서의 의미에서 문서여야만 한다는 생각은 잘못된 것이라고 할 수 있다.[48]

2) 외관상 문서

형법상의 문서개념을 진정문서로 이해한다면 우리는 문서개념의 요소를 현실적으로 충족하지는 않았지만 외관상 문서로 보이는 대상물, 그래서 문서가 가지는 법적 거래의 이익을 해할 위험이 있는 것들을 어떻게 다루어야 하는지가 문제가 된다. 그러한 대상물들이 진정문서로서의 문서의 개념적 요소들을 결여하였다고 하여 문서죄의 행위객체에서 배제한다면 앞서 부진정문서가 문서가 아니라고 한 것처럼 문서죄에서 대상으로 삼는 것은 진정문서를 대상으로 변조하는 행위만을 처벌하는 기능밖에 수행하지 못할 것이다. 따라서 우리는 문서죄의 행위객체는 전통적인 문서의 개념요소들을 모두 만족시키는 문서, 즉 진정문서가 아니라 '외관상 문서'가 아닌가를 고려해 볼 필요가 있다.

일반적인 이해에 의하면 다른 사람에 의해 만들어진 문서가

---

buch des Gemeinen Deutschen Strafrechts, Besonderer Teil II/1 1904, 175면.

48) 따라서 문서위조죄의 구성요건에 해당하기 위해서 위조행위 전이나 행위시에 진정문서가 존재하여야 한다는 것은 중요한 문제가 아니라고 이해하고, 보다 중요한 것은 행위자가 위조행위를 통해서 위조문서를 작성한다는 것이다. 같은 입장으로 Samson, SK, § 267 Rn.8.

진실한 명의인에 의해 작성된 것과 같은 외관을 불러일으키는 경우에 그러한 문서를 부진정하다고 말한다. 이러한 이해에 따르면 문서가 문서의 명의인에 의해서 작성된 것 같은 외관을 불러일으킨 자는 부진정문서를 작성한 것이 된다. 따라서 부진정문서의 작성은 행위자 내지는 실제의 작성자 대신에 타인이 명의인으로서 속여지는 것이며, 그러므로 문서위조의 본질은 명의인에 대한 기망이라고 한다.49)

부진정문서는 진정문서의 관점에서 비교할 때에 허위의 외관은 명의인의 표시에 관해서만 존재해야 한다고 이해하고 있다. 즉 부진정문서도 진정문서와 마찬가지로 사실적으로 문서개념 중 영속적 기능과 증명적 기능을 충족하고 있으나, 단지 보장적 기능 중 명의인의 인식가능성이라는 개념적 요소만이 결여된 문서를 의미한다고 한다. 이처럼 일반적인 견해에 의하면 부진정문서는 사실상으로 증명을 위해 적합하고, 특정한 의사표시가 화체되어 있지만, 명의인으로서 표시된 자에 의해서 생겨난 것과 같은 잘못된 외관을 불러일으키는 것을 통해서 문서의 명의인에 대해서 기망한 것이라고 정의되고 있다.50)

---

49) 김일수, 한국형법 V, 338면; 박상기, 형법각론, 525면; 이재상, 형법각론, 582면; 하태훈, 고시연구, 1995.2., 55면.

50) 이러한 의미에서 부진정문서도 외관상 문서로 보아야 하는 것이 타당하다. 그러나 문서죄에 대한 한국 형법해석론에서는 명의인과 작성자의 일치여부를 '문서의 진정성'이라는 기준으로 사용하여 왔고, 이에 따라 진정문서와 부진정문서의 대비를 당연하게 여기는 현재의 상황을 고려하여 여기서는 부진정문서와 외관상 문서는 구별되는 개념으로 설명하고자 한다.

문서죄에 대한 해석론에서 통설에 의해 문서죄의 행위객체로서 이해되고 있는 진정문서에 대한 개념정의는 문서 유사한 대상물의 작성 또는 그 행사에 의한 문서죄의 보호법익의 침해를 충분하게 포섭할 수 없게 된다는 문제점을 가지고 있다. 외면적으로 진정문서와 구별되지 않고 그럼에도 불구하고 증명에 적합하고 일정한 의사표시가 화체되지 않은 것들이 문제가 되는 문서 유사한 대상물들의 다수가 법적거래에 존재하고, 이러한 문서 유사한 대상물의 작성은 문서의 특유한 증명가치를 기망하는 방법으로 문서죄의 보호법익을 침해할 수 있다. 예를 들어 컬러복사기의 도움으로 외면적으로 원본과 구별할 수 없을 정도로 정교하게 만들어진 복사본이 바로 그러한 경우이다.

이러한 관점에서 보면 진정문서에 대한 일반적인 이해는 문서죄의 보호법익을 위해서 너무 좁은 것이라는 결론을 내릴 수 있다. 보호법익의 관점에서는 문서죄의 행위객체는 진정문서인 것 같은 잘못된 외관을 불러일으키는 대상들로 파악할 것을 요구한다고 할 수 있다. 이러한 의미에서 문서죄의 침해수단은 외관상 진정문서와 구별되지 않는 모든 문서 유사한 대상물들이라고 할 수 있다. 이러한 문서 유사한 대상물들은 마치 명의인으로 표시된 자에 의해서 증명을 위해 의사표시가 주어진 것 같은 기망을 위해 적합한 것들을 말한다.

'외관상 문서'는 진정문서와 같은 잘못된 외관을 불러일으키는 문서라고 정의할 수 있다.[51] 이러한 외관상의 문서는 문서죄

---

51) 외관상의 문서의 개념에 대한 독일 문헌으로 Britta Gustafsson, Die

의 법익침해를 위한 위험한 기망수단이라고 할 수 있다. 즉 외관상의 문서는 법적거래의 참여자의 이익을 침해하는 수단들을 말한다. 그러므로 문서죄의 행위객체는 전통적인 문서의 개념요소들을 모두 만족시키는 문서, 즉 진정문서 뿐만이 아니라 '외관상 문서'도 해당된다고 하여야 한다. 물론 모든 문서 유사한 대상물들 모두가 외관상의 문서로서 문서죄의 행위객체가 된다고 할 수는 없다. 왜냐하면 대상물들의 외부적인 현상형태는 단지 대상물이 문서 유사한 것이라는 것만을 결정할 뿐이기 때문에 그러한 대상물이 문서죄의 객체로 고려될 수 있는지에 대한 결정은 진정문서의 개념적 요소가 외관상 존재하는지에 달려 있다고 할 수 있다.

'외관상 문서'는 그 성립이 '외관'에 달려 있기 때문에 누구의 관점에서 외관상 문서인지 아닌지를 판단하여야 하느냐의 문제를 결정하여야 한다. 가능한 고려로서 먼저 행위자의 관점에서 행위자의 의사나 주관적인 평가를 기준으로 생각할 수 있다. 이에 의하면 행위자가 특정한 다른 사람을 지시한 것인지 또는 단순히 정체불명으로 남고자 한 것인지에 따라 달라질 수 있다. 만일 행위자의 의사가 아니라 행위자의 평가를 기준으로 간주한다면 행위자 자신이 의사표시를 받는 자가 명의인의 인식가능성에 대한 잘못된 관념을 불러일으키는데 적합한 것으로 간주했는지를 고려해야 할 것이다. 이에 반해서 행위자의 주관적인 관념을 중요하지 않는 것으로 본다면 오히려 잠재적이고 객관적인 의사

---

scheinbare Urkunde, 1993.

표시수령자의 관점에서 고려해야 할 것이다. 물론 이 경우에도 객관적인 의사표시수령자의 판단을 단지 법적거래의 문외한의 지식 정도로 할 것인지 또는 법적거래의 평균적인 참여자의 지식 정도 또는 특정한 법적거래에서 이상적인 참여자의 지식 정도로 할 것인지가 문제가 된다. 문서위조의 구성요건들은 그 의미와 목적에 따라 법적거래의 모든 참여자가 문서의 진정성을 의심없이 신뢰하고, 법적거래에서 사용할 수 있도록 하는데 있다. 법적거래의 평균적인 참여자의 지식 정도로 제시된 문서의 외관을 신뢰할 수 있었다면, 그러한 문서는 '외관상 문서'라고 할 수 있다.

다른 관점에서 법적거래의 참여자에게 '문서 유사물'에 대한 주의를 요구하는 것은 타당하지 않다. 왜냐하면 법적거래에 참여하는 자들은 모조물(Falsifikat)의 존재를 근본적으로 고려할 필요가 없어야만 문서가 가지는 신용력의 보장을 실현할 수가 있기 때문이다. 따라서 법적거래의 참여자들의 자기보호조치를 요구하여서도 안된다. 왜냐하면 잠재적인 피해자에게 문서죄에 의한 문서의 안전장치를 통해서 기본적으로 보장되고 있는 자유영역이 왜곡되어질 수 있기 때문이다. 따라서 문서죄의 보호법익의 관점에서 법적거래의 참여자들이 문서 유사한 대상물의 외관에 현시(顯示)된 증명유용성에 대해서 신뢰할 수 있는 대상물을 '외관상의 문서'라고 부를 수 있다.[52)]

---

52) 외관상 문서로 볼 수 있는 예로 사본, 복사문서, 초안, 강요나 기망에 의해 작성된 문서 등을 들 수 있다.

결론적으로 문서위조죄의 행위객체는 '진정문서'뿐만 아니라, '외관상문서'도 해당된다는 관점의 전환이 문서죄의 이해를 위해 필요하다고 생각한다.

2. 복사문서의 규정을 통해 본 문서개념

(1) 규정의 법적 성격과 의의

개정형법은 제237조의2에 복사문서에 대한 특별규정을 두고 있다. 그 규정에 따르면 "이 장의 죄에 있어서 전자복사기, 또는 모사전송기 기타 이와 유사한 기기를 사용하여 복사한 문서 또는 도화의 사본도 문서 또는 도화로 본다"라고 되어 있다.

복사문서의 문서성을 인정하는 1989년의 대법원판결 전에 정부의 형법개정작업의 소위원 심의과정에서 복사기에 의한 문서의 사본을 문서의 개념에 포함될 수 있도록 규정을 신설할 것인지가 논의되었다.[53] 논의 결과는 처벌규정을 별도규정으로 두자는 안이 7:3으로 다수의견이었다. 반대의견을 표명한 3인의 의견도 규정의 신설을 반대하는 것이 아니라, 단지 그 규정을 별도규정이 아니라 간주규정으로 신설하자는 견해였다. 그리고 현행대로 두고 해석에 맡기자는 견해에 대해서는 찬성견해가 없었다.

그 후 1992년 정부의 형법개정안 제안 이유서에 따르면 "오늘날 복사기술의 발달로 말미암아 원본과 똑같이 복사한 문서의 사본이 사회에서 중요한 기능을 하고 있는 실정에 비추어 이에

---

53) 형사법개정자료 VIII, 소위원회심의결과, 1989.1., 405면 이하.

대한 사회적 신용도 형법에 의하여 보호할 필요가 있으며 대법원판례도 당초 사본 또는 등본은 그것이 기계적인 방법에 의하여 복사된 것이라도 사본 또는 등본이라는 인증이 없는 한 문서에 해당되지 않는다는 태도를 취하다가 전원합의체판결로 기계적인 방법에 의하여 원본을 복사한 문서는 문서위조 및 동행사죄의 객체인 문서에 해당한다고 판시(1989.1.12 전원합의체 87도506)하고 있으므로 이에 따라 문서나 도화의 사본도 문서 또는 도화로 본다는 규정을 신설하게 되었다"고 밝히고 있다.[54]

이러한 과정을 살펴보면 한국형법에서 복사문서에 대한 특별규정은 복사문서를 형법상의 문서로 인정함으로써 문서성 자체를 인정한 것이라고 볼 수 있다. 그러나 이 입법의 계기가 된 대법원판례의 주요논거가 사실적인 사회현실의 변화를 형사정책적인 관점에서 판결을 통해 수용한다는 것이었으므로 특별규정을 통해 인정된 복사문서의 문서성과 어떤 관계가 있는지에 대해서는 명확하지가 않다. 기존의 문서개념으로부터 복사문서에 대해서만 예외적으로 보호대상으로 본다는 것으로 이해하여야 할 것인지, 아니면 이러한 입법적 조치를 계기로 해서 전통적인 문서개념 그 자체의 변화로 해석될 수 있을 지에 대해서는 아직 확실하지 않다.

형법개정 이후에 대부분의 문헌에서는 복사문서에 관한 입법적 해결에 대해서 별다른 평가 없이 소개만 하고 있을 뿐이어서, 기존의 복사문서와 관련하여 전개된 논의가 무색할 정도이다. 일

---

54) 형사법개정자료 XIV, 형법개정법률안 제안이유서, 1992, 233면.

부의 학계의 견해에 의하면 복사문서에 대한 신설규정을 간주규정으로 보고 판례에 의해 확인된 그간의 법생활을 수용하였다는 긍정적인 견해[55]가 있는가 하면, 복사문서의 문서성을 부정하면서 신설규정은 현실적 필요성에 의한 특별규정이라고 보는 견해[56]와, 성급한 입법에 의해서 형법의 문서개념을 무의미하게 한다는 점을 들어 부정적인 견해[57]가 있다.

그러나 개정위원회의 심의과정에서나 학계의 견해 중에 복사문서의 문서성의 문제를 기존의 문서개념의 해석을 통해서 해결하자는 견해가 없었다는 점은 유감스러운 것이라고 본다.

(2) 문서죄의 행위객체로서 복사문서

형법개정 전에 복사문서의 문서성을 부인하는 견해가 다수설을 차지하고 있었다. 다수설의 논거는 세 가지로 요약될 수 있다. 첫째는, 형법이론적 관점에서 문서개념으로부터 복사문서의 문서성을 부인하는 것인데 논자에 따라 복사문서가 문서의 계속적 기능과 보장적 기능이 결여되었다고 주장하거나, 문서의 원본성을 특히 강조하여 사본인 복사문서의 문서성을 부인하는 주장을 한다. 둘째는, 죄형법정주의 원칙의 유지를 근거로 하고, 셋째는 형사정책적인 관점에서 법적거래에서 사본의 사용을 억제하고 원본거래의 확립이 더 필요하다는 점이다.

소수설은 주로 대법원의 판례 변경전에 실무계에서 주장되었

55) 김일수, 한국형법 V, 314면.
56) 정성근/박광민, 형법각론, 570면.
57) 하태훈, 복사문서의 문서성, 형사판례연구[1], 215면.

는데, 형법상 문서개념에 원본임을 요한다는 원본성을 부인하고 오늘날 거래사회에서 복사문서의 사회적 기능과 신용성의 보호에 비추어 형사정책적 관점에서 복사문서를 형법상 보호해야 한다는 입장을 전개하고 있었다. 그러나 이제는 부정설도 인정설도 개정형법 중 복사문서에 대한 특별규정으로 그 의미가 역사 속으로 퇴장하고 있다. 이제 형법해석학에는 그 규정에 관한 해석론만이 필요한 것처럼 보인다. 그리고 이제 와서 복사문서의 문제를 형법학에서 다시 문제를 삼는 것은 무의미하게 보일지도 모른다.

그러나 복사문서의 문서성과 관련하여 학계의 다수설의 논거 중에 죄형법정주의에 반한다는 점에 대하여 살펴 볼 필요가 있다. 형법상 '문서'의 개념에 대해서 해석에 맡겨져 왔었다는 것은 주지하는 바이다. 또한 일반적으로 형법상 문서죄의 '문서'는 규범적 구성요건요소라는데 이해가 일치하고 있다. 이러한 규범적 구성요건요소의 해석에는 기술적 구성요건요소와 달리 '평가적'이라는 특성 때문에 해석과정의 노력이 더욱 요구된다.[58] 전통적인 문서개념에 이해를 고정시켜 놓고, 그 개념과 일치하지 않는 대상에 대한 포섭은 죄형법정주의에 반하고, 만일 입법적으로 새로운 규정을 통한 경우에는 문제가 없다 - 적어도 죄형법정주의 관점에서 - 는 논리라면, 도대체 문서의 개념은 무엇인가? 전통적인 문서개념에 아직도 '원본성'은 유효한 개념요소인가? 형법해

58) 이러한 관점에서 현실적인 문서개념은 사실확정과 더불어 규범적으로 평가해서 결정하여야 한다는 견해로, 김일수, 고려대 법학논집 제33집, 464면.

석학에서 죄형법정주의가 중요한 원칙이라는 것은 당연하다. 그러나 형법해석학에서 논란이 되는 문제 그 자체를 근본적이고, 철저하게 규명하기도 전에 죄형법정주의를 논거로 하여 '입법적인 해결'이라는 표현이 등장하는 것은 우리 형법해석학의 퇴보를 의미한다.

복사문서의 문서성에 대한 논의에서는 형사정책적인 논거보다는 형법해석의 이론적인 논거가 더 본질적이어야 한다. 복사문서의 문서성에 대한 논쟁에 있어서 항상 복사본이 (진정)문서개념 -특히 의사표시와 명의인의 인식가능성-을 충족할 수 있는가, 아닌가가 중요하다는 점에 해석이론적인 문제가 놓여 있다. 우리 형법상 문서죄의 해석론에 있어서 일반적인 견해에 의하면 형법상 의미의 문서는 먼저 진정문서에 향하여진 개념요소들을 충족하여야만 한다는 것을 전제로 하고 있다. 오로지 그러한 개념요소를 충족한 증명수단만이 진정문서의 의미에서 문서성을 가질 수가 있다고 한다. 그러나 이러한 문서개념은 우리가 "무엇이 문서인가?" 라고 물었을 때에만 정확한 것일 수 있다. 만일 우리가 그와는 다르게 문서죄의 적용에 있어 행위객체가 무엇인가라고 물었다면 그러한 진정문서의 개념은 어려움에 빠진다. 왜냐하면 문서죄에 있어서는 진정문서의 개념이 중요한 것이 아니고, 문서죄를 적용하는 경우에 있어서 실질적인 가벌성을 근거 지우는 의미에서 포섭할 수 있는 그러한 문서개념이 중요하다고 보아야 한다.

일반적인 견해처럼 문서죄의 행위객체인 문서를 진정문서의 개념에 근거하는 한 복사문서는 문서가 아니다. 왜냐하면 복사문서는 진정문서의 개념적 요소를 충족하지 못하기 때문이다. 그러나 어떤 대상이 그의 외부적인 발현모습에 따라 증명에 적합하고 일정한 의사표시를 화체하고, 의사표시의 명의인을 인식할 수 있는 듯한 외관을 가지고 있다면, 그러한 대상물은 어떤 경우에도 문서의 개념표지의 어느 하나가 사실적으로 충족되지 못하였다고 하여서 문서죄의 행위객체로서 배제되어서는 안된다. 오히려 진정문서개념의 어느 한 개념요소의 불충족은 외관상의 문서가 될 수 있다.

이러한 고려로부터 복사본은 외관상 문서로서 간주될 수 있다. 왜냐하면 복사문서는 단지 외관상으로 증명에 적합하고 증명을 위한 의사표시가 화체되고, 의사표시의 명의인이 외관상으로 인식할 수 있는 대상물이기 때문이다. 그러므로 외관상 문서로서 복사문서는 문서죄의 객체일 수 있다. 물론 복사문서 그 자체에는 진정문서처럼 문서성이 내재하지 않는다. 그러나 복사문서는 문서범죄를 범하기 위한 보조수단에 불과한 것만은 아니고, 법익의 침해수단이다. 그러한 침해수단은 외면적으로 진정문서와 구별되지 않는 모든 대상물들을 말한다. 이러한 의미에서 외관상 문서로서 복사문서는 잠재적이고 순진한 의사표시수령자가 복사본에 문서성을 부여하게 될 때 있게 된다. 즉 법적거래에 참여하는 일반인이 복사본에 명의인으로서 나타난 사람에 의한 특정한 의사표시가 증명을 위해서 유용한 수단이 된다고 잘못된 판단에 이르게 되면 복사문서도 외관상 문서가 된다.

결론적으로 복사문서는 진정문서의 개념에서는 문서가 아니지만 법적거래에서 문서가 존재한다고 하는 외관을 불러일으키는 외관상 문서이다. 따라서 문서범죄의 행위객체로 편입되어야 하는 것은 당연한 것이다.

문서죄를 통해서 보호하고자 하는 영속적 기능과 보장적 기능에 바탕을 둔 증명수단으로서 문서의 기능적 유용성이라는 법익개념도 현재의 법적거래를 전제로 한 것에 불과하다고 할 수 있다. 기술문명의 빠른 발전은 우리 사회의 법적거래의 형태를 급속히 변모시킬 것이라는 사실이 이미 우리들의 인식에 깊이 자리를 잡고 있는 오늘날의 상황을 생각하면, 전통적인 문서개념이나, 그 변용정도의 해석론을 가지고 형법의 기능을 수행할 수 없다고 보여진다. 따라서 법적거래에서 사용되는 새로운 증명수단들에 대한 형법적 대응을 형사정책적 필요에 의한 입법적인 해결에 앞서서 형법이론적 해결방안을 제시하는 것이 중요하다.

제3장 위조범죄의 해석론상 쟁점

제1절 통화에 관한 죄

1. 통화범죄의 객체

형법 제207조는 세 가지 형태의 통화를 범죄의 대상으로 하고 있다. 먼저 '통용하는 대한민국의 통화', '내국에서 유통하는 외국의 통화' 그리고 '외국에서 통용하는 외국의 통화'로 구분하고 있으며, 각각의 대상 통화는 불법의 정도에도 영향을 미치고 있다.[1)]

---

1) 제207조 (통화의 위조등) ① 행사할 목적으로 통용하는 대한민국의 화폐, 지폐 또는 은행권을 위조 또는 변조한 자는 무기 또는 2년 이상의 징역에 처한다.
② 행사할 목적으로 내국에서 유통하는 외국의 화폐, 지폐 또는 은행권을 위조 또는 변조한 자는 1년 이상의 유기징역에 처한다.
③ 행사할 목적으로 외국에서 통용하는 외국의 화폐, 지폐 또는 은행권을 위조 또는 변조한 자는 10년 이하의 징역에 처한다.
④ 위조 또는 변조한 전3항 기재의 통화를 행사하거나 행사할 목적으로 수입 또는 수출한 자는 그 위조 또는 변조의 각죄에 정한 형에 처한다.
특기할 사항은 특정범죄가중처벌 등에 관한 법률 제10조(통화위조의 가중처벌)에서 「형법 제207조에 규정된 죄를 범한 자는 사형·무기

일반적으로 통화라 함은 국가 또는 발행권한이 부여된 기관에 의해 발행된 가격이 표시된 지불수단으로서 강제통용력이 인정되는 것이라고 정의되고 있다. 이러한 통화에는 화폐·지폐·은행권이 있다. 화폐는 주화(鑄貨)와 같이 금속화폐인 경화를 말하고, 지폐는 정부 기타 발행권자에 의해 발행된 화폐대용의 증권을 말한다. 그리고 은행권은 한국은행권과 같이 정부의 인허를 받은 특정은행이 발행하는 화폐대용의 증권을 말한다.

국가가 지원하는 일정한 사업의 재원을 마련하거거나,[2] 역사적 기념일을 경축하기 위해서 발행되는 기념주화가 통화에 해당하는지에 대해서는 논란이 있다. 쟁점은 통화의 핵심적 개념요소인 '통용'에 있다. '통용'의 의미는 법률에 의하여 강제통용력이 인정되는 것을 말한다. 따라서 통화는 그 자체에 강제통용력이 있는 것을 말하기 때문에 '통용되는 통화'라는 표현은 자국통화에 대해서는 '고화(古貨)'나 '폐화(廢貨)' 등에 대해서만 의미가 있을 뿐이다. 그렇다면 기념주화는 우리가 거래에서 사용하는 주화와는 다른 형태이고 발행된 주화의 수가 한정되어 있지만, 법률에 의해서 한국은행에 의해 발행되고 강제통용력의 성격을 잃은 것은 아니기 때문에 통화에 해당한다고 보는 것이 타당하다.

'통용'이라는 용어는 결국 '유통'이라는 개념과 구별하고, 외국

또는 5년 이상의 징역에 처한다」고 규정하고 있는 점이다. 이는 형법 제250조의 살인죄의 법정형과 동일하다.

2) 예를 들어 2010년 10월 9일에 제정된 포뮬러원국제자동차경주대회지원법 제10조, 2010년 1월 18일 제정된 2011대구세계육상선권대회및2014인천아시아경기대회지원법 제11조 등.

통화의 경우 그 대상을 한정하는 데 그 실익이 있다. '내국에서 유통하는 외국통화'는 국내에서 강제통용력이 없이 사실상 거래 대가의 지급수단이 되고 있는 상태를 가리킨다.

관련판례

피고인들이 행사하거나 취득하였다는 스위스 화폐의 진폐(眞幣)는 스위스 국내에서 1998년까지 일반 상거래를 할 수 있었고 현재 통용되지 않고 있으며 다만 스위스 은행에서 2020. 4. 30.까지 신권과의 교환이 가능하고, 한편 국내은행에서도 신권과 마찬가지로 환전이 되고 따라서 이태원 등 일부 지역에서 외국인 특히 관광객이 이를 상품에 대한 지급수단으로 사용할 여지는 있는 사실을 인정한 다음, 이 사건 스위스 화폐의 진폐가 국내은행에서 환전할 수 있다 하더라도 이는 지급수단이 아니라 은행이 매도가격과 매수가격의 차액 상당의 이득을 얻기 위하여 하는 외국환매매거래의 대상으로서 상품과 유사한 것에 불과하다 할 것이므로 이를 가리켜 국내에서 유통되고 있다고 보기는 어렵고, 이태원 등 관광지에서 지급수단으로 사용된다고 하더라도 이는 관광객과 상인 사이에 상인이 정한 일정한 환율로 계산하여 사용될 뿐 아니라 다시 타인에게 이전됨이 없이 은행에서 환전되는 것으로서 이러한 경우 역시 상인은 이 사건 스위스 화폐를 은행에서의 매수환율보다 낮은 가격에 매수하여 은행에 매도함에 따른 차익을 목적으로 이를 취득한 것으로서 지급수단이라기보다는 은행에서 환전하는 경우와 마찬가지로 외국환거래의 대상으로 봄이 상당하여, 이 사건 스위스 화폐의 진폐는 내국에서 '유통하는' 화폐라고 볼 수 없다.[3)]

이 사안에서 검사는 상고이유서에서 "(원심은) 화폐의 유통이라는 개념을 지나치게 축소해석한 것으로 보입니다. 형법 제207

3) 대법원 2003.1.10. 선고 2002도3340 판결.

조 제2항 소정의 '유통'은 사실상의 유통을 의미하고, 유통의 범위도 우리나라의 전역에 걸칠 것을 요하지 않으며 일부 지역에서 유통되는 경우도 포함한다고 할 것이고, 그 외국화폐가 본국에서 강제통용력을 가질 것을 요하지 않는다고 할 것입니다. 따라서 그 외국화폐가 본국에서 강제통용력은 없지만 우리나라 일부 지역에서나마 화폐로서 유통(사용)되고, 유통(사용)될 가능성이 있다면 그 화폐는 '내국에서 유통하는 외국화폐'라고 할 수 있을 것"이라고 주장하고 있다. 이에 대해서 변호인은 본건 스위스 구권화폐는 사실상 화폐로서의 기능이 소멸되어 더 이상 객체로서 내국에서 유통되는 통화가 아니라는 점을 강조하고, 실제로 이태원 등지에서 유통되고 있지도 않다는 주장으로 변론하고 있다. 이 사안에서 쟁점은 '유통'이라는 개념의 해석에 있다기보다는 '사실상 사용되고 있는지 여부'에 있다고 할 수 있다. 다만 검사의 상고이유에서 나온 바와 같이 '사용가능성'을 포함케 될 경우에는 이는 '사실상 사용되는 것'이라는 '유통'의 개념을 허용되지 않은 범위로 확장해석하는 것이라고 생각된다.

외국통용 외국통화 위조·변조죄의 객체는 '외국에서 통용하는 외국의 통화'이다. 따라서 외국통화라도 본국에서 강제통용력을 잃은 경우에는 객체가 될 수 없다.

관련판례

형법 제207조 제3항은 "행사할 목적으로 외국에서 통용하는 외국의 화폐, 지폐 또는 은행권을 위조 또는 변조한 자는 10년 이하의 징역에 처한다."고 규정하고 있는바, 여기에서 외국에서 통용한다고 함은 그 외국에서 강제통용력을 가지는 것을 의미하는 것이므로 외국에서 통용하지 아니하는 즉, 강제통용력을 가지지 아니하는 지폐는 그것이 비록 일반인의 관점에서 통용할 것이라고 오인할 가능성이 있다고 하더라도 위 형법 제207조 제3항에서 정한 외국에서 통용하는 외국의 지폐에 해당한다고 할 수 없고, 만일 그와 달리 위 형법 제207조 제3항의 외국에서 통용하는 지폐에 일반인의 관점에서 통용할 것이라고 오인할 가능성이 있는 지폐까지 포함시키면 이는 위 처벌조항을 문언상의 가능한 의미의 범위를 넘어서까지 유추해석 내지 확장해석하여 적용하는 것이 되어 죄형법정주의의 원칙에 어긋나는 것으로 허용되지 않는다.[4)]

이 사건에서 피고인은 공소외 A와 공모하여, 행사할 목적으로 2001. 9. 6. 17:00경 서울시 모처의 커피숍에서 미합중국 100만 달러짜리 지폐 6장과 10만 달러짜리 지폐 6장 등 합계 660만 달러(한화 약 73억 원 상당)가 위조지폐라는 정을 알면서도 공소외 B로부터 교부받아 이를 취득하였다는 공소사실로 기소되어, 원심에서 미합중국 100만 달러짜리 및 10만 달러짜리 지폐가 실제로 외국에서 강제통용력을 갖지 않았다 하더라도 일반인의 관점에서 보면 외국에서 강제통용력을 가졌다고 오인할 수 있으므로, 그와 같은 지폐도 외국통화 위조죄의 객체가 될 수 있다고 하여 유죄판결을 받았다. 이에 피고인은 위 지폐들이 제2차 세계대전 당시 은행간에 채권형식으로 사용되던 것이라는 이야기만 들었을 뿐 위조지폐라는 사실을 몰랐었고 단지 그 지폐가 위조지폐가 아닌지 확인하기 위해 교부받았을 뿐이므로 행사할 목적으로

---

4) 대법원 2004.5.14. 선고 2003도3487 판결.

취득한 것이 아니어서 무죄라는 취지로 상소하였다.[5)]

---

5) 참고로 본 사건의 상고이유를 소개하기로 한다. 「상고이유 : 본 피고인은 기소 당시 춘천 소재의 중소기업에 근무하고 있는 회사원으로서 평소 친분이 있던 서울 후배 공소외 2로부터 전화를 받았습니다. 통화내용은 담보를 맡기고 사채를 쓰려 한다는 내용이었습니다. 제 능력 밖이라서 전 그냥 흘려들었지만 수차례에 걸쳐 전화가 왔고, 사채의 규모는 억대라고 했습니다. 차라리 은행에서 대출받는 게 이자도 싸고 좋지 왜 사채를 쓰려 하느냐고 언질을 주었습니다. 차후, 공소외 2의 만나자는 간곡한 부탁에 공소외 1과 함께 만나 보았습니다. 담보는 건물도 토지도 아닌 몇 장의 외국화폐 같은 것이었고, 공소외 2의 말로는 2차 대전시 미국에서 은행과 은행간의 채권형식으로 쓰이던 것이라고 했지만, 저희로서는 한 번도 본 적이 없었습니다. 공소외 1은 내가 알아보겠다며 한 장을 요구하였고, 공소외 2는 봉투에 담아 모두를 주었습니다. 공소외 1과 돌아오는 길에 오랜 시간이 지나 인쇄 상태도 안 좋으니 확인할 것을 요구했고, 공소외 2와의 통화내용은 외환은행에 가도 확인할 수 없고, 국정원이나 국가기관에 가면 확인할 수 있다고 하였습니다. 공소외 1이 평소 알고 지내던 아태재단 총무로 계시는 A씨를 통해 국정원에 진위 여부를 알아 볼 수 있게 되었습니다. 일주일 후, 오늘 감정결과가 나온다는 공소외 1의 연락을 받고 서울로 갔습니다. 오후 6시경 그 채권은 진본이였지만 사채를 빌리지는 못했다. 다시 공소외 2에게 돌려주라는 내용과 함께 아태재단 총무 A씨가 서울대병원에 입원해 있으니 이쪽으로 오라는 것이였습니다. 병원에 도착해서 곧바로 서울시경으로 압송되었습니다. 존경하옵는 재판장님. 그 채권이 의심이 있었고, 그 채권으로 인해 누구도 피해를 보지 않았으면 하는 바람으로 국정원에 의뢰를 한 것인데 이것이 죄가 된다면 이 억울함을 어디서 호소를 해야 합니까. 존경하옵는 재판장님. 1심에서 무죄를 받고, 역시 법은 정당하다는 생각을 했었습니다. 왜 2심까지 갔는지는 모르지만 2심판결은 벌금 500만 원이라는 판결이 내려졌습니다. 존경하옵는 재판장님. 벌금을 내라고 하시면 내겠습니다. 하지만 40여 년간 부끄러움 없이 살아온 저에게 전과자라는 낙인이 찍혀지는 것이 두렵고 원통할 뿐입니다. 부디 존경하옵는 재판장님의 정당성 있는 엄중한 판결을 기다리면서 지금의 제 일에 매진할 것을 다짐하면서 상고이유서를 갈음하겠습니다. (피고인)」

대법원은 미합중국 100만 달러 지폐는 미국에서 발행된 적이 없이 단지 여러 종류의 관광용 기념상품으로 제조·판매되고 있을 뿐이라는 것이므로 이는 미합중국에서 통용하는 지폐라 할 수 없고, 미합중국 10만 달러 지폐는 1934.까지 미국에서 발행되어 은행 사이에서 유통되다가 그 이후에는 발행되지 않고 있으나 화폐수집가나 재벌들이 이를 보유하여 오고 있다는 것이므로 위 10만 달러 지폐는 과연 미합중국에서 발행 당시에 강제통용력을 부여했던 것인지, 만일 강제통용력을 부여하였다면 그 이후 강제통용력을 폐지하는 조치가 있었는지 여부에 따라 미합중국에서 통용하는 지폐에 해당하는지 여부가 결정되어야 함에도 불구하고, 막연히 위 미합중국 100만 달러 지폐와 10만 달러 지폐가 일반인의 관점에서 미합중국에서 강제통용력을 가졌다고 오인할 수 있다는 이유로 형법 제207조 제3항의 객체로서 통용되는 외국통화라고 인정한 것은 잘못되었다고 지적하고 있다.

2. 통화위조·변조의 해석

(1) 통화위조의 해석론

1) 통화위조란 통화발행권이 없는 자가 진정한 통화의 외관을 지닌 물건을 만드는 것을 말한다. '진정한 통화의 외관'이라는 표현은 진화(眞貨)의 존재를 전제하고 있다고 볼 수 있지만, 통화의 위조라고 할 수 있기 위해서는 위화에 상당하는 진화가 반드

시 존재하여야 한다는 필요설과 위화에 상응하는 진화는 필요하지 않고 그 작출된 것이 일반인으로 하여금 진화로 오인하게 할 정도의 것이면 족하다고 보는 불필요설이 대립하고 있다.

불필요설은 임의로 작출된 위화(僞貨)에 상응하는 진화(眞貨)가 존재하지 않더라도 그것이 통용하는 것이라고 오인될 수 있다면 통화위조죄가 성립할 수 있다는 것으로 우리나라와 일본의 통설이라 할 수 있다. 그 근거로서 현존하지 않는 화폐에 대한 위조를 상상하기 곤란하지만, 통화의 발행이 예정되어 일반인이 이를 알고 있는 상태 하에서 그것이 발행되기 전에 그것에 대응하는 위화를 만든 경우라면 아직 진화는 존재하지 아니하더라도 일반인으로 하여금 이를 진화로 오인하게 할 수 있을 것이므로 이를 위조라고 할 것이고, 특히 신종통화발행의 초기에는 위화가 진화로 통용할 위험도 있음을 감안한다면 아직 발행된 바 없는 통화도 위조의 대상이 된다고 해야 한다. 또한 실제로는 위화에 상당하는 진화가 존재하지 않는다면 일반인으로 하여금 진화라고 오인하게 할 정도의 것을 만들어 내는 것은 곤란하겠지만 절대로 불가능하다는 것은 아니고, 그러한 경우에도 통화에 대한 공공의 신용·거래의 안전을 해하는 것이 되므로 통화위조죄가 성립하는 것이며, 외국통화의 위조에 있어서는 위화에 상응하는 진화가 존재하지 아니하더라도 위화를 진화로 오인하는 경우가 비교적 많을 것이므로, 이 경우에 외국통화 위조죄가 성립한다고 보아야 한다고 한다.

이에 반하여 소수설은 통화의 위조라고 평가하기 위해서는 위화에 상응하는 진화의 존재를 필요로 한다고 한다. 그 근거로서 사실상 모의(模擬)할 진화가 없다면 일반인에게 진화라고 오인시킬 정도의 것을 만든다는 것은 불가능하며, 실재(實在)하는 진화에 모의(模擬)되지 아니한 물건은 실제의 진화에 대한 공공의 신용을 해할 수 없다는 점을 든다. 또한 법규정이 '통용하는' 화폐를 위조한다고 하는 이상은 진화의 존재를 당연히 전제로 한 것이므로 임의로 있지도 않은 화폐를 만들어내는 행위는 위조라고 할 수 없고, 새로운 화폐가 발행될 것이 예정되어 있더라도 '통용하는'의 의미를 확장 해석하여 앞으로 통용될 화폐까지 행위객체로 포함시키는 것은 죄형법정주의의 틀을 벗어나는 해석이어서 허용되지 않는다고 한다.

생각건대 발행예정 통화를 위조하는 경우에도 위조를 인정할 필요를 들고 있으므로 진화가 없는 위화의 위조를 인정할 필요가 있다는 필요설의 논거는 설득력이 없다. 발행예정 통화가 이미 일반인에게 알려져 있는 상황에서 발행예정통화의 위조의 문제를 해결하기 위해서 진화없는 통화위조가 가능하다고 해석하는 것은 통화위조죄 전체에 대한 곡해를 야기하는 것이다. 발행일 이전에 위조된 내국통화가 우리사회에 유통되는 경우에 일반인이 이를 진화로 오인할 가능성은 현대사회에서 발생하기 극히 어려운 경우이기 때문이다. 오히려 외국통화의 경우에 진화의 존재여부를 모르는 상황에서 발생하는 통화위조의 경우에도 진화의 존재를 필요로 하는지 여부가 더 고려해야할 쟁점이라고 할 수 있다.

그러나 통화위조죄를 규정한 형법의 규정이 위조의 객체가 되는 것에 관하여 '통용하는' 화폐라고 명시적으로 밝히고 있음에도 불구하고 통용하는 화폐가 아닌 것을 만들어 낸 경우에도 통화위조죄가 성립한다고 해석하는 것은 결국 위 처벌조항을 문언상의 가능한 의미의 범위를 넘어서까지 해석하여 적용하는 것이 되어 죄형법정주의의 원칙에 어긋난다 할 것이다. 따라서 우리 형법이 통화위조죄의 구성요건을 '통용하는 화폐'를 위조하는 것으로 규정하고 있는 이상, 실제 통용하고 있는 화폐, 즉 진화(眞貨)와 흡사하여 진화로 오인할 만한 것을 만드는 행위만이 통화위조죄에 해당한다고 해석하여야 할 것이다.

2) 위조의 정도와 관련하여 보통 위조는 일반인이 진화로 오인할 정도의 외관을 갖추면 충분하다고 한다. 이는 위조를 인정하기 위해서 반드시 진화와 식별이 불가능할 정도까지의 정밀한 것을 요구하지 않는다는 점을 말해주는 것이다.

위조범이 통화를 진화와 구별할 수 없을 정도로 위조하여 통화에 대한 공공의 신용과 안전을 위험하게 한 경우의 처벌은 당연한 것이지만, 일반인이 오인하기 어려운 정도의 외관을 갖은 물건을 만드는 행위는 위조라고 할 수 없어 처벌하지 못한다. 결국 쟁점은 '일반인이 진화로 오인할 정도의 외관'을 갖추었는지 여부에 대한 판단에 달려있다.

관련판례

이 사건 위조지폐는 한국은행 10,000원권을 전자복사기로 복사한 것으로서 그 크기와 모양 및 앞뒤로 복사되어 있는 점은 진정한 한국은행권과 유사하나 그 복사된 정도가 조잡하여 정밀하지 못하고 진정한 한국은행권의 색채를 갖추지 못하고 흑백으로만 되어 있어 객관적으로 이를 진정한 것으로 오인할 염려가 전혀 없는 정도의 것은 위조통화행사죄의 객체가 될 수 없다.[6)]

위조행위로 만들어진 위조통화는 객관적으로 보아 일반인으로 하여금 진정통화로 오신케 할 정도에 이른 것이면 족하고, 그 위조의 정도가 반드시 진화의 그것에 흡사하여야 한다거나, 누구든지 쉽게 그 진부를 식별하기가 불가능한 정도의 것일 필요는 없다는 점에서 위 판례사안에서 피고인이 복사한 위조지폐는 통화위조에 해당하는 위조에 해당하지 않는다.

관련판례

피고인들이 한국은행발행 일만원권 지폐의 앞, 뒷면을 전자복사기로 복사하고 비슷한 크기로 잘라 진정한 지폐와 유사한 형태로 만들어낸 사실은 인정되나, 증거에 의하면 그 복사상태가 정밀하지 못하고 진정한 통화의 색체를 갖추지 못한 흑백으로만 되어 있어 이는 객관적으로 진정한 것으로 오인할 정도에 이르지 못한 것에 불과하며 실제로 공소외 A(행사의 상대방)도 야간에 택시 안에서도 이를 진정한 것으로 오인한바 없으니 피고인들이 위조 · 행사하였다는 위조통화는 통화위조죄와 그 행사죄의 객체가 될 수 없어 피고인들의 소위는 통화위조죄와 위조통화행사죄를 구성하지 않는다.[7)]

6) 대법원 1985.4.23. 선고 85도570 판결.

그런데 이 사건에서 검사가 상고이유에서 "피고인들이 만든 위조통화의 지질이 진권과 극히 유사하고 그 전·후면에 옅은 푸른색계통의 색상이 많아 야간에는 일견하여 일만원권의 진권이라고 믿기에 충분한 것이라 하여 원심판결에 위조통화의 법리오해가 있다"고 주장하였다는 점에 주목할 필요가 있다. 즉 '일반인이 진화로 오인할 정도'여서 위조로 인정되어야 한다는 주장을 한 것이다. 검사와 법원의 해석에 의하면 판단의 기준인 일반인은 경우에 따라서 오인할 수 있고, 하지 않을 수도 있다는 상이한 결론에 이르게 된다. 다르게 표현하면 '공공의 신용과 안전'의 위험 가능성에 대한 주관적 판단이 위조범죄에 중요한 영향을 미치고 있다는 점을 반영하고 있다. 위조범죄의 경우에는 행위자의 관점보다 일반인으로 표현되는 '공공'의 관점이 우선시 되고 있다. '행사할 목적'이라는 행위자의 주관적 측면을 벗어나게 되면, 위조범죄의 성립여부에 대한 판단은 전적으로 '일반인'으로 대표되는 판단자의 관점에 따라 결정되는 것이다. 그러나 여전히 남는 문제는 형법에서 '일반인'이란 도대체 누구이며, 어떤 기준으로 형성되는가? 이다.

(2) 통화변조의 해석론

변조란 진화에 가공하여 그 가치를 변경시키는 것을 말하며, 위조와는 진정한 통화를 전제로 하여 진화와의 동일성이 상실되지 않을 정도의 변경을 가하는 것이라는 점에서 구별된다. 이러

7) 대법원 1986.3.25. 선고 86도255 판결.

한 변조는 통화의 모양과 문양을 고쳐 명목가치를 감소시키는 방법과 진화를 손괴하여 실제가치를 감소시키는 방법이 있지만, 금화와 같이 주화를 발행하지 않은 현재는 변조는 명가변경(名價變更)을 말한다. 변조도 위조와 마찬가지로 일반인이 진화로 오인할 정도의 외관을 갖추어야 한다.

관련판례

피고인들이 한국은행발행 500원짜리 주화의 표면 일부를 깎아내어 손상을 가하였지만 그 크기와 모양 및 대부분의 문양이 그대로 남아 있어, 이로써 기존의 500원짜리 주화의 명목가치나 실질가치가 변경되었다거나, 객관적으로 보아 일반인으로 하여금 일본국의 500￥짜리 주화로 오신케 할 정도의 새로운 화폐를 만들어 낸 것이라고 볼 수 없고, 일본국의 자동판매기 등이 위와 같이 가공된 주화를 일본국의 500￥짜리 주화로 오인한다는 사정만을 들어 그 명목가치가 일본국의 500￥으로 변경되었다거나 일반인으로 하여금 일본국의 500￥짜리 주화로 오신케 할 정도에 이르렀다고 볼 수도 없다.[8)]

엔화와 원화의 화폐가치가 다른 점을 이용하여 오백원짜리 주화를 일본 오백엔짜리 주화와 같은 무게로 하기위해 표면의 일부를 깎아내어 이를 일본으로 밀반출한 행위와 관련된 사건이다. 이렇게 깎아낸 오백원짜리 주화는 일본에서 각종 자동판매기에서 사용되어 문제가 된 적이 있다. 대법원은 변조의 방법인 명가변경은 오백원짜리 주화를 변경하여 우리나라의 다른 주화로 변경된 것도 아니며, 우리나라에서 변경된 주화를 일본의 오백엔

8) 대법원 2002.1.11. 선고 2000도3950 판결.

으로 오인할 정도가 아니라는 점에서 변조행위를 부정하였다. 이 판례는 통화범죄의 보호법익을 '국가의 통화발행권과 통화의 진정에 대한 공공의 신용'이라고 이해하는 견해를 연상하게 한다. 그러나 자동판매기에 사용되는 주화는 실제로는 화폐로서 보다는 이용도구로서 보아야 하며,[9] 일본인들도 깎아낸 오백원짜리 주화를 오백엔으로 오인할 이유가 없다는 점을 고려하면 판례의 입장은 타당하다.

관련판례

피고인 2가 2002. 7. 중순경 취득한 미화 1달러권 지폐 500매와 미화 2달러권 지폐 400매, 그리고 위 화폐 중 피고인 1, 피고인 2가 공모하여 2002. 8. 27. 행사한 미화 1달러권 지폐 400매와 미화 2달러권 지폐 400매는 모두 1995.에 미국에서 진정하게 발행된 통화인데, 성명불상자가 이것을 화폐수집가들이 골드라고 부르며 수집하는 희귀화폐인 것처럼 만들기 위하여 발행연도 1995.을 1928.으로 빨간색으로 고치고, 발행번호와 미국 재무부를 상징하는 문양 및 재무부장관의 사인 부분을 지운 후 빨간색으로 다시 가공한 사실을 알 수 있는바, 위와 같은 정도의 가공행위만으로는 기존 통화의 명목가치나 실질가

9) 자동판매기 등에 주화를 투입하는 경우에도 위조·변조된 통화의 행사죄가 된다고 해석하는 것이 일반적이다. 그러나 일정한 무게와 크기를 가진 물체를 투입하면 판매물품을 제공하는 자동판매기의 구조를 이해한다면, 진화가 존재하지 않는 물건의 투입은 일단 통화위조나 변조에 해당하지 않는 것이 상식일 것이다. 다른 한편으로 상대방에게 진화임을 주장할 필요가 없다는 점에서 행사죄를 인정하려면, 투입되는 물건이 이미 위조·변조된 통화여야 하는데, 그러한 경우는 현실적으로 상상하기 어렵다. 왜냐하면 진화와 같은 '외관'을 갖는 물건에 일정한 무게와 크기가 동일한 것까지 포함하여 해석하는 것은 무리이기 때문이다.

치가 변경되었다거나 객관적으로 보아 일반인으로 하여금 기존 통화와 다른 진정한 화폐로 오신하게 할 정도의 새로운 물건을 만들어 낸 것으로 보기는 어렵다.[10]

3. 위조 · 변조된 통화의 행사

위조·변조된 통화를 행사한다는 것은 위조·변조된 통화를 진정한 통화처럼 거래하거나 유통시키는 것을 말한다. 유통은 사회에서 진화처럼 사용되도록 하는 것이다. 따라서 단순히 전시하거나 신용력을 보이기 위하여 제시한 경우, 위조통화를 상품으로서 매매하는 경우는 유통이라고 할 수 없어 행사에 해당하지 않는다. 그러나 진화로서 화폐수집상에게 판매한 경우는 행사에 해당한다. 또한 진화로서 유통시킨 이상 증여도 행사에 해당하며, 도박자금이나 사기수단으로 지급한 경우처럼 위하의 사용방법이 위법한 경우에도 행사에 해당한다. 통화위조 공범간의 위하의 수수는 행사에 해당하지 않지만, 위하임을 알고 있는 자에게 교부한 경우에도 그 자가 이를 유통시키리라는 예상 또는 인식을 한 경우에는 행사에 해당한다.

위조통화의 행사와 사기죄의 관계에 대해서는 논란이 있다. 위화의 행사 자체에는 언제나 기망적 요소를 포함하고 있고, 행사죄의 법정형이 사기죄보다 높으므로 사기죄는 행사죄에 흡수된다는 견해와, 행사죄는 공공의 신용에 대한 죄이고 사기죄는

---

10) 대법원 2004.3.26. 선고 2003도5640 판결.

개인의 재산에 대한 죄라는 점에서 각각 보호법익을 달리하고, 사기를 수반하지 않는 행사도 가능하기 때문에 행사죄와 사기죄는 상상적 경합이 된다는 견해가 있다. 이에 대해 판례는 행사죄와 사기죄의 실체적 경합을 인정하고 있다. 아래에서 행사죄와 사기죄의 관계에 관한 논란을 그대로 재현하고 있는 흥미로운 판례를 소개한다.

관련판례

(원심판결)

피고인들에 대한 공소사실중 사기미수의 점에 대하여는 위조통화를 행사하여 상대방으로부터 재물을 편취하는 경우 위조통화행사죄는 위조통화행사 자체가 언제나 기망적인 요소를 포함하고 있을 뿐만 아니라 그 법정형이 가중되어 있으므로 유가증권위조나 문서위조 및 이의 각 행사로 인한 사기죄의 성립과는 달리 사기죄는 위조통화행사죄에 포함된다고 해석함이 타당하다고 하여 피고인들의 이 사건 사기미수 공소사실은 범죄가 성립되지 아니한다는 설시이유로서 무죄를 선고한 제1심 판결을 유지하였다.

(검사의 상고이유)

위조통화를 행사하여 재물을 편취하는 경우 사기죄는 위조통화행사죄에 포함된다고 주장하는 일부 학설의 논거는, 첫째 통화는 공인된 지급수단으로 교화의 매개물이므로 위조통화행사는 사기를 포함한다고 보아야 하며, 둘째 형법 제210조에 위조통화지정행사죄를 두어 사기죄의 법정형보다 가볍게 처벌하는 것은 위조통화행사죄외에 따로이 사기죄의 성립을 인정하지 않는 취지라는데 있으므로 이를 검토하여 보건대, 첫째 통화위조에 관한 죄는 공공의 거래상의 신용 및 안전을 보호하는 공공적인 법익을 보호함에 목적이 있고 사기죄는 개인의 재산법익에 대한 범죄로서 그 피해법익을 달리하므로 한쪽의 범죄가 다른쪽 범죄의 성립을 부정한다는 것은 타당하다 할 수 없고 더구나 위조통화행사에 사기가 포함된다는 이론은 위조유가증권행사와 사기죄를 경합범으로 인정하고 있는 것과도 모순이 되는바, 이를 달리 해석할 근거가 미약하다 할 것이며, 둘째 형법 제210조의 규정은 위조통화를 취득한 후 그 정을 알고 행사한 경우를 처벌하는 규정이지 사기죄의 성립을 배제하는 규정이라고는 볼 수 없을 것임. 위조통화를 취득한 후 그 정을 알고 무상으로 교부하거나 자동판매기에 투입하는 것과 같은 경우 사기죄가 성립되지 않을 것에 대비하여 따로 이동죄를 규정한 것으로 보는 것이 타당할 것임.

(대법원 판결)

위조통화의 행사라 함은 위조통화를 유통 과정에서 진정한 통화로서 사용하는 것을 말하고 그것이 유상인가 무상인가는 묻지 않는 것이므로 진정한 통화라고 하여 위조통화를 다른 사람에게 증여하는 경우에도 위조통화행사죄가 성립되고 이런 경우에는 그 행사자(증여자)는 아무런 재산의 불법영득이 없는 것이어서 위조통화의 행사에 언제나 재물의 영득이 수반되는 것이라고는 할 수 없는 것이다. 그렇다면 위조통화행사죄에 관한 규정이 사기죄의 특별규정이라고 할 수는 없는 것이다. 그 뿐만 아니라 통화위조죄에 관한 규정은 공공의 거래상의 신용 및 안전을 보호하는 공공적인 법익을 보호함을 목적으로 하고 있고 사기죄는 개인의 재산법익에 대한 죄이어서 양죄는 그 보호법익을 달리하고 있으므로 위조통화를 행사하여 재물을 불법영득한 때에는 위조통화행사죄와 사기죄의 양죄가 성립되는 것으로 보아야 할 것이다.[11)]

11) 대법원 1979.7.10. 선고 79도840 판결.

제2절 유가증권 · 인지와 우표에 관한 죄

1. 유가증권의 의의

유가증권은 원래 상법상의 용어라고 할 수 있다. 상법학상 유가증권은 "사권이 표창되어 있는 증권으로서, 그 권리의 행사를 위하여 증권의 소지를 필요로 하는 것"으로 정의된다. 형법상의 유가증권의 개념도 상법학상의 유가증권의 개념을 토대로 하여 정의되는 것이지만, 양자가 일치하는 것은 아니다. 즉 형법에서는 그 증권의 진정성을 단순한 권리의무나 사실증명을 위한 증명문서 이상으로 더 강하게 보호할 필요성이 있는가 하는 관점에서 유가증권의 개념을 이해하여야 할 것이다. 판례에서는 유가증권을 증권상에 표시된 재산상의 권리의 행사와 처분에 그 증권의 점유를 이전함이 요구되는 증서로 정의한다. 따라서 유가증권이라고 하기 위해서는 재산권이 증서에 화체되어 있어야 하고 또 그 권리의 행사와 처분에 증서의 점유가 있어야 한다.

유가증권이라 하기 위해서는 두 가지 요건을 갖추어야 한다. 첫째, 증권에 재산권의 화체되어야 하고, 둘째, 권리의 행사와 처분에 증권의 점유가 필요하다. 이러한 점에서 증거증권과 면책증권은 형법상 유가증권이 될 수 없다. 증거증권은 재산권이 화체되어 있는 것이 아니라, 단지 법률관계의 존부나 내용을 증명하는 기능을 하는 것으로 예를 들면 차용증서, 영수증, 매매계약서 등이 이에 해당한다. 면책증권은 권리행사의 요건으로서 증권의 점유를 필요로 하지 않는 것으로, 정기예탁금증서, 휴대품보관증,

철도수화물상환증, 물품보관증 등이다.

관련판례

[직장 소비조합이 조합원에게 발행한 신용카드]

형법 제214조의 유가증권이란 증권상에 표시된 재산상의 권리의 행사와 처분에 그 증권의 점유를 필요로 하는 것을 총칭하는 것이므로 그것이 유통성을 반드시 가질 필요는 없는 것이나 재산권이 증권에 화체된다는 것과, 그 권리의 행사처분에 증권의 점유를 필요로 한다는 두 가지 요소를 갖추어야 하는 것이고, 위 두 가지 요소 중 어느 하나를 갖추지 못한 경우에는 형법 제214조에서 말하는 유가증권이라 할 수 없다 할 것인바, 한국외환은행 소비조합이 그 소속 조합원에게 발행한 신용카드는 그 카드에 의해서만 신용구매의 권리를 행사할 수 있는 점에서 재산권이 증권에 화체되었다고 볼 수 있으므로 유가증권이라 할 것이다.[12)]

[할부구매전표]

"할부구매전표"가 그 소지인이 판매회사의 영업소에서 그 취급상품을 그 금액의 한도 내에서 구매할 수 있는 권리가 화체된 증권으로서 그 권리의 행사와 처분에 증권의 점유를 필요로 하는 것임이 인정된다면, 이를 유가증권으로 봄이 정당하다.[13)]

[공중전화카드]

형법 제214조에서 유가증권이라 함은, 증권상에 표시된 재산상의 권리의 행사와 처분에 그 증권의 점유를 필요로 하는 것을 총칭하는 것인바, 공중전화카드는 그 표면에 전체 통화가능 금액과 발행인이 문자로 기재되어 있고, 자기

---

12) 대법원 1984.11.27. 선고 84도1862 판결.

13) 대법원 1995.3.14. 선고 95도20 판결.

(磁氣)기록 부분에는 당해 카드의 진정성에 관한 정보와 잔여 통화가능 금액에 관한 정보가 전자적 방법으로 기록되어 있어, 사용자가 카드식 공중전화기의 카드 투입구에 공중전화카드를 투입하면 공중전화기에 내장된 장치에 의하여 그 자기정보가 해독되어 당해 카드가 발행인에 의하여 진정하게 발행된 것임이 확인된 경우 잔여 통화가능 금액이 공중전화기에 표시됨과 아울러 그 금액에 상당하는 통화를 할 수 있도록 공중전화기를 작동하게 하는 것이어서, 공중전화카드는 문자로 기재된 부분과 자기기록 부분이 일체로써 공중전화 서비스를 제공받을 수 있는 재산상의 권리를 화체하고 있고, 이를 카드식 공중전화기의 카드 투입구에 투입함으로써 그 권리를 행사하는 것으로 볼 수 있으므로, 공중전화카드는 형법 제214조의 유가증권에 해당한다.[14)]

[신용카드업자가 발행한 신용카드]

신용카드업자가 발행한 신용카드는 이를 소지함으로써 신용구매가 가능하고 금융의 편의를 받을 수 있다는 점에서 경제적 가치가 있다 하더라도, 그 자체에 경제적 가치가 화체되어 있거나 특정의 재산권을 표창하는 유가증권이라고 볼 수 없고, 단지 신용카드회원이 그 제시를 통하여 신용카드회원이라는 사실을 증명하거나 현금자동지급기 등에 주입하는 등의 방법으로 신용카드업자로부터 서비스를 받을 수 있는 증표로서의 가치를 갖는 것이다.[15)]

유가증권도 유통성을 요건으로 하는가? 유가증권은 통화와 같은 유통성보다는 재산권의 화체에 더 중점이 있으므로 유통성을 요하지 않는다고 본다. 따라서 승차권, 복권 등도 유통성은 없지만 재산권이 화체된 유가증권에 해당한다. 형식면에서 유가증권은 법률적으로 유효한 경우에만 인정되는가? 법률적 유효성

14) 대법원 1998.2.27. 선고 97도2483 판결.

15) 대법원 1999.7.9. 선고 99도857 판결.

은 유가증권의 요건이 되지 않는다. 그러므로 발행일자의 기재가 없는 수표나 대표이사의 날인이 없어 상법상 무효인 주권과 같이 요건이 흠결되어 상법상 무효일지라도 형법상 유가증권으로 인정된다.

유가증권은 법률상의 유가증권과 사실상의 유가증권으로 분류되기도 한다. 전자는 유가증권이 법률상 일정한 형식을 필요로 하는 것으로서 어음, 수표,[16] 화물상환증, 선하증권, 창고증권, 공채권 등과 같은 것이 있다. 후자는 법률상 형식을 요구하지 않는 것으로서 승차권, 복권, 상품권, 입장권, 관람권 등이 이에 해당한다.

유가증권은 위조된 유가증권의 원본을 말하는 것이므로, 전자복사기 등을 사용하여 기계적으로 복사한 사본은 유가증권이 될 수 없다는 것이 판례의 입장이다.

---

16) 수표는 형법상 중요한 유가증권이라고 할 수 있다. 그러나 수표의 위조·변조에 대해서는 부정수표단속법이 형법보다 우선적으로 적용된다. 부정수표단속법 제5조는 수표를 위조하거나 변조한 자는 1년 이상의 유기징역과 수표금액의 10배 이하의 벌금에 처한다고 규정하고 있다. 이것은 유가증권 중에서도 수표는 거의 현금과 같이 유통되어 거래의 안전과 수표의 유통증권으로서의 기능을 보장하기 위하여 특별법인 부정수표단속법으로 규정하여 가중처벌하고 있는 것으로 이해된다. 또한 수표의 강한 유통성과 거래수단으로서 중요성을 감안하여 수표의 위조나 변조에 있어서는 형법상 유가증권 위조·변조와 달리 주관적 구성요건으로서 '행사할 목적'을 요구하지 않는다.

관련판례

유가증권위조죄 등을 규정한 형법 제214조의 유가증권이란 증권상에 표시된 재산상의 권리의 행사와 처분에 그 증권의 점유를 필요로 하는 것을 총칭하는 것으로서 재산권이 증권에 화체된다는 것과 그 권리의 행사와 처분에 증권의 점유를 필요로 한다는 두 가지 요소를 갖추어야 한다고 할 것인데, 피고인이 위조하였다는 이 사건 선하증권은 "COPY NON NEGOTIABLE"이라고 찍힌 선하증권의 사본임을 알 수 있어, 거기에 운송물 인도청구권이 화체되어 있다고 볼 수 없음이 명백하다.[17]

2. 유가증권에 관한 죄의 행위태양

유가증권에 관한 죄의 행위태양으로는 기본적 증권행위에 대한 유가증권 위조·변조행위, 부수적 증권행위에 대한 위조·변조행위, 자격모용에 의한 유가증권 작성행위, 허위유가증권 작성행위, 위조유가증권 등 행사·수입·수출행위가 있다.

(1) 유가증권 위조행위

위조란 유가증권을 작성할 권한이 없는 자가 타인명의를 사칭하여 그 본인명의의 유가증권을 발행하는 것이다. 유가증권을 작성할 권한이 있는 발행인이 본명을 사용하지 않은 경우라도 상호, 별명 기타 거래상 본인을 가리키는 것으로 인식되는 칭호라면 명의사칭에 해당하지 않는다.

---

17) 대법원 1998.2.13. 선고 97도2922 판결 ; 대법원 2010.5.13. 선고 2008도10678 판결.

관련판례

피고인 1은 A 주식회사 대표이사 직에 있으므로 그는 위 회사를 대표하여 문서를 작성할 권한이 있는 자로서 공동 피고인 2와 공모하여 은행과의 당좌거래약정이 전 대표이사 갑 명의로 되어 있어 당좌거래명의를 변경함이 없이 그대로 전 대표이사 갑 명의를 사용하여 본건 각 수표를 발행하였다는 것이므로 본건 수표의 발행인은 어디까지나 위 A 주식회사이고 위 갑이 아님이 명백하여 위 회사의 대표이사로서 그 회사 명의의 수표를 발행할 권한이 있는 피고인 1이나 공동행위자인 피고인 2가 위 회사명의의 수표를 위조행위는 인정되지 않는다.[18)]

대법원은 타인의 대리 또는 대표자격으로 문서를 작성하는 경우 그 대표자 또는 대리인은 자기를 위하여 작성하는 것이 아니고 본인을 위하여 작성하는 것으로서 그 문서는 본인의 문서이고 본인에 대하여서만 효력이 발생한다고 한다. 이 사건에서 피고인 1은 회사의 대표이사로서 수표를 발행할 권한이 있으며 피고인 1이 수표를 발행한 것은 발행인인 A 주식회사를 위한 행위이므로 비록 피고인 1이 전 대표이사인 갑 명의로 발행한 경우라도 이는 A 주식회사의 수표발행이며 대표이사인 피고인 1은 작성권한 있다고 하였다. 물론 검사는 상고이유에서 문서죄의 법리[19)]를 원용하여 "피고인 등이 갑의 승낙을 받지 아니하고 또한

18) 대법원 1975.9.23. 선고 74도1684 판결.

19) 「수표의 명의는 회사의 대표이사가 수표를 발행하는 경우 그 회사 명의와 함께 그 대표이사인 자연인의 성명이 합쳐져 이루어진다고 보는 것이 사회통념상 타당할 뿐만 아니라 수표도 일종의 광의의 문서이며 문서위조의 경우에는 형법상 타인의 성명 즉 명의를 모용하여 위조하

갑이 A 주식회사의 대표이사가 아님에도 불구하고 갑의 성명을 모용하여 본건 수표를 발행한 것은 피고인 등의 권한외의 행위가 명백하여 유가증권위조죄를 구성하는 것은 당연하다"고 주장하였다.

관련판례

피고인이 위백지 약속어음을 그 발행인 공소외 2의 피고인에 대한 전시 보증채무의 원리금지급 확보를 위하여 교부 받았던 것이고 그 교부에 있어 피고인과 공소외 2가 그 액면금을 후일 계산에 의하여 확정되는 위 보증채무의 원리금액으로 한다는 합의까지 이루어졌던 것이었던 바, 즉 피고인의 그 약속어음 액면금에 대한 보충권의 한계는 위 합의의 내용에 의하여 제약되는 것이라고 할 것인바 피고인은 그가 소지 중 이던 위 약속어음의 액면금액란에 자의로 그 합의 내용에 반하여 합의된 금액의 한도를 엄청나게 넘는 금 150만원으로 기입하였던 것이었으니 그 소위는 백지보충권의 범위를 초월하여 공소외 2의 서명날인 있는 약속어음 용지를 이용한 새로운 약속어음의 발행에 해당되는 것이었다고 할 것이며 따라서 그 소위가 유가증권 위조죄를 구성한다고 할 것이다.[20]

그러나 대법원은 백지 보충권의 한도자체가 처음부터 일정한 금액 등으로 특정되지 않고 그 행사방법에 대하여도 특별하게 정해지지 않아서 다툼이 있는 경우에는 결과적으로 보충권의 행

는 경우와 타인의 자격을 모용하여 위조하는 경우로 구별되어 있어 문서는 분명 일정한 자격을 구비한 자라 하더라도 타인의 성명을 모용할 경우에는 문서의 위조죄가 성립한다 할 것이며 따라서 그와 같은 이론은 문서의 일종인 수표에 있어서도 전적으로 적용되어야 할 것으로서…」.

20) 대법원 1972.6.13. 선고 72도897 판결.

사가 그 범위를 일탈하게 되었다 하더라도 그 점만 가지고 바로 백지 보충권의 남용 또는 그에 대한 범의가 있다고 단정해서는 안 되며, 보충권일탈의 정도, 보충권행사의 원인 및 경위 등을 고려하여 유가증권 위조여부를 판단하여야 한다고 하고 있다.[21)]

위조의 정도는 일반인으로 하여금 일견 진정한 유가증권으로 오신케 할 정도의 외관을 갖추면 된다. 그리고 일반인으로 하여금 일견 진정한 유가증권이라고 오신하게 할 수 있을 정도의 외관을 갖추면 그것으로 족하고 반드시 실체법상 유효일 정도의 요건을 구비할 필요는 없다.

관련판례

인쇄된 약속어음용지를 사용하기는 하였으나 유가증권인 약속어음을 발행할 의도로 약속어음을 작성한 것이라기 보다는 소비대차의 증표로서 발행한 것으로 보이고, 피고인이 위조한 것이라는 위 약속어음은 발행인의 날인이 없고, 발행인 아닌 피고인이 임의로 날인한 무인만이 있으며, 그 작성방식에 비추어 보아도 일반인이 진정하고 유효한 약속어음으로 오신할 정도의 형식과 외관을 갖춘 약속어음이라고 보기 어렵다.[22)]

(2) 유가증권 변조행위

변조란 이미 진정하게 성립된 타인명의의 유가증권의 내용에 권한없이 증권의 동일성을 해하지 않는 범위에서 변경을 가하는 것을 말한다. 이때 변경내용이 진실인지 허위인지는 묻지 아니한

21) 대법원 1989.12.12. 선고 89도1264 판결.
22) 대법원 1992.6.23. 선고 92도976 판결.

다. 변조는 이미 진정하게 성립한 유가증권을 전제로 하므로 새로운 유가증권을 작성하거나 실효된 유가증권을 가공하여 새로운 유가증권을 만드는 행위는 위조에 해당한다.

관련판례

형법 제214조 제1항의 유가증권 '변조'라 함은 진정하게 성립된 타인 명의의 유가증권의 기재에 권한 없이 변경을 가하는 것을 말하므로, 위조된 유가증권은 변조의 객체가 되지 않는다. 피고인이 공소외 1로부터 교부받은 이 사건 약속어음은 진정하게 성립된 약속어음이 아니라 누군가에 의하여 이미 위조된 것이었던 사실을 인정할 수 있다. 따라서 피고인이 권한 없이 이 사건 약속어음의 액면금 '5,000만 원'을 '2,000만 원'으로 변경하고, 위와 같이 액면금이 변경된 약속어음을 행사하였다고 하더라도, 이를 유가증권변조죄 및 변조유가증권행사죄로 처벌할 수 없다.[23]

유가증권 변조죄의 대상은 진정한 유가증권이어야 하므로 위조된 유가증권의 변경은 변조행위가 될 수 없다는 취지의 판결이다. 그런데 이 사건에서 검사가 상고이유로 원용한 판례[24]에 대해서 대법원은 "액면란이 백지인 위조 약속어음의 액면란에 권

---

23) 대법원 2006.1.26. 선고 2005도4764 판결.

24) 대법원 1982.6.22. 선고 82도677 판결「타인이 위조한 액면과 지급기일이 백지로 된 약속어음을 그것이 위조 약속어음인 정을 알고도 이를 구입하여 행사의 목적으로 기존의 위조어음의 액면란에 금액을 기입하여 그 어음위조를 완성하는 행위는 백지어음 형태의 위조행위와는 별개의 유가증권위조죄를 구성한다 할 것이고 이는 진정하게 성립된 백지어음의 액면란을 보충권없이 함부로 기입하는 행위가 유가증권위조죄에 해당한다는 법리와 조금도 다를 바 없다.」

한 없이 금액을 기입하여 그 위조어음을 완성하는 행위가 당초의 위조행위와는 별개의 유가증권위조죄를 구성한다고 판시한 것으로서, 이 사건과는 사안을 달리하여 적절한 선례가 될 수 없다"고 배척하였다.

변조는 권한 없는 자에 의해서 행해져야 한다. '권한의 유무'는 유가증권위조·변조와 관련한 많은 사례에서 쟁점이 되고 있다. 또한 변조는 타인명의의 유가증권을 전제로 한다. 그러므로 타인이 소유한 자기명의의 유가증권의 내용을 변경한 경우에는 유가증권변조죄가 성립하지 않는다.

관련판례

(원심판결)

원심공동피고인 A는 공소외 갑이 1970.4.24 S기계공업주식회사를 설립 경영하던 중 다액의 채무를 지게 됨에 따라 공소외 을 등 31명은 채권자들이 채권해결을 위한 방법으로 채권자단을 구성한 후 1970.11.13 위 채권자단위원장 을이 위 갑으로부터 그 소유인 위 회사주식 20,000주를 양도받고 그 회사의 자산전부를 인수하여 채권자단의 관리기업으로 운영중 1973.8.10 원심공동피고인 A가 위 을의 대리인으로 선정되면서 위 주식 20,000주에 대한 주주로서의 권리일체를 위 을로부터 위임받아 위 회사의 대표이사로 취임하고 위 을로부터 주권발행요구를 받고 1974.6.20 위 주식 20,000주에 대하여 주권 400매를 위 을 명의로 기명·발행한 후 그의 승낙을 얻어 위 주권을 보관하면서 위 회사를 운영하다가 1974.11.11 피고인 B는 원심공동피고인 A와 함께 위 회사의 공동대표이사로 취임하여 함께 채권자들을 위하여 위 회사를 관리·운영하던 중 공모하여 1974.12.12. 15:00경 위 회사 사무실에서 위 을로부터 교부받아 보관 중이던 위 회사주권 400매를 마치 위 회사설립자인 위 갑 앞으로 기명·

발행하여 피고인들이 갑으로부터 공동배서 양도받은 것같이 만들어 행사할 목적으로 원심공동피고인 A는 위 주권의 주주란에 고무명판으로 압날기명된 "을"을 면도칼로 지우고 그 위에 흑색싸인펜으로 "갑"으로 기재하고 피고인 B는 양도·양수인 기명 조인란에 동일자로 위 갑으로부터 피고인 등이 위 주권 400매를 공동배서 받은 양 기재날인 함으로써 위 주권 400매를 변조하고 그 시경 위 변조된 주권을 주주명부에 계서 등재한 후 위 회사에 비치함으로써 이를 행사한 사실을 인정하고 피고인 B에 대하여 형법 제214조, 제217조 유가증권변조, 동 행사죄를 적용 처단하였다.[25]

(대법원 판결)

유가증권변조죄를 구성하려면 진정하게 성립된 타인명의의 유가증권에 변경을 가하는 행위가 있어야 하고 비록 타인에게 속한 자기명의의 유가증권에 무단히 변경을 가하였다 하더라도 그것이 문서손괴죄나 허위유가증권작성죄에 해당되는 경우가 있음은 별론으로 하고 유가증권변조죄를 구성하는 것은 아니라고 보아야 할 것인 바 원심이 인정한 바와 같이 원심공동피고인 A는 위 S기계공업주식회사 대표이사의 자격으로 그 명의로 발행한 이 사건 주권을 위 을로부터 교부받아 보관하고 있음을 기화로 위 을의 승낙없이 위 주권상의 주주명의를 "을" 로부터 "갑" 으로 변경하고 피고인 B와 더불어 갑으로부터 배서양도받은 것처럼 기재변경한 후 이를 행사하였다 하더라도 유가증권변조 및 동행사죄를 구성한다고는 할 수 없고 이에 가담한 피고인 B의 행위 역시 위 죄에 해당하는 것은 아니다.[26]

'타인에게 속한 자기명의의 유가증권에 변경을 가한 행위'의 유가증권변조죄 성립여부가 쟁점이었던 이 사건은 원심법원에 파기환송되었으나, 환송받은 법원의 판결에 대해서 다시 검사가 상고하였다. 이번에는 '회사의 대표자가 대표

---

25) 부산지방법원 1978.6.20. 선고 78노990 판결.
26) 대법원 1978.11.14. 선고 78도1904 판결.

권을 남용하여 주권의 기재사항에 변경을 가한 행위'의 유가증권변조죄 성립여부가 쟁점이 되었다.

(대법원 판결)

주권의 기재변경시에 피고인 B는 원심 공동피고인 A와 함께 동 회사의 공동대표이사로서 주권작성에 관한 일반적인 권한을 가지고 있다고 할 것이므로 설사 동인들이 대표권을 남용하여 자기 또는 제3자의 이익을 도모할 목적으로 그들 대표 명의의 주권의 기재사항에 변경을 하였다 하여도 이는 본인인 위 회사와의 간에 있어서의 내부관계에 지나지 아니하고 주권발행에 관한 대외적 관계에서는 아무런 영향이 없다 하겠으므로 그 행위가 유가증권변조죄를 구성한다고 할 수 없는 이치이니 이와 반대의 견해에서 이 경우에는 유가증권변조죄가 성립한다는 논지도 이유없다.[27)]

(3) 기재의 위조·변조행위

기재의 위조·변조행위란 행사할 목적으로 유가증권의 권리·의무에 관한 기재를 위조 또는 변조하는 것을 말한다. 즉 진정하게 성립된 타인 명의의 부수적 증권행위에 관한 유가증권의 기재내용에 작성권한이 없는 자가 변경을 가하는 것을 말하고, 어음발행인이라 하더라도 어음상에 권리의무를 가진 자가 있는 경우에는 이러한 자의 동의를 받지 아니하고 어음의 기재 내용에 변경을 가하였다면 이는 유가증권의 권리의무에 관한 기재를 변조한 것에 해당한다. 증권행위에는 증권의 발행과 같이 증권을 창조하는 기본적 증권행위와 배서·인수·보증 등과 같이 발행

27) 대법원 1980.4.22. 선고 79도3034 판결.

행위에 의하여 창조된 기본증권을 전제로 하는 부수적 증권행위가 있는데 제214조 제1항은 기본적 증권행위에 있어서의 위・변조를 의미하고, 제214조 제2항은 부수적 증권행위에 있어서의 위조・변조를 의미한다.

일반적으로 유가증권이 권리의무에 관한 기재는 '부수적 증권행위에 관한 권리의무의 기재'를 의미하므로 어음의 배서인이나 보증인이 기재하는 사항 중 권리의무에 관한 사항인 배서일자나 보증일자 등을 배서인이나 보증인의 동의 없이 발행인 등 타인이 임의로 변경한 경우에는 제214조 제2항 소정의 변조죄에 해당한다는 점에는 이설이 없지만, 발행일자나 지급기일은 배서인이나 보증인과 같이 부수적 증권행위를 한 사람에게 영향을 미치기는 하지만 그 자체가 부수적 증권행위에 관한 기재사항은 아니므로 발행일자나 지급기일을 부수적 증권행위에 관한 권리의무의 기재에 해당한다고 볼 수 있는지 여부에 관하여 두 가지 견해가 가능하다. 먼저 '부수적 증권행위에 관한 유가증권의 기재내용'의 범위는 당해 배서인이나 보증인이 어음상에 기재한 내용에 한정된다고 제한적으로 해석하는 견해는 형법상 구성요건은 엄격하게 해석하여야 한다는 입장에서 부수적 증권행위에 관한 유가증권의 기재내용은 그 기재내용이 실질적으로 배서인에게 영향을 미치는지 여부에 따라 판단할 것이 아니라 변경된 부분이 형식적으로 부수적 증권행위에 관한 사항인지 여부에 따라 판단하여야 한다고 주장한다. 이에 대해서 당해 배서인이나 보증인이 어음상에 기재한 내용뿐만 아니라 실질적으로 부수적 증권행위의 내용으로 포함된 부분도 '부수적 증권행위에 관한 유가증권의 기재내용'에 포함된다고 해석하는 견해가 있을 수 있다.[28] 형법문헌에서는, "자기 명의의 유가증권이라도 타인이 배서한 후에 증권의 문언을 변경하는 것은 제1항의 변조가 아니라 제2항의 변조에 해당한다."거나,[29] "자기 명의의 유가증권에 타인이 배서한 다음에 증권의 기재사항 중 발행일자나 수취일자를 변경하는 것도 (제2항의) 변조에 해당한다."고 설명하고 하고 있다.[30]

관련판례

피고인은 공소외 A 주식회사로부터 물품을 공급받으면서 물품대금지급을 위한 담보로 자신이 발행한 약속어음 8매를 교부하였다가 그 후 대금을 지급하거나 새로운 어음으로 교체하는 방법으로 위 어음들을 회수하였는데 그 어음들에는 A 주식회사의 배서가 되어 있었다 피고인은 2000. 12.경 부도가 날 위기에 처하게 되자 자신의 A 주식회사에 대한 물품대금채무에 관하여 담보를 제공하여 준 친구를 위하여 A 주식회사를 상대로 소구권을 행사할 수 있도록 해 줄 목적으로 이미 지급기일이 경과된 이 사건 어음의 지급기일을 그 후의 날짜로 변경하여 교부하였고, 그 친구는 배서인으로 되어 있은 A 주식회사를 상대로 소구권을 행사한 사안에서 원심법원은 어음의 발행인이라 하더라도 기존의 원인관계가 소멸하여 그 어음을 회수하였음을 기화로 종전 배서인의 동의를 받지 아니

---

28) 허부열, 어음의 발행인이 약속어음을 회수한 후 지급일자를 임의로 변경한 행위가 형법 제214조 제2항 소정의 유가증권 변조에 해당하는지 여부, 대법원판례해설 제45호, 2004, 595면.

29) 김일수/서보학, 형법각론 (새로쓴 제6판), 2004, 698면; 정성근/박광민, 형법각론, 2002, 633면.

30) 배종대, 형법각론, 681면; 임 웅, 형법각론, 571면.

한 채 어음의 기재 내용을 변경하여 다시 이를 제3자에게 교부하였다면 이는 유가증권변조죄에 해당한다고 판시하였다. 피고인이 선례[31]를 원용하여 「회사의 대표이사로서 주권작성에 관한 일반적인 권한을 가지고 있는 자가 대표권을 남용하여 자기 또는 제3자의 이익을 도모할 목적으로 그들 명의의 주권의 기재사항에 변경을 가한 행위는 문서손괴죄 등에 해당됨은 별론으로 하고 유가증권변조죄 및 그 행사죄를 구성한다고 할 수 없다고 판시하고 있는 점에 비추어 볼 때, 약속어음에 관한 작성권한이 있는 발행인이 그 기재사항을 변경한 것은 유가증권변조죄에 해당하지 아니한다」고 상고하였으나, 대법원은 어음발행인이라 하더라도 어음상에 권리의무를 가진 자가 있는 경우에는 이러한 자의 동의를 받지 아니하고 어음의 기재 내용에 변경을 가하였다면 이는 유가증권의 권리의무에 관한 기재를 변조한 것에 해당한다 하여 형법 제214조 제2항의 유가증권변조행위에 해당한다고 판시하였다.[32]

(4) 자격모용에 의한 유가증권 작성행위

자격모용에 의한 유가증권작성행위는 '타인의 자격을 모용하여 유가증권을 작성'하거나 '유가증권의 권리 · 의무에 관한 사항을 기재'하는 것이다. '타인의 자격을 모용'하는 것은 대리권이나 대표권 없는 자가 타인의 대리인 또는 대표자로서 자격을 사칭하여 유가증권을 작성하는 것으로서 구별해야 하는 중요한 개념은 대리인 · 대표자의 '권한초월'과 '권한남용'이다.[33] 대리인 · 대

---

31) 대법원 1980.4.22. 선고 79도3034 판결.

32) 대법원 2003.1.10. 선고 2001도6553 판결.

33) 판례는 자격모용에 의한 유가증권작성죄를 판단할 때에 개인적 법익과 관련한 '유가증권소지인의 권리에 대한 침해 여부'가 아니라 '어음행위자의 합법적 권리의 유무'를 범죄성립 여부의 판단기준으로 채택하고 있는 것으로 볼 수 있다. 즉, 유가증권 작성의 자격과 권한을 갖

표자가 권한을 초월하여 대리인·대표자의 자격을 표시하여 본인명의의 유가증권을 작성한 경우에는 자격모용에 의한 유가증권작성죄가 성립하지만, 대리인·대표자가 대리권·대표권의 범위 내에서 그 권한을 남용하여 본인이나 회사명의의 유가증권을 작성한 경우에는 자격모용에 의한 유가증권작성죄는 성립하지 않고, 경우에 따라서 배임죄나 허위유가증권작성죄가 성립한다. 그리고 대리권이나 대표권이 있는 자라도 명백한 권한 외의 사항에 관하여 본인이나 회사명의의 유가증권을 작성한때에는 권한이 전혀 없는 자의 경우와 마찬가지로 유가증권위조죄가 성립한다. 물론 대리인·대표자의 유가증권 작성행위가 '권한초월' 또는 '권한남용'인지 여부는 사실관계의 확정과 관련 규정에 따라서 정해지게 된다.

관련판례

피고인은 1985.11.26.경부터 판시 공소외 1 주식회사(이하 공소외 1 회사라고 한다)의 대표이사로 재직하다가 1987.4.29.경 공소외 1회사의 대표이사가 공소 외 갑으로 변경되었음에도 불구하고 이전부터 사용하여 오던 피고인 명의로 된 위 회사 대표이사의 명판을 이용하여 여전히 피고인을 위 회사의 대표이사로 표시하여 판시 약속어음을 발행 행사하였다는 것인 바, 그렇다면 공소외 1

고 있는 사람이 편의상 일시적으로 다른 사람의 명의를 사용한 것은 형법상 문제 삼을 필요가 없는 것이고, 권한을 갖고 있지 못한 사람이 타인의 자격을 사용하였을 때엔 본죄가 성립한다는 것이다. 유가증권 소지인의 현실적인 권익의 보호보다는 형식적인 법적 자격을 우리 판례에선 더 우위에 두고 있다는 견해가 있다. 정영일, 어음행위시의 명의사용과 형사책임, 판례월보 302호(1995) 33면 이하 참조.

회사의대표이사가 타인으로 변경됨으로써 대표이사로서의 직무집행의 권한이 없게 된 피고인이 그 권한 밖의 일인 공소외 1회사 대표이사 명의의 약속어음을 작성, 행사하는 행위는 설사 소론과 같이 약속어음을 작성, 행사함에 있어 후임 대표이사의 승낙을 얻었다거나 공소외 1회사의 실질적인 대표이사로서의 권한을 행사하는 피고인이 은행과의 당좌계약을 변경하는 데에 시일이 걸려 잠정적으로 전임 대표이사인 그의 명판을 사용한 것이라 하더라도 이는 합법적인 대표이사로서의 권한행사라 할 수 없어 자격모용 유가증권작성 및 동행사죄에 해당한다.[34]

(5) 허위의 유가증권작성행위

허위의 유가증권작성행위란 유가증권을 작성할 권한이 있는 자가 허위의 유가증권을 작성하거나, 유가증권에 허위사항을 기재하는 것을 말한다. 전자는 기본적 증권행위, 후자는 부수적 증권행위에 허위의 사항을 기재하는 것이다.

관련판례

피고인 1은 화물운송주선업체인 공소외 1 주식회사의 이사로서 위 회사의 실질적 경영자이고, 피고인 2는 위 회사의 영업계장인바, 피고인들은 위 각 선하증권 기재의 각 화물을 인수하거나 확인하지도 아니하고 또한 선적할 선편조차 예약하거나 확보하지도 않은 상태에서 수출면장만을 확인한 채 공소외 3의 요청대로 위 얀셍 298더블류호에 실제로 선적한 일이 없는 알루미늄호일 등 미화 200,000불 상당의 화물을 선적하였다는 내용의 선하증권과 위 오우션프린스 31엔호에 실제로 선적한 일이 없는 폴리우드 등 미화 999,936불 상당의 화

34) 대법원 1991.2.26. 선고 90도577 판결.

물을 선적하였다는 내용의 각 선하증권을 발행, 교부하였다는 것이므로 사정이 이러하다면 피고인들은 위 각 선하증권을 작성하면서 진실에 반하는 허위의 기재를 하였음이 명백할 뿐만 아니라 위 각 선하증권이 허위라는 사실을 인식하였다고 볼 것이고, 피고인들이 진실에 반하는 선하증권을 작성하면서 곧 위 각 물품이 선적될 것이라고 예상하였다고 하여 위 각 선하증권의 허위성의 인식이 없었다고는 할 수 없으며, 화물이 선적되기도 전에 이른바 선선하증권을 발행하는 것이 해운업계의 관례라고 하더라도 이를 가리켜 정상적인 행위라거나 그 목적과 수단의 관계에서 보아 사회적 상당성이 있다고 할 수는 없다고 할 것이므로 피고인들이 위 각 행위가 죄가 되지 아니한다고 그릇 인식하였다고 하더라도 거기에 정당한 이유가 있는 경우라고 할 수 없으므로 허위유가증권작성죄의 죄책을 면할 수 없다.[35]

(6) 위조 등 유가증권 행사

위조 등 유가증권의 행사란 위조·변조·작성 또는 허위기재한 유가증권을 진정하게 작성된 진실한 내용의 유가증권으로 사용하는 것을 말한다. 위조통화행사죄는 유통에 놓을 것을 요구하지만, 위조 등 유가증권행사죄는 반드시 유통에 놓을 것을 요하지 않는다. 따라서 신용을 얻기 위해 타인에게 제시하는 것도 행사에 해당한다.

그리고 위조된 정을 아는 자에게 교부하는 경우에도 행사에 해당한다. 왜냐하면 위조유가증권행사죄의 처벌목적은 유가증권의 유통질서를 보호하고자 함에 있는 만큼 단순히 문서의 신용성을 보호하고자 하는 위조 공·사문서행사죄의 경우와는 달리

---

35) 대법원 1995.9.29. 선고 95도803 판결.

교부자가 진정 또는 진실한 유가증권인 것처럼 위조유가증권을 행사하였을 때뿐만 아니라 위조유가증권임을 알고 있는 자에게 교부하였더라도 피교부자가 이를 유통시킬 것임을 인식하고 교부하였다면, 그 교부행위 그 자체는 이미 유가증권의 유통질서를 해할 우려가 있기 때문이다. 그렇지만 위조유가증권의 교부자와 피교부자가 서로 유가증권위조를 공모하였거나 위조유가증권을 타에 행사하여 그 이익을 나누어 가질 것을 공모한 공범의 관계에 있는 경우, 공범자 사이의 위조유가증권 교부행위는 공범관계 이외의 자에게 행사함으로써 범죄를 실현하기 위한 전 단계의 행위에 불과한 것으로서 위조유가증권은 아직 범인들의 수중에 있다고 보기 때문에 행사되었다고 볼 수는 없다.[36)]

유가증권범죄의 죄수 판단은 유가증권의 수를 기준으로 한다. 그러므로 수매의 위조유가증권을 일괄하여 행사한 경우에는 수 개의 행사죄의 상상적 경합이 되고, 1매의 위조유가증권을 할인하기 위해 수인에게 열람케 한 경우에는 포괄일죄가 된다. 또한 유가증권을 위조한 후 행사한 경우에는 양죄의 실체적 경합이 되고, 위조유가증권을 행사하여 재물을 편취한 경우에 양죄의 상상적 경합이라는 학계의 다수견해와 실체적 경합관계라는 판례의 입장으로 나뉜다.

---

36) 대법원 2007.1.11. 선고 2006도7120 판결 ; 대법원 2011.1.4. 선고 2010도12553 판결.

관련판례

위조유가증권행사죄의 처벌목적은 유가증권의 유통질서를 보호하고자 함에 있는 만큼 단순히 문서의 신용성을 보호하고자 하는 위조, 공·사문서행사죄의 경우와는 달리 교부자가 진정 또는 진실한 유가증권인 것처럼, 위조유가증권을 행사하였을 때 뿐만 아니라 위조유가증권임을 알고 있는 자에게 교부하였더라도 피교부자가 이를 유통시킬 것임을 인식하고 교부하였다면 그 교부행위 그 자체가 유가증권의 유통질서를 해할 우려가 있어 처벌의 이유와 필요성이 충분히 있다고 할 것이므로 위조유가증권행사죄가 성립한다고 보아야 할 것이다.[37]

위조등 유가증권행사죄에 있어서의 행사대상인 '유가증권'은 원본이어야 하는지 여부에 대해서 대법원은 위조등 유가증권행사죄에 있어서의 유가증권이라 함은 위조된 유가증권의 원본을 말하는 것이지 전자복사기 등을 사용하여 기계적으로 복사한 사본은 이에 해당하지 않는다고 하고 있다.[38]

관련판례

피고인은 그가 위조한 피해자 갑 명의의 유가증권(피고인은 피해자 갑 및 공소외 을로부터 그 전에 미리 서명날인만을 받아놓은 백지 약속어음에 발행일 '93. 4. 15.', 금액 '일십팔억원정, 1,800,000,000', 수취인 'OOO, 피고인'이라고 함부로 기재하여 위조하였다)인 약속어음 1매를 피고인이 위 피해자 갑을 상대로 제기한 약속어음금청구사건에서 그 청구를 대여금청구로 변경하면서 그 소변경신청서에 피고인이 위 위조약속어음을 그 소송대리인의 변호사 사무실에서 사본하여 이 사본을 위 민사소송사건에 이를 첨부하여 서울지방법원에 제출하여 행사한 사안에서 「피고인이 위조약속어음 원본을 법원에 제출하였음을 인정할 증거가 없고, 위조유가증권행사죄에 있어서의 유가증권이라 함은 위조된 유가증권의 원

37) 대법원 1983.6.14. 선고 81도2492 판결.

38) 대법원 1998.2.13. 선고 97도2922 판결.

본을 말하는 것이지 전자복사기 등을 사용하여 기계적으로 복사한 사본은 이에 해당하지 않는다」고 판시하였다.[39]

이 판결 이후 대법원은 일관되게 전자복사기 등을 사용하여 기계적으로 복사한 사본은 위조등 유가증권행사죄의 객체에 해당하지 않는다고 하고 있다.[40] 그러나 위조범죄의 전형인 문서에 관한 죄에서 이미 복사문서의 문서성을 판례가 인정하고 있고,[41] 이어서 1995년 개정된 형법은 제237조의2를 신설하여 "이 장의 죄에 있어서 전자복사기, 모사전송기 기타 이와 유사한 기구를 사용하여 복사한 문서 또는 도화의 사본도 문서 또는 도화로 본다"고 하고 있다. 그렇다면 유가증권위조 및 행사의 경우에만 대법원이 복사한 사본의 유가증권성이나 행사죄의 객체를 원본으로 한정하는 근거를 분명하게 설명해야만 할 것이다.[42] 사본인 유가증권에는 재산권이 화체되었다고 보기 어렵다는 대법원의 주장은 위조범죄로서 유가증권범죄가 유가증권에 대한 공공의 신용과 안전을 보호한다는 관점을 고려하지 않은 것이라고

39) 대법원 1998.2.13. 선고 97도2922 판결.

40) 대법원 2007.2.8. 선고 2006도8480 판결「선하증권 12장의 팩스(모사전송기) 사본은 허위작성유가증권행사죄에 있어서의 유가증권에 해당되지 않는다」; 대법원 2010.5.13. 선고 2008도10678 판결「피고인이 은행에 제출한 위조 선하증권의 사본이 위조유가증권행사죄에서 말하는 유가증권에 해당하지 않는다.」

41) 대법원 1989.9.12. 선고 87도506 전원합의체판결.

42) 학설뿐만 아니라 판례도 복사기에 의하여 복사한 통화도 위조통화가 될 수 있다고 판시하고 있다. 대법원 1986.3.25. 선고 86도255 판결.

생각한다. 일반인이 진정한 유가증권이라고 오신할 정도의 외관을 갖추었느냐를 판단할 때, 판단대상을 원본과 사본이라는 개념을 통해 규범적으로 정할 수는 없는 것이다. 따라서 권한없이 타인명의의 유가증권을 작성하고 이를 복사한 경우 복사된 유가증권이 진정한 유가증권으로서의 오인될 형식과 외관을 갖추고 있다면 그 복사행위는 권한없이 타인명의의 유가증권을 작성하는 것으로서 또 하나의 위조행위이고, 이에 의해 복사된 유가증권을 행사한 경우 위조 유가증권행사로 해석하는 것이 타당하다.[43)]

제3절 문서에 관한 죄

1. 형법이론상 쟁점

(1) 문서죄의 본질론

문서에 관한 죄는 허위성이 있는 문서의 위조행위를 처벌함으로써 문서의 증명력에 대한 확실성과 신용성을 보호한다. 여기서 두 가지 본질적인 문제가 제기되며, 이러한 문제는 한국형법의 문서에 관한 죄에 대한 도그마틱에서 중요하게 다루어지고 있다. 하나는 여기의 허위란 구체적으로 어떤 부분에 대한 허위를 의미하느냐의 문제이고, 다른 하나는 문서에 대한 위조행위를 처벌한다고 하면, 여기의 위조는 문서의 어떤 부분에 대한 위조

43) 오영근, 유가증권위조죄의 해석상의 문제점, 형사판례연구[7] 1999, 41면.

를 말하느냐라는 위조의 개념에 대한 문제이다. 전자에 대해서는 실질주의와 형식주의가 나누어져 있고, 후자에 대해서는 무형위조와 유형위조가 나누어져 있다.

1) 형식주의와 실질주의

형식주의란 문서위조죄는 문서의 성립의 진정(Echtheit)을 보호대상으로 하는 것이고, 문서의 작성명의에 허위가 있으면 이를 처벌해야 한다는 입법주의를 말한다. 즉 부진정문서만을 문서위조로 인정하는 입법형식이고, 이러한 주의를 한국의 형법학자들은 독일형법상 문서죄의 형식이라고 이해하고 있다.[44] 형식주의는 문서에 표시된 내용의 진실보다 그 내용을 문서에 표시하는 단계에서 작성명의에 허위가 있으면 성립의 진정을 인정할 수 없기 때문에 문서위조죄로 처벌해야 한다고 한다. 이에 의하면 문서의 작성명의에 허위가 없으면 그 내용이 진실과 일치하지 않아도 문서내용에 대한 책임은 (작성)명의인에게 물을 수 있으므로 문서에 대한 신용 자체는 유지될 수 있는 것이므로 문서위조가 되지 않으며, 작성명의에 허위가 있으면 내용의 진실여부를 불문하고 문서위조죄에 해당한다고 한다.

실질주의란 문서위조죄는 문서에 표시된 내용의 진실(Wahrheit)을 보호대상으로 하는 것이므로, 문서의 내용을 허위로 작성

---

44) 형식주의는 독일형법의 태도이고 실질주의는 프랑스형법의 태도라고 이해하는 통설에 대해서, 이러한 이해는 오해에서 기인하는 것이라고 하면서 독일형법과 프랑스형법 모두 형식주의와 실질주의를 절충적으로 규정하고 있다고 하는 견해가 있다. 김일수, 한국형법 IV, 255면.

하는 행위를 처벌하려는 입법주의를 말한다. 즉 이러한 주의를 한국형법상 문서죄는 내용이 진실한 문서는 형법적으로 문제삼지 않고 내용이 허위인 문서만을 문서위조죄로 인정하려는 입법형식으로 프랑스형법(제145조)을 모델로 하고 있다고 이해하고 있다. 실질주의는 허위내용의 문서에 의하여 진실이 아닌 사실이 진실한 증거로 사용되어 사실의 진상을 왜곡시키기 때문에 문서위조로 처벌해야할 필요가 있다고 한다. 이에 의하면 문서에 표시된 사실이 객관적 사실과 일치할 때는 문서의 성립(작성명의)에 허위가 있어도 사실의 진상을 저해할 염려는 없으므로 문서위조죄는 성립하지 않는다. 연혁적으로 문서위조죄의 본질을 허위의 죄(crimenfalsi)로 이해하고 허위내용으로 인하여 발생하게 될 사회적 손실을 중요시하는 태도에 연유하고 있다고 설명한다.

형식주의와 실질주의의 본질적인 차이는 사문서 위조죄를 어떻게 이해하느냐에 관하여 의미를 갖는다. 예컨대 채무자가 채무를 변제한 후 채권자의 명의로 된 영수증을 작성하는 경우, 형식주의의 입장에서는 사문서위조죄가 된다고 보지만 실질주의 입장에서는 사문서위조가 아니라고 한다.

문서의 유통량이 증대하고 문서에 의한 신속·확실한 증명을 필요로하는 현대사회에서는 문서내용의 진실만으로 문서에 대한 법적거래의 확실성과 신용성을 보호할 수 없다고 한다. 문서는 원래 의사 관념의 내용이 문서에 표시됨으로써 그 내용이 고정적 영속적으로 보존되고 불가변성이 유지되므로 확실한 증명력을 갖게 된다고 이해한다. 이러한 문서를 부진정하게 작출하여 그 증명력을 악용하는 행위자체가 문서에 대한 법적거래의 확실성과 신용성을 해하게 된다. 만일 실질주의에 의해서만 문서위조죄를 이해하게 되면 행위자가 진실하다고 믿고 한 경우에는 고의를 조각하게 되어 문서위조죄의 성립이 불안정해지며, 권한 없이 작성한 부진정문서에 대한 책임은 자격을 모용당한 자가 부담하게 됨으로 피모용자가 뜻밖의 손해를 볼 가능성도 있다. 그러므로 문서내용의 진실성도 보호할 필요가 없는 것은 아니지만, 문서에 표시된 의사 관념의 내용에 대해서 누가 그 책임을 부담해야 하느냐의 문제가 제 일차적으로 문서의 신용을 좌우한다고 할 수 있기 때문에 형식주의가 타당하다. 물론 실제 형사입법과정에서는 형식주의와 실질주의는 택일관계가 될 수는 없다는 것은 자명한 것이다. 왜냐하면 문서의 작성명의 진정과 문서내용의 진실은 모두 문서의 증명력과 신용성을 높여주는 구성요소이기 때문이다. 그렇지만 오늘날처럼 문서에 대한 법적거래가 증대하고 문서에 의한 확실한 증명을 필요로 하는 사회에서는 문서의 내용의 진실만으로 문서를 통한 법적거래의 안전성과 신용성을 충분히 보장할 수 없는 것이므로 형식주의를 기본으로 하면서도 실질주의를 가미하는 입법형식이 불가피한 것이다.[45)]

우리 형법은 작성명의에 허위가 있는 경우는 공문서·사문서를 불문하고 모두 문서위조죄로 규정하고 있으나, 문서내용이 허위인 경우에는 공문서와 사문서 중 허위진단서작성죄(제233조)만을 처벌하고 있는 것으로 보아 형식주의를 원칙으로 하고 실질

---

45) 김일수, 한국형법 IV, 256면.

주의를 예외적으로 인정하고 있다.

2) 유형위조와 무형위조

앞서 언급한 형식주의와 실질주의는 문서위조의 행위태양인 위조의 개념에서 유형위조와 무형위조의 대립으로 나타난다. 유형위조(materielle Fälschung; le faux materiel)란 문서의 작성명의의 진정성 또는 진본성을 파괴하는 일체의 행위를 말한다. 여기에는 문서의 작성권한 없는 자가 거짓으로 타인명의의 문서를 작성하는 경우, 즉 부진정 문서를 작성하는 위조의 경우뿐만 아니라 작성자의 필체 또는 서명을 변조하는 경우도 포함한다. 그래서 유형위조를 형식위조라고도 부른다. 무형위조(intellektuelle Fälschung; le faux intellectuel)란 작성명의에는 허위가 없으나 문서내용의 진실성을 파괴하는 행위 일체를 말한다. 즉 문서에 기재된 명의가 진실이냐 허위이냐를 따지는 것이 아니라, 문서에 기재된 명의가 진실이냐 허위냐를 따져 그 내용이 허위일 때 문서위조로 본다. 무형위조를 내용위조라고도 한다.[46] 무형위조에 의한 위조의 개념에 따르면 진정한 명의자의 서명·날인 있는 백지를 이용하여 허위사실을 기재한 허위문서를 작성하는 이른바 백지위조는 물론 일정한 사실 또는 사항을 기재해야 할 작성명의인이 그것을 누락시키는 부작위로 나아가 허위사실의 문서를 작성하는 정신적 위조도 가능하다고 한다.[47]

형식주의를 원칙으로 하고 있는 형법에서는 유형위조를 문

46) 유기천, 형법각론, 125면.

47) 김일수, 한국형법 IV, 255면

서의 '위조', 무형위조를 문서의 '작성'이라 표시하여 양자를 용어상 구별하고, 유형위조는 공문서 · 사문서 모두 처벌하고 있으나 무형위조에 대해서는 문서내용의 진실성을 특히 보호해야 하는 경우만을 예외적으로 범죄로 하고 있다. 즉 공무원이 그 직무에 관한 사항에 대해서 허위문서를 작성하는 경우(제227조)와, 의사 등이 진단서, 검안서, 생사에 관한 증명서에 허위내용을 기재한 경우(제233조)만 무형위조를 범죄로 하고 있을 뿐이다. 따라서 한국형법에서는 무형위조는 공문서를 제외하고는 원칙적으로 이를 위조개념에서 제외하고 처벌하지 않는다는 취지로 이해할 수 있다.

관련판례

(문서의 작성권한이 있는) 피고인들이 작성한 회의록에다 참석한 바 없는 소외인이 참석하여 사회까지 한 것으로 기재한 부분은 사문서의 무형위조에 해당할 뿐이어서 사문서의 유형위조만을 처벌하는 현행 형법하에서는 죄가 되지 아니한다.[48]

이사회를 개최함에 있어 공소외 이사들이 그 참석 및 의결권의 행사에 관한 권한을 피고인에게 위임하였다면 그 이사들이 실제로 이사회에 참석하지도 않았는데 마치 참석하여 의결권을 행사한 것처럼 피고인이 이사회 회의록에 기재하였다 하더라도 이는 이른바 사문서의 무형위조에 해당할 따름이어서 처벌대상

48) 대법원 1984.4.24. 선고 83도2645 판결.

이 되지 아니한다.[49)]

(2) 허위공문서작성죄의 간접정범 성립여부

허위공문서작성죄의 간접정범의 문제는 문서에 관한 죄에서 중요한 주제로 다루어지고 있다. 공문서의 특별한 신용성과 증명력을 고려하여 문서의 무형위조를 처벌하기 위하여 '공무원이 행사할 목적으로 그 직무에 관하여 허위의 문서 또는 도화를 작성하거나 변개한 때에는' 허위공문서작성죄로 벌하고 있다.

허위공문서작성죄의 주체는 직무상 문서 또는 도화를 작성할 권한이 있는 공무원이므로 진정신분범에 해당한다. 형법 제33조에 의하여 신분이 없는 자도 신분이 있는 자의 행위에 가공한 경우에 공동정범·교사범·방조범은 성립할 수 있지만, 간접정범은 성립할 수 없다. 그러므로 비신분자인 일반인은 허위공문서작성죄의 간접정범이 될 수 없다는 점에는 의견이 일치하고 있다.[50)] 즉 일반 사인은 본죄의 정범자격이 없을 뿐만 아니라, 일반 사인의 경우에는 공정증서원본 등에 대해서만 허위공문서작성죄의 간접정범을 인정하면서 허위공문서작성죄보다 가볍게 처벌한 형법의 취지에 비추어 별도로 간접정범은 성립할 수 없다고 한다.

---

49) 대법원 1985.10.22. 선고 85도1732 판결.
50) 판례는 처음에는 공무원 아닌 자의 간접정범을 인정하였으나(대법원 1955.2.25. 선고 4286형상39 판결) 후에 판례를 변경하여 그 성립을 부정하였다(대법원 1961.12.14. 선고 4292형상647 판결).

관련판례

피고인은 상피고인 2와 공모하여 1964.9.1.대구지방법원 등기과에서 당시 등기과에는 사무량의 폭주로 인하여 등기부등본 교부신청자가 사법서사 또는 그 보조원인 경우에는 동인들이 등기부를 차람하여 등기부등본용지에 옮겨 기재한 후 제출하는 경우에 등기공무원은 단순히 서명날인만 하여 발부하는 실정임을 미끼로 행사의 목적으로 등기부등본 용지에 등기부에는 저당권 설정등기가 기재되어 있는데도 불구하고 위 저당권 설정등기가 말소된 내용의 허위기재를 한 후 위 등기과에 제출하여서 그 정을 모르는 등기과 등기 공무원으로 하여금 착오로 서명날인 하게 하여 등기부등본 1통을 발급받았다하더라도 공무원 아닌 자가 허위공문서 작성의 간접정범인 때에는 형법 제228조(공정증서원본 등의 불실기재)의 경우 이외에는 이를 처벌하지 아니한다.[51]

그러나 비신분자인 일반인도 공문서작성을 보좌하는 공무원과 공모하여 허위의 문서초안을 상사에게 제출하여 결재케 함으로써 허위 공문서를 작성케 한 경우에는 공무원의 허위공문서작성죄의 간접정범의 공동정범 또는 공범이 성립할 수 있다는 것이 판례의 입장이다.

관련판례

공무원이 아닌 자는 형법 제228조의 경우를 제외하고는 허위공문서작성죄의 간접정범으로 처벌할 수 없으나, 공무원이 아닌 자가 공무원과 공동하여 허위공문서작성죄를 범한 때에는 공무원이 아닌 자도 형법 제33조, 제30조에 의하여 허위공문서작성죄의 공동정범이 된다.

---

51) 대법원 1970.7.28. 선고 70도1044 판결.

> 농민인 피고인 갑은 공무원 을이 허위로 재해대장 및 농가별 농작물피해조사대장을 작성할 당시 공무원 을의 행위를 알면서도 이를 묵비하고 또한, 공무원 을로 하여금 재해대장 및 농가별농작물피해조사대장에 피고인의 비닐하우스가 설치된 지번을 허위로 기재하도록 하는 등의 방법으로 공무원 을의 행위에 가공하여 공무원 을과 공동으로 위 허위공문서작성 및 허위작성공문서행사의 공동정범이 인정된다.[52]

논란이 되는 것은 공문서 작성의 보조공무원이 허위인 정을 모르는 작성권자의 결재를 이용하여 허위의 공문서를 완성한 경우에 허위공문서 작성죄의 간접정범이 성립하는가에 있다.

공문서의 기안을 담당하는 보조공무원이 허위공문서를 기안·작성하여 그 정을 모르는 상사인 작성권자의 결재를 받아 공문서를 완성한 경우는 일반인이 작성권자를 이용하는 경우와 달리, 보조공무원에게 허위공문서작성죄의 간접정범을 인정하는 견해[53]와 부정하는 견해[54]가 대립한다.

긍정하는 견해는 보조공무원도 실질적 작성권한이 있다는 점을 그 근거로 삼고 있다. 즉 작성권한 있는 공무원과 작성명의인을 구별하여 기안당당 보조공무원은 문서작성명의인은 아니므로 직접정범은 될 수 없지만, 사실상 또는 실질적으로 직무와 관련

---

52) 대법원 2006.5.11. 선고 2006도1663 판결.

53) 배종대, 형법각론, 712면 ; 정성근/박광민, 형법각론, 598면 ; 유기천, 형법학 (각론강의 하), 1982, 171면.

54) 김일수/서보학, (새로 쓴)형법각론, 761면 ; 박상기, 형법각론, 541면 ; 이재상, 형법각론, 597면 ; 이정원, 형법각론, 630면 ; 임웅, 형법각론, 658면,

해서 공문서를 작성하고 있는 것이 현실이므로 작성에 전혀 관여하지 않는 공무원과 동일하게 볼 수는 없는 것이므로 허위공문서작성죄의 주체로서 작성권한 있는 공무원으로 간주되어 간접정범이 성립될 수 있다고 한다. 판례도 보조공무원이 허위공문서를 기안하여 그 정을 모르는 작성권자의 결재를 받아 공문서를 완성할 때에는 허위공문서작성죄의 간접정범이 성립된다고 한다.[55] 이에 대해서 허위공문서작성죄는 그 주체가 작성권한 있는 공무원에 엄격히 제한되는 진정신분범이므로 형법 제33조를 확대적용하여 간접정범을 포함하지 않는 한에서는 비신분자가 신분 있는 자를 이용한 간접정범은 성립할 수 없다고 한다. 그리고 이러한 해석에 의해 생겨나는 보조공무원의 처벌의 흠결은 입법적으로 해결하거나, 경우에 따라서 위계에 의한 공무집행방해죄로 처벌할 수밖에 없다고 한다. 마찬가지로 허위공문서작성죄를 의무범으로 이해하는 견해도 작성권한 있는 자만이 정범적격이 있을 뿐이므로 간접정범은 성립할 수 없다는 입장이다.

관련판례

허위공문서작성죄의 주체는 직무상 그 문서를 작성할 권한이 있는 공무원에 한하고 작성권자를 보조하는 직무에 종사하는 공무원은 허위공문서작성죄의 주체가 되지 못하나 이러한 보조직무에 종사하는 공무원이 허위공문서를 기안하여 허위인 정을 모르는 작성권자에게 제출하고 그로 하여금 그 내용이 진실한 것으로 오신케 하여 서명 또는 기명날인케 함으로써 공문서를 완성한 때에는 허위공

55) 대법원 1990.2.27. 선고 89도1816 판결.

문서작성죄의 간접정범이 성립된다 할 것인바, 면의 호적계장이 정을 모른 면장의 결재를 받아 허위내용의 호적부를 작성한 경우 허위공문서작성, 동행사죄의 간접정범이 성립된다.[56)]

문서에 관한 죄에서 무형위조를 처벌하는 경우는 예외에 해당한다. 일반적으로 사회에서 신용의 대상은 누구의 문서인가이지만, 예외적으로 문서내용의 진실성이 공공의 신용대상이 되는 경우, 예컨대 신용력이 높은 공문서나 환자의 진단내용이 문제가 되는 경우에는 이를 형법을 통해서 보장할 필요가 있다.

공무소에서 문서가 작성되는 과정은 통상 결재권자인 문서명의인이 결재하여 문서가 완성되기 전에 보조공무원에 의해서 기안된다. 결재권자는 기안된 문건을 검토하여 본인이 최종적으로 작성명의인으로서 서명・날인함으로써 하나의 공문서가 완성되는 것이다. 이 과정에서 보조공무원이 허위내용의 문건을 작성하여 이를 모르는 작성명의인의 결재를 받는 경우에, 작성권자인 상사는 허위공문서작성의 고의가 없으므로 처벌되지 않게 된다. 문제는 허위공문서작성이라는 침해적 행위결과에 대해 누군가 형사적 책임을 져야한다고 당연히 생각하는 것이다. 허위내용으로 작성된 문서의 과실여부는 형사책임의 대상이 되지 않으므로 결국 고의를 가지고 결재권자를 이용한 보조공무원에게 형사책임을 물을 수밖에 없다는 결론을 형법이론적으로 구성하는 과정에서 생겨난 논쟁이 바로 허위공문서작성죄의 간접정범 성립여

56) 대법원 1990.10.30. 선고 90도1912 판결.

부에 관한 것이다.

작성권한 있는 공무원이란 궁극적으로 작성명의인인 공무원을 의미하는 것으로서 보통 관련 업무의 결재권자를 말한다. 여기서 문건의 기안자를 '실질적 작성권한'이 있는 자라고 할 수 있는가? 엄밀하게 말한다면 '문서를 실질적으로 작성하는 자'이지, '실질적 작성권한 자'라고 할 수는 없다. 형사정책적 필요성에 의한 수사(修辭)적인 표현이라고 할 수밖에 없다. 가안담당자가 작성한 문건을 검토하여 공문서를 완성하는 작성명의인의 역할은 문건작성의 진실여부도 포함되어 있다고 볼 수 있다. 이런 의미에서 허위공문서작성죄에서 행위주체인 공무원은 직무와 관련하여 공문서를 작성하는 경우에 자신의 고유업무를 수행하는 것이므로 내용의 허위성을 인식하고 있다고 보아야 할 것이므로, 자신의 행위의 의미를 파악하지 못하고 이용당하는 간접정범의 경우를 상정할 수는 없다는 견해는 타당하다고 생각된다.[57] 허위공문서작성결과에 대해 누군가에게 형사책임을 물어야 한다면, 보조공무원이 아니라, 허위의 정을 모르고 결재한 작성명의인의 직무유기죄를 묻는 것이 형사정책적으로 더욱 바람직할 것이다. 물론 기안담당 보조공무원은 위계에 의한 공무집행방해죄가 적용되어야 한다.

57) 박상기, 형법각론, 542면.

2. 행위객체에 관한 쟁점

(1) 문서

1) 공문서와 사문서의 구별

문서에 관한 죄의 체계는 공문서와 사문서의 구별을 전제로 편성되어 있다. 따라서 문서에 관한 죄의 적용함에 있어서는 먼저 해당 문서가 공문서인지 사문서인지 여부를 판단해야 한다. 공문서란 공무소 또는 공무원이 직무상 작성한 문서를 말한다. 공문서의 본질적인 기준은 작성명의인이 공무소 또는 공무원이라는 점이다. 여기서 공무소 또는 공무원은 우리나라의 공무소 또는 공무원을 말한다. 또한 직무상 작성한 문서란 공무원이 그 직무권한 내에서 작성한 문서를 말한다. 그러므로 공무원이 직무와 관련없이 작성한 문서는 공문서가 아니라 사문서에 해당한다.[58] 직무권한은 반드시 법령상 근거가 있음을 요하지 않고 명령・규칙 또는 내규 관행에 의한 경우도 포함되며, 일반인으로 하여금 공무원 또는 공무소의 권한 내에서 작성된 것이라고 오신할 만한 형식과 외관을 갖추고 있으면 충분하다.

사문서란 사인명의로 작성된 문서를 말한다. 단, 사인명의의 모든 문서가 사문서가 아니라 형법은 '권리의무와 사실증명에 관한 문서'로 사문서로 한정하고 있다. 명의인은 자연인, 법인, 법인격 없는 단체이든 가리지 않으며, 내국인 외국인도 불문한다. 외국의 공무소 또는 공무원이 작성한 문서라도 우리 형법상으로

---

58) 직무와 관련없는 공무원의 사직서 또는 신원보증서 등은 사문서에 해당한다.

는 사문서에 해당한다.[59)]

관련판례

공증인이 공증인법 제57조 제1항의 규정에 의하여 사서증서에 대하여 하는 인증은 당해 사서증서에 나타난 서명 또는 날인이 작성명의인에 의하여 정당하게 성립하였음을 인증하는 것일 뿐 그 사서증서의 기재 내용을 인증하는 것은 아닌바, 사서증서 인증서 중 인증기재 부분은 공문서에 해당한다고 하겠으나, 위와 같은 내용의 인증이 있었다고 하여 사서증서의 기재 내용이 공문서인 인증기재 부분의 내용을 구성하는 것은 아니라고 할 것이므로, 사서증서의 기재 내용을 일부 변조한 행위는 공문서변조죄가 아니라 사문서변조죄에 해당한다.[60)]

---

59) 홍콩 경찰청발행의 국제운전면허증(대법원 1998.4.10. 선고 98도164, 98감도12 판결), 미대사관발행의 여권 등과 같은 외국 국가기관 명의의 문서(대법원 2003.9.26. 선고 2003도3729 판결) 등은 사문서에 해당한다.

60) 대법원 2005.3.24. 선고 2003도2144 판결. 이 사건 공소사실은 "피고인은 지하수 개발업에 종사하는 자인바, 1998.3.3.경 A가 소유하고 있는 창원시 귀현동 산 25 소재 임야 30,000평에서 온천수가 나올 것으로 알고, A와 위 임야에 온천개발을 하는 데 필요한 공사비는 피고인이 전액 부담하고 온천수가 나오면 위 임야의 절반을 피고인이 가지기로 하는 계약을 체결하고, 같은 날 마산시 석전동 소재 경남공증인합동사무소에서 합의내용 제1조에 '갑은 시공에 필요한 비용의 전액을 부담한다. 온천구 시공 전에 필요한 환경영향평가 등 준비비용 일체와 온천구 허가 취득비용 및 예상치 못했던 일체의 비용을 전액 부담한다.'('갑'은 피고인이다)라고 기재한 온천수개발합의서를 작성하여 인증서를 각 교부받은 후, 위 임야에 대하여 B에게 도급을 주어 온천수개발공사를 완료하였으나 온천수가 나오지 않았고, B에게 공사비도 지급하지 못하게 되자, 위 인증합의서를 변조하여 A를 상대로 공사대금 청구소송을 제기하여 공사비 및 기타 투자비용을 사취하기로 마음먹고, 위 인증서를 교부받은 1998.3.3. 이후 일자 불상경 장소 불상지에서, 행사할 목적으로, 권한 없이, 위 인증합의서의 '온천구 허가 취득

우리 형법이 공문서와 사문서를 구별하면서 그 법정형을 달리 규정하고 있는 현행 형법에서 양자의 구별에 관한 문제가 형사재판의 쟁점이 되는 경우가 적지 않다.[61] 위 판례에서 다루고 있는 '사서증서에 의한 인증서'는 간이절차에의한민사분쟁사건처리특례법에 의하여 설립된 공증인가 합동법률사무소 작성 사서증서에 관한 인증서는 공문서에 해당한다.[62] 문제는 합동법률사무소 작성 사서증서의 인증기재부분은 공문서이지만 그 이외의 사서증서의 기재내용은 사문서라는 점이다. 따라서 이 사안에서 쟁점은 피고인이 사서증서의 어떤 부분을 임의로 변경하였는가에 의해서 공문서변조죄 또는 사문서변조죄가 성립하게 된다.

그러나 문서를 공문서와 사문서로 구별하여 각각의 구성요건을 별도로 병렬적으로 조문화하고 있는 현행 형법의 태도는 타

비용 및 예상치 못했던 일체의 비용을 전액 부담한다.' 부분 중 '예상치 못했던 일체의 비용을' 부분을 위 인증합의서의 다른 부분에서 '시공', '와', '필요한', '일체의', '비용은', '을이'라는 글자를 복사하여 오려 붙이고 '온천구 허가 취득비용' 부분의 '온천구' 다음에 '시공'이라고 적어 넣고, '허가' 다음에 '권'이라고 적어 '온천구 시공 허가권 취득 비용 및 시공 외 필요한 일체의 비용은 을이 전액 부담한다.'라는 내용으로 고쳐 공문서인 위 인증합의서를 변조하고, 2001.6.26.경 창원지방법원 민사과에 A를 피고로 하는 공사대금청구 소송을 제기하면서 소장에 위와 같이 변조한 인증서를 첨부하여 제출함으로써 이를 행사" 한 것이다.

61) 현행 형법 제225조는 공문서 위조 · 변조는 '10년 이하의 징역'을 그리고 사문서 위조 · 변조는 '5년 이하의 징역 또는 1천만 이하의 벌금'으로 규정하고 있다. 1995년 개정 이전의 형법에서는 공문서 위조 · 변조는 '1년 이상 10년 이하의 징역'을 그리고 사문서 위조 · 변조는 '5년 이하의 징역'으로 규정하고 있었다.

62) 대법원 1992.10.13. 선고 92도1064 판결.

당하다고 할 수 없다. 사실 공문서와 사문서의 구별은 일본을 통해 계수된 독일의 1871년 제국형법의 영향이라고 설명되고 있다. 그리고 이러한 구별이 별다른 문제제기 없이 계속될 수 있었던 이유는 한국사회에 남아 있는 관료적인 전통이 개인의 사문서에 비해 공문서의 높은 신용성을 요구하고 있기 때문이라고 추측된다.[63] 오늘날 경제생활분야에서 거래주체로서 국가 공공단체나 사인, 공기업 사이에 본질적인 차이가 무너졌다고 할 수 있으며 공문서와 사문서를 구별하고, 이러한 구별에 근거하여 공공의 신용보호에 차이를 둘 필요가 더 이상 없다고 하는 것이 변화되는 사회에 부합하는 것이다.

2) 모니터상의 기록물

문서란 문자 또는 이에 대신하는 부호에 의하여 사람의 관념・의사가 화체되어 표시된 어느 정도 계속성이 있는 물체로서, 법률관계 또는 사회생활상 중요한 사실을 증명할 수 있는 것을 말한다. 이러한 개념정의에 따르면 문서는 계속적 기능, 증명적 기능, 보장적 기능이라는 세 가지 기능이 요구된다.

문서의 중요한 요소는 사람의 관념 내지는 의사가 외부에 표시되고 그러한 관념 내지 의사표시의 내용을 보증할 주체를 알 수 있어야 하는 것이다. 이러한 요소를 갖춘 문서는 시간과 장소에 구애받지 않고, 그 문서를 접한 사회일반 전체에 대해서 명의

---

63) 경국대전중의 관인을 위조한 경우를 중형으로 다스린 이유도 관의 권위에 대한 도전을 차단하고 공문서의 신용을 높이기 위해서였다. 김기춘, 조선시대형전, 1990, 156면.

인의 의사표시의 내용을 알 수 있게 한다. 이러한 이유로 문서는 그 오랜 시간동안 인류의 문명에 기여해 왔던 것이다. 문서의 이러한 사회적 기능을 수행하는데 있어서 불가결하게 필요한 부분은 관념 내지는 의사를 기록할 수 있는 물체에 화체되어 어느 정도 계속될 수 있어야 한다는 것이다. 만일 계속될 수 없다면 문서의 증명적 기능과 보장적 기능은 수행될 수 없게 된다는 것은 자명하다.

인류는 자신의 의사를 어떤 방식으로든 기록해 왔다는 것은 역사를 통해 알 수 있다. 종이가 발명되기 이전에는 돌, 나무의 표면, 가죽 등에 새겨서 시간적 계속성을 유지하여 왔으며, 종이가 발명된 후부터는 일반적으로 문서는 종이라는 물체에 화체된 명의인의 관념과 의사라는 통념이 지배하게 되었다. 그런데 기술문명이 급격하게 발달하여 기존의 종이라는 물체가 아닌 새로운 방법으로 사람의 관념과 의사를 기록할 수 있게 되면서부터 생겨난 문제 중의 하나가 기계적 방법에 의해 음성을 녹음하는 경우이다. 사실 녹음테이프나 CD 등에 기록된 의사표시가 종이보다 더 오래 계속될 수 있다는 점을 고려한다면, 당연히 의사표시가 화체된 문서로 인정해야 할 것이다. 그러나 일정한 기계적 재현장치를 사용하지 않고, 사람의 시각으로 바로 볼 수 있는 물체가 아닌 기록저장물은 형법을 통해 보호받고 있는 통상적인 문서의 개념에 포섭할 수는 없다. 그러므로 문서는 표시된 관념 내지 의사를 시각적으로 이해할 수 있는 것이어야 한다고 해석하는 것이다.

문서의 계속성과 관련한 또 다른 문제 중의 하나는 컴퓨터와 관련된 것이다. 컴퓨터를 이용해서 작성된 문건은 컴퓨터 모니터 화면에 나타남으로써 사람이 시각적으로 지각할 수 있게 된다. 컴퓨터 저장장치에 기록된 내용의 파일은 언제든지 컴퓨터 모니터를 통해서 동일한 내용을 시각적으로 확인할 수 있다는 것은 분명한 것이다. 문제는 컴퓨터 모니터 화면에 나타나는 이미지는 이미지 파일을 보기 위한 프로그램을 실행할 경우에 그때마다 전자적 반응을 일으켜 화면에 나타나는 것에 지나지 않는다는 점이다. 모니터는 창에 불과한 것이고 그 창은 도구적인 기능에 불과한 것이지, 일정한 관념 내지 의사가 화체되어 어느 정도 계속적으로 화면에 고정된 것으로는 볼 수 없으므로, 문서에 해당하지 않는다. 대법원도 컴퓨터 스캔 작업을 통하여 만들어낸 공인중개사 자격증의 이미지 파일은 전자기록으로서 전자기록 장치에 전자적 형태로서 고정되어 계속성이 있다고 볼 수는 있으나, 그러한 형태는 그 자체로서 시각적 방법에 의해 이해할 수 있는 것이 아니어서 이를 형법상 문서에 관한 죄에 있어서의 '문서'로 보기 어렵다고 판시하거나,[64] 졸업증명서 파일은 그 파일을 보기 위하여 일정한 프로그램을 실행하여 모니터 등에 이미지 영상을 나타나게 하여야 하므로, 파일 그 자체는 형법상 문서에 관한 죄에 있어서의 문서에 해당되지 않는다고 하여[65] 컴퓨터 모니터 화면상의 이미지 및 이미지 파일의 문서성을 부인하고 있다.

---

64) 대법원 2008.4.10. 선고 2008도1013 판결.

65) 대법원 2010.7.15. 선고 2010도6068 판결.

관련판례

피고인은, ① 2005. 10. 20.경 자신의 집에서, 사귀고 있던 공소외인에게 피고인의 나이와 성명을 속이는 용도로 행사할 목적으로 권한 없이, 컴퓨터로 '미애', '701226'을 작성하여 출력한 다음, 피고인의 주민등록증 성명란 '길자'라는 글자 위에 위와 같이 출력한 '미애'라는 글자를, 주민등록번호란 '640209'라는 글자 위에 위와 같이 출력한 '701226'이라는 글자를 각 오려붙인 다음, 이를 컴퓨터 스캔 장치를 이용하여 스캔함으로써 이미지 파일을 생성하는 방법으로 복사하여 컴퓨터 모니터로 출력함으로써 화면에 이미지가 나타나도록 하는 방법으로 공문서인 강남구청장 발행의 주민등록증 1장을 위조하고, ② 같은 일시, 장소에서, 위와 같이 위조한 주민등록증 이미지가 저장되어 있는 파일을 공소외인에게 보내는 이메일에 마치 진정하게 성립한 것처럼 첨부, 전송하여 그 무렵 그 정을 모르는 공소외인으로 하여금 첨부파일을 열람하도록 함으로써 공소외인이 사용하는 컴퓨터 모니터에 위와 같이 위조한 주민등록증의 이미지가 나타나도록 함으로써 이를 행사하였다"는 것이다.

컴퓨터 모니터 화면에 나타나는 이미지는 이미지 파일을 보기 위한 프로그램을 실행할 경우에 그때마다 전자적 반응을 일으켜 화면에 나타나는 것에 지나지 않아서 계속적으로 화면에 고정된 것으로는 볼 수 없으므로, 형법상 문서에 관한 죄에 있어서의 '문서'에는 해당되지 않는다고 할 것이다.[66]

(2) 도화

도화(圖畵)란 문자 이외의 상형적 부호에 의하여 사람의 관념·의사가 물체에 화체되어 표현된 것으로, 예를 들어 지적도(地籍圖), 상해부위를 명백히 하기 위한 인체도(人體圖) 등을 말한다. 형법상 문서에 관한 죄로써 보호하고자 하는 것은 구체적

66) 대법원 2007.11.29. 선고 2007도7480 판결.

인 문서 그 자체가 아니라, 문서에 화체된 사람의 의사표현에 관한 안전성과 신용이다. 따라서 도화도 상형적 부호로써 어느 정도 계속적으로 물체 위에 고착된 어떤 사람의 의사 또는 관념의 표현으로서, 그 내용이 법률상 또는 사회생활상 의미 있는 사항에 관한 증거가 될 수 있는 것을 말한다.

관련판례

담뱃갑의 표면에 그 담배의 제조회사와 담배의 종류를 구별 · 확인할 수 있는 특유의 도안이 표시되어 있는 경우에는 일반적으로 그 담뱃갑의 도안을 기초로 특정 제조회사가 제조한 특정한 종류의 담배인지 여부를 판단하게 된다는 점에 비추어서도 그 담뱃갑은 적어도 그 담뱃갑 안에 들어 있는 담배가 특정 제조회사가 제조한 특정한 종류의 담배라는 사실을 증명하는 기능을 하고 있으므로, 그러한 담뱃갑은 문서 등 위조의 대상인 도화에 해당한다.[67]

(3) 전자기록 등 특수매체기록

전자기록 등은 문자 또는 부호에 의해 표시되는 물체가 아니므로 가시성(可視性)과 가독성(可讀性)이 없고, 그 작출과정의 특성상 명의인이 없거나 불분명하여 문서개념으로 포섭될 수 없어서, 전자기록 등 특수매체기록의 진정성에 대한 거래의 안전과 공공의 신용을 보호하기 위해 문서죄와 별도로 형법에 새로 규정함으로써 신용의 대상물이 된 것이다.

특수매체기록이란 사람의 지각으로 인식할 수 없는 방식에

---

67) 대법원 2010.7.29. 선고 2010도2705 판결.

의하여 만들어진 기록을 말한다. 이러한 특수매체기록에는 전자기록과 광학기록이 포함된다. 전자기록이란 반도체기억집적회로, ROM, RAM 등과 같은 전자적 방식과 자기디스크, 자기드럼 등과 같은 자기적 방식에 의하여 만들어진 기록을 말하고, 광학기록이란 광기술이나 레이저 기술을 이용한 기록을 말한다.

기록은 전자적 방식 등에 의해 표현된 의사내용이므로, 기록매체물 그 자체를 파손하면 재물손괴죄에 해당한다. 기록은 문서와 마찬가지로 계속성을 지녀야 하므로 모니터에 화상형태로 존재하거나 통신 또는 처리중의 데이터는 포함하지 않는다. 그리고 음반(LP)이나 콤팩트디스크(CD) 등에 기록된 음성신호는 전자기록에 해당하지 않는다. 뿐만 아니라 마이크로필름은 단순한 문자의 축소 내지 기계적 확대에 불과하기 때문에 전자기록으로 볼 수 없다.

관련판례

형법 제232조의2의 사전자기록위작·변작죄에서 말하는 권리의무 또는 사실증명에 관한 타인의 전자기록 등 특수매체기록이라 함은 일정한 저장매체에 전자방식이나 자기방식에 의하여 저장된 기록을 의미한다고 할 것인데, 비록 컴퓨터의 기억장치 중 하나인 램(RAM, Random Access Memory)이 임시기억장치 또는 임시저장매체이기는 하지만, 형법이 전자기록위·변작죄를 문서위·변조죄와 따로 처벌하고자 한 입법취지, 저장매체에 따라 생기는 그 매체와 저장된 전자기록 사이의 결합강도와 각 매체별 전자기록의 지속성의 상대적 차이, 전자기록의 계속성과 증명적 기능과의 관계, 본죄의 보호법익과 그 침해행위의 태양 및 가벌성 등에 비추어 볼 때, 위 램에 올려진 전자기록 역시 사전자기

록위작 · 변작죄에서 말하는 전자기록 등 특수매체기록에 해당한다.[68)]

68) 대법원 2003.10.9. 선고 2000도4993 판결. 이 사건의 사실관계와 재판 과정은 다음과 같다. 광주시에서 발주한 종합운동장 주경기장 입찰에서는 입찰참가자격을 국내외 단일공사로 종합운동장 또는 축구전용경기장으로서 관람석 22,500석 이상의 준공실적이 있는 업체로 제한하였다. K산업 주식회사의 임직원인 갑은 해외건설협회로부터 관람석 25,000석 규모의 종합운동장 시설공사 실적증명을 받아내기로 결의하고, 1999.8.30. 18:50경 해외건설협회전산정보실에서 데이터베이스에 저장되어 있던 전산정보 중 K산업 주식회사에 관련된 정보를 램(RAM, Random Access Memory)상에 불러 온 후 데이터베이스에 없는 내용을 입력하거나 변경한 후 출력하고 변경 · 입력한 부분을 원본 데이터베이스에 저장하지는 아니하였다. 갑은 사전자기록변작죄 혐의로 기소되었다. **제1심**은 "사전자기록위작, 변작죄는 권리의무 또는 사실증명에 관한 타인의 전자기록 등 특수매체기록(자기테이프, 자기디스크, 광디스크 등에 수록된 데이터)으로서 계속성을 가진 기록을 대상으로 하는 범죄이므로 모니터에 화상상태로만 존재하는 데이터를 위작 · 변작하거나 이를 프린트하여 문서를 작성하는 것은 그 위작 또는 변작된 데이터를 저장하여 기존의 데이터를 변경하지 않는 한 전자기록 자체를 위작 또는 변작한 것"은 아니므로, "시퀀트 2000/290 장비에 수록된 기존의 자료를 출력한 다음 이를 수정한 후 문서로 인쇄하였을 뿐 위 수정한 자료를 다시 전자기록으로서 저장함으로써 기존의 전자기록 자체를 위작 또는 변작하지 않은 피고인은 무죄"라고 판시하였다. 검사가 항소하였다. **항소심**은 "형법 제232조의2의 사전자기록위작 · 변작죄는 전자기록 등에 대한 거래의 안전과 신용을 그 보호법익으로 하는 죄로서 행위태양으로서의 위작이란 권한 없이 또는 권한을 일탈하여 전자기록 등을 만들어 내는 것을 의미하고, 변작이란 이미 만들어진 전자기록의 내용을 권한 없이 또는 권한을 일탈하여 변경하는 것을 의미하는 것으로서 사무처리를 그르치게 할 목적으로 전자기록을 화면에 현출시킨 다음 이를 권한 없이 변경입력시킴으로써 사전자기록변작죄가 성립하고 변경된 전자기록을 저장하는 것은 사후행위에 불과"하므로 "비록 시퀀트 2000/290 장비에 기존의 데이터로서 보관되어 있는 기존의 전자기록을 위 수정한 자료(수정된 파일)로 대체하여 변경, 저장하지는 않았다고 하더라도 일반인으로서는 위

인쇄된 문서로 인하여 위 전자기록이 변경되어 존재한다고 믿을 수밖에 없고 이로써 사전자기록변작죄의 보호법익인 전자기록 등에 대한 거래의 안전과 신용이 침해되었다고 볼 수 있으므로, 피고인 갑이 사무처리를 그르치게 할 목적으로 시퀀트 2000/290장비에 수록된 전자기록을 VI 편집기를 이용하여 수정입력함으로써 이미 사전자기록변작죄가 성립한다고 하여야 할 것이고, 기존의 전자기록을 위 수정한 자료로 대체하여 저장하였느냐 여부는 위 죄의 사후적 정황에 지나지 않는다"며 유죄를 선고하였다. 피고인 갑은 "일시적으로 전자기록을 화상에 띠워 수정입력을 하고 출력을 하였더라도 전자기록 자체에 대하여 변경을 가하지 않은 이상 사전자기록변작죄가 성립되지 아니하며, 사전자기록변작죄가 성립된다고 하더라도 전자기록 자체에 대한 변경을 가한 때, 즉 변경된 내용을 저장한 때 기수가 된다. 그런데 본 사안에서 자신은 실행의 착수에 이르지도 않았고 사전자기록변조의 고의도 없으므로 미수범으로 처벌할 수도 없다"며 상고하였다. **대법원**은 피고인 갑이 이 사건 관련 전산자료를 변경·입력한 행위가 비록 원본파일의 변경까지 초래하지는 아니하였더라도, 피고인이 조작의 대상으로 삼은 전자기록은 컴퓨터에 연결된 모니터에 표시됨으로써 그 내용이 외부에 표출되는 것이기는 하지만, 단순히 모니터에 표시되는 화상형태로만 존재하는 것이 아니라 모니터에 표시되기 전에 작업자의 명령 처리를 위하여 임시기억장치인 램에 올라가 있었던 것이고, 그 프로그램 처리 구조상 원본파일로부터 이와 같이 램에 올려지는 임시적 복제파일의 생성이 당연히 예정되어 있었던 점에 비추어 볼 때, 램에 올려진 전자기록은 원본파일과 불가분적인 것으로 원본파일의 개념적 연장선상에 있는 것이므로, 이러한 전자기록에 위 피고인 갑이 사무처리를 그르치게 할 목적으로 그 공범들과 통모하여 허구의 내용을 권한 없이 수정입력 한 것은 그 자체로 그러한 사전자기록을 변작한 행위의 구성요건에 해당된다. 그러한 수정입력의 시점에서 사전자기록변작죄의 기수에 이르렀다. 원심의 판단은 다소 그 설시에 있어서 미흡한 점이 있기는 하나 위 피고인에 대한 사전자기록변작에 관한 범죄사실을 유죄로 인정한 결론에 있어서는 옳고, 거기에 주장과 같은 전자기록 등 특수매체기록의 변작의 개념 및 사전자기록변작죄의 기수시기에 관한 법리오해나 위 피고인의 목적이나 범의에 관한 사실오인 등의 위법이 없다고 판시하였다.

3. 행위태양과 관련한 쟁점

(1) 위조

위조란 작성권한 없이 타인명의를 사칭(모용)하여 타인 명의의 문서를 작성하는 것을 말한다. 따라서 위조여부와 관련된 문제의 쟁점은 '작성권한 여부', '타인명의의 사칭' 그리고 '문서의 작성'에 있다. 그리고 위조의 정도는 일반인들이 진정문서로 오인할 정도의 형식과 외관을 갖추면 충분하므로 문서의 형식과 내용이 완전할 것을 요하지 않는다.

1) 작성권한 없는 자

위조는 타인명의 문서를 작성할 정당한 권한이 없는 자가 그 주체여야 한다. 문서의 명의인은 당연히 작성할 권한이 있으므로 문제가 발생하지 않지만, 명의인과 문서의 실제 작성자가 다른 경우에는 위조여부가 문제되는 경우가 있다.

① 명의인의 승낙이 있는 경우

문서작성에 대한 명의인의 유효한 승낙이 있는 경우는 문서를 작성할 권한이 있는 경우에 해당함으로, 문서의 실제작성자가 명의인 명의를 사용하여 문서를 작성하더라도 위조가 되지 않는다. 다만 명의인의 사후승낙은 유효한 승낙이 아니므로 위조가 된다.

관련판례

피고인이 A와 B의 명의를 사칭하여 가등기에 필요한 거래신고서, 매매예약서, 위임장 등을 위조하여 피고인의 종형의 명의의 가등기를 경료한 것을 A와 B가 나중에 알게 되었으나 어차피 피고인에게 돈을 반환할 처지에 있었으므로, 이 사건 가등기를 피고인이 투자한 1억 1천만 원의 반환채무를 담보하는 것으로 보기로 약정하였다고 하더라도 사문서위조나 공정증서원본 불실기재가 성립한 후, 사후에 피해자의 동의 또는 추인 등의 사정으로 문서에 기재된 대로 효과의 승인을 받거나, 등기가 실체적 권리관계에 부합하게 되었다 하더라도, 이미 성립한 범죄에는 아무런 영향이 없다.[69]

관련판례

사문서의 위·변조죄는 작성권한 없는 자가 타인 명의를 모용하여 문서를 작성하는 것을 말하는 것이므로 사문서를 작성·수정함에 있어 그 명의자의 명시적이거나 묵시적인 승낙이 있었다면 사문서의 위·변조죄에 해당하지 않고, 한편 행위 당시 명의자의 현실적인 승낙은 없었지만 행위 당시의 모든 객관적 사정을 종합하여 명의자가 행위 당시 그 사실을 알았다면 당연히 승낙했을 것이라고 추정되는 경우 역시 사문서의 위·변조죄가 성립하지 않는다고 할 것이나, 명의자의 명시적인 승낙이나 동의가 없다는 것을 알고 있으면서도 명의자 이외의 자의 의뢰로 문서를 작성하는 경우 명의자가 문서작성 사실을 알았다면 승낙하였을 것이라고 기대하거나 예측한 것만으로는 그 승낙이 추정된다고 단정할 수 없다.[70]

69) 대법원 1999.5.14. 선고 99도202 판결.
70) 대법원 2008.4.10. 선고 2007도9987 판결.

② 작성자가 명의인의 대리권·대표권을 가지고 있는 경우

작성자가 대리권·대표권이 없는 경우에는 자격모용에 의한 문서작성죄가 성립한다. 마찬가지로 대리권·대표권이있는 경우라 하더라도 '권한을 초월'하여 대리인·대표자의 자격을 표시하여 본인명의의 문서를 작성한 경우에도 자격모용에 의한 문서작성죄가 성립한다. 그러나 대리권·대표권이 있는 자가 그 권한의 범위 내에서 '권한을 남용'하여 문서를 작성한 경우에는 비록 작성자가 자신이 가지고 있는 대리권·대표권을 남용하기는 하였지만 외부적으로는 적법한 작성권한 자이므로 명의인과 대리권·대표권을 가진 작성자와의 내부적인 문제는 별론(배임죄 등의 성립문제)으로 하고 위조에는 해당하지 않는다.

관련판례

매수인으로부터 매도인과의 토지매매계약체결에 관하여 포괄적 권한을 위임받은 자는 위임자 명의로 토지매매계약서를 작성할 적법한 권한이 있다 할 것이므로 매수인으로부터 그 권한을 위임받은 피고인이 실제 매수가격 보다 높은 가격을 매매대금으로 기재하여 매수인 명의의 매매계약서를 작성하였다 하여도 그것은 작성권한 있는 자가 허위내용의 문서를 작성한 것일 뿐 사문서위조죄가 성립될 수는 없다.71)

작성자가 명의인의 대리권·대표권을 가지고 있는 경우에 위조성립여부에 대한 기준으로 제시되는 권한의 '남용'과 '초월'을 구별하기는 쉽지 않다. 대부분 문제된 사안의 사실관계를 통해서

71) 대법원 1984.7.10. 선고 84도1146 판결.

작성자에게 부여된 대리권·대표권의 범위가 판단된 후에 '남용'에 해당하는지 혹은 '초월'에 해당하는지에 따라서 위조여부를 판가름하게 된다.

관련판례

주식회사의 대표이사가 그 대표자격을 표시하는 방식으로 작성된 문서에 표현된 의사 또는 관념이 귀속되는 주체는 대표이사 개인이 아닌 주식회사이므로 그 문서의 명의자는 주식회사라고 보아야 한다. 따라서 위와 같은 문서 작성행위가 위조에 해당하는지는 그 작성자가 주식회사 명의의 문서를 적법하게 작성할 권한이 있는지에 따라 판단하여야 하고, 문서에 대표이사로 표시되어 있는 사람으로부터 그 문서 작성에 관하여 위임 또는 승낙을 받았는지에 따라 판단할 것은 아니다. 원래 주식회사의 적법한 대표이사는 회사의 영업에 관하여 재판상 또는 재판외의 모든 행위를 할 권한이 있으므로, 대표이사가 직접 주식회사 명의 문서를 작성하는 행위는 자격모용사문서작성 또는 위조에 해당하지 않는 것이 원칙이다. 이는 그 문서의 내용이 진실에 반하는 허위이거나 대표권을 남용하여 자기 또는 제3자의 이익을 도모할 목적으로 작성된 경우에도 마찬가지이다.[72)]

2) 타인명의 사칭(모용)

타인의 명의를 모용한다는 것은 명의인의 명의를 사칭하여 마치 그 명의인이 작성한 것처럼 허위로 꾸미는 것을 말한다. 사칭 명의인은 자연인 뿐만 아니라 법인·법인격 없는 단체도 포함한다. 명의인에 대한 사칭이기 때문에 문서의 기재내용의 진실

72) 대법원 2008.12.24. 선고 2008도7836 판결.

여부는 문제가 되지 않으며, 사칭한 명의인의 실재여부도 문제되지 않는다. 따라서 일반인에게 진정문서로 오신케 할 염려가 있으면 사자(死者) · 허무인(虛無人)명의의 문서도 문서위조죄의 객체가 된다.

관련판례

문서위조죄는 문서의 진정에 대한 공공의 신용을 그 보호법익으로 하는 것이므로 행사할 목적으로 작성된 문서가 일반인으로 하여금 당해 명의인의 권한 내에서 작성된 문서라고 믿게 할 수 있는 정도의 형식과 외관을 갖추고 있으면 문서위조죄가 성립하는 것이고, 위와 같은 요건을 구비한 이상 그 명의인이 실재하지 않는 허무인이거나 또는 문서의 작성일자 전에 이미 사망하였다고 하더라도 그러한 문서 역시 공공의 신용을 해할 위험성이 있으므로 문서위조죄가 성립한다고 봄이 상당하며, 이는 공문서뿐만 아니라 사문서의 경우에도 마찬가지라고 보아야 한다.[73]

---

73) 이 판결의 사안은 피고인이 중국 위생부 중의학관리국 중국국제침구고시중심에서 실시하는 중국 중의사, 침구사 수준고사라는 시험에 응시하기 위한 사람들을 국내에서 신문광고를 통해 모은 다음 이들을 중국에 데려가 응시에 필요한 서류 제출을 대행하였는데 국내 한의원에서 근무하면서 상당한 경험을 쌓았다는 "임상경력증명서"를 제출하게 되자 현지에서 교부받은 임상경력증명서의 양식에 응시생의 이름과 생년월일을 기재한 다음, 의원 상급자(원장)란에는 '정태신', 한의원 이름란에는 '강남한의원'이라고 임의로 생각나는대로 기재한 다음 강남한의원 명의의 직인을 위조, 날인하여 제출한 것이었다. 대법원 2005.2.24. 선고 2002도18 전원합의체 판결. 이 판결로 타인 명의의 문서를 위조하여 행사하였다고 하더라도 그 명의인이 실재하지 않는 허무인이거나 또는 문서의 작성일자 전에 이미 사망한 경우에는 사문서위조죄 및 동행사죄가 성립하지 않는다고 한 기존의 판례를 변경하였다.

3) 문서의 작성

위조는 타인의 명의를 모용하는 것으로 부족하고 문서를 작성하여야 한다. 즉 작성자가 명의인의 의사에 반하여 부진정문서를 만들어내어야 한다. 문서의 작성방법에는 제한이 없다. 전형적인 경우는 새로운 문서를 작성하는 것이지만, 기존의 문서를 이용하여 위조문서를 만드는 경우도 가능하다. 후자의 경우로 기존의 미완성문서에 가공하여 완성시키는 경우, 기존의 진정문서의 중요부분을 변경하여 동일성을 상실시키는 경우, 무효가 된 문서에 가공하여 새로운 문서를 만드는 경우 등을 들 수 있다.

관련판례

형법 제237조의2에 따라 전자복사기, 모사전송기 기타 이와 유사한 기기를 사용하여 복사한 문서의 사본도 문서원본과 동일한 의미를 가지는 문서로서 이를 다시 복사한 문서의 재사본도 문서위조죄 및 동 행사죄의 객체인 문서에 해당한다 할 것이고, 진정한 타인의 주민등록증 사본을 전자복사기를 이용하여 복사하면서 주민등록증 사진란에 피고인의 사진을 붙이는 방법으로 일부 조작을 가하여 그 사본 내용과 전혀 다르게 만드는 행위는 공공의 신용을 해할 우려가 있는 별개의 문서사본을 창출하는 행위로서 문서위조행위에 해당한다.[74]

문서의 작성과정에서 명의인을 기망하여 문서기재내용을 오신시켜 이를 이용하여 명의인의 의사와 다른 내용의 문서에 서명·날인케 한 경우에는 간접정범의 형식으로 위조범죄가 성립될 수 있다.

---

74) 대법원 2000.9.5. 선고 2000도2855 판결.

관련판례

원심은, 피고인이 이 사건 정기문중총회 회의록을 임의로 작성하고는 종중원들을 찾아다니면서 서명, 날인을 받았는데, 이 때 종중원들에게 이 사건 임야의 등기, 매도권한을 피고인에게 일임하고 매도금액 3분의 1을 문중에 반납하고 나머지를 피고인에게 소송대행비용으로 준다는 위 회의록의 내용 등에 관하여 제대로 알려 주지 아니한 채, 단지 이 사건 임야에 관하여 문중 명의로 소유권 이전등기를 하는 데 필요하다는 정도로만 얘기하면서 서명, 날인을 받은 사실을 인정한 다음, 문서명의자인 문중원들이 자신의 의사로 직접 서명, 날인을 한 이상 피고인의 묵비나 기망으로 인하여 종중원들이 총회록의 내용을 오해하였다고 하여 위조가 되는 것은 아니며, 피고인이 문중원들을 생명있는 도구로 이용하여 범행을 한 것이라고 볼 수도 없다는 이유로, 피고인에 대한 이 사건 공소사실 중 사문서위조 및 동행사의 점에 대하여 무죄를 선고한 제1심판결을 그대로 유지하고 있다. 그러나 원심의 위와 같은 판단은 수긍하기 어렵다. 왜냐하면, 명의인을 기망하여 문서를 작성케 하는 경우는 서명, 날인이 정당히 성립된 경우에도 기망자는 명의인을 이용하여 서명 날인자의 의사에 반하는 문서를 작성케 하는 것이므로 사문서위조죄가 성립한다.[75)]

(2) 변조

변조란 권한 없는 자가 이미 진정하게 성립된 타인명의 문서의 동일성을 해하지 않을 정도의 변경을 가하는 것으로 이해하는 통설과 판례[76)]에 의하면 변조의 대상이 되는 문서는 원칙적

---

75) 대법원 2000.6.13. 선고 2000도778 판결.

76) 대법원 1986.11.11. 선고 86도1984 판결 : 공문서변조라 함은 권한없이 이미 진정하게 성립된 공무원 또는 공무소명의의 문서내용에 대하여 그 동일성을 해하지 아니할 정도로 변경을 가하는 것을 말한다 할 것이므로 이미 허위로 작성된 공문서는 형법 제225조 소정의 공문서

으로 이미 진정하게 성립된 타인명의의 진정문서여야 한다. 이에 따르면 이미 위조된 부진정문서나 허위작성된 문서는 변조의 대상이 될 수 없다.

우리 형법상 문서에 관한 죄에서 위조행위와 변조행위는 동일한 법정형으로 처벌되는 것으로 그 불법의 정도에서 차이가 있다고 할 수 없다. '작성권한 없는 자'가 문서를 작성하거나 작성되어 있는 문서에 변경을 가하는 경우에, 위조문서든 변조문서든 일반인에게 진정하게 작성된 문서로 오인하게 함으로써 공공의 신용을 해하게 된다. 문제는 변조행위는 이미 작성된 문서 중에서 진정문서에만 가능한 것인가에 있다. 만일 甲이 권한없이 A 명의의 위조문서를 만들었고, 이를 乙이 동일성을 해하지 않을 정도의 변조행위를 한 경우에 통설에 의하면 乙의 죄책은 무죄가 된다. 乙이 무죄가 되는 근거를 甲의 선행된 위조행위에 둔다면, 한번 위조되거나 허위작성된 문서에 변경을 가하는 행위는 언제나 불가벌이어야 한다. 더 나아가 전문적인 문서위조범에 의해서 작성된 위조문서를 구입하여 이에 변경을 가하여 사용한 경우에 위조문서행사죄만 성립한다고 하는 것이 문서에 대한 거래의 안전과 공공의 신용을 보호하는데 충분하다고 할 수 있을까? 통설과 달리 문서에 대한 거래의 안전이나 공공의 신용이라는 관점에서 진정문서로 오신할 우려가 있는 행위의 대상을 반드시 이미 진정하게 성립한 진정문서에 한정할 것이 아니라, 부진정문서도 그 객체로 하는 것이라는 견해[77]가 더 설득력이 있다.

변조죄의 객체가 되지 아니한다.

마찬가지로 통설과 판례[78]는 변조의 객체가 타인명의의 진정문서이므로 타인이 소지하는 자기명의의 문서에 변경을 가하는 행위는 비록 기망을 위해 자기문서에 변경을 가하였다고 하더라도 명의인의 동일성에 대한 사칭이 아니므로 변조가 아니라 문서손괴행위(제336조)가 된다고 한다. 그러나 작성명의인이 아닌 타인에 의한 문서의 변조는 넓은 의미에서 문서위조의 한 행위 태양에 해당하는 것이므로, 문서변조행위의 독자성은 원래의 작성명의인의 변경권이 해소되었다고 볼 수 있는 시점 이후에 문서에 변경을 가하는 행위를 할 때부터 나타난다고 할 수 있다. 언제 이러한 변경권이 해소되었다고 볼 것인가는 구체적인 상황에 달려있지만, 문서가 이미 법적거래에 사용되어서 타인이 당해 문서의 지속성에 이해관계를 갖게 될 때에는 더 이상 작성명의인 자신도 문서의 내용에 변경을 가한 경우에는 변조행위가 된다고 하는 것이 타당하다.[79]

변조가 위조와 구별되는 부분은 '동일성을 해하지 않을 정도의 내용변경'이라는 점이다. 작성권한 없는 자가 기존의 문서(부진정문서 · 허위작성문서를 포함하여)와의 동일성을 해하지 않을 정도로 문서에 변경을 가한 경우는 변조에 해당하지만, 문서의 본질적 부분 또는 중요한 부분에 변경을 가하여 새로운 증명력을 가

77) 김성돈, 형법각론, 583면; 오영근, 형법각론, §36/16.

78) 대법원 1987.4.14. 선고 87도177 판결 : 자기명의의 문서라 할지라도 이미 타인(타기관)에 접수되어 있는 문서에 대하여 함부로 이를 무효화시켜 그 용도에 사용하지 못하게 하였다면 일응 형법상의 문서손괴죄를 구성한다.

79) 박상기, 형법각론, 529면.

지는 별개의 문서를 작성한 경우에는 위조가 된다. 결국 위조는 새로운 문서를 작출하는 것이고, 이에 새로운 별개의 문서를 만드는데 미치지 못하는 경우는 변조에 해당한다고 할 수 있지만, 그 구별이 쉽지만은 않다.

관련판례

피고인이 행사할 목적으로 타인의 주민등록증에 붙어있는 사진을 떼어내고 그 자리에 피고인의 사진을 붙였다면 이는 기존 공문서의 본질적 또는 중요 부분에 변경을 가하여 새로운 증명력을 가지는 별개의 공문서를 작성한 경우에 해당하므로 공문서위조죄를 구성한다.80)

(3) 타인의 자격모용

자격모용에 의한 문서작성죄의 행위태양인 타인의 자격모용이란 대리권·대표권이 없는 자가 타인의 대리·대표자격을 사칭하여 자기명의의 문서나 도화를 작성하는 것을 말한다. 예를 들어 대리권 없는 甲이 작성명의인 부분에 '乙 대리인 甲'의 형식으로 문서를 작성하는 경우이다. 이런 경우에 甲은 자기 명의를 작성하는 것이므로 '乙 대리인이라고 한 부분이 허위인 무형위조라고 하는 견해와 문서에 의한 법적 효과가 귀속되는 주체인 대리인 甲이 아니라 본인인 乙이기 때문에 유형위조가 된다는 견해가 형법제정 이전에 적용되었던 구형법(일본 현행형법)상 논란이 되었던 문제를 입법적으로 해결한 것이다. 현행법 해석론상 타인

80) 대법원 1991.9.10. 선고 91도1610 판결.

의 자격을 모용한 경우는 유형위조에 해당한다는 것을 분명하게 한 것이다.

관련판례

자격모용에 의한 사문서작성죄는 문서위조죄와 마찬가지로 문서의 진정에 대한 공공의 신용을 그 보호법익으로 하는 것으로서, 행사할 목적으로 타인의 자격을 모용하여 작성된 문서가 일반인으로 하여금 당해 명의인의 권한 내에서 작성된 문서라고 믿게 할 수 있는 정도의 형식과 외관을 갖추고 있으면 성립하는 것이고, 자격모용에 의한 사문서작성죄에서의 '타인'에는 자연인뿐만 아니라 법인, 법인격 없는 단체를 비롯하여 거래관계에서 독립한 사회적 지위를 갖고 활동하고 있는 존재로 취급될 수 있으면 여기에 해당된다. 부동산중개사무소를 대표하거나 대리할 권한이 없는 사람이 부동산매매계약서의 공인중개사란에 'OO부동산 대표 △△△(피고인의 이름)'라고 기재한 사안에서, 'OO부동산'이라는 표기는 단순히 상호를 가리키는 것이 아니라 독립한 사회적 지위를 가지고 활동하는 존재로 취급될 수 있으므로 자격모용사문서작성죄의 '명의인'에 해당한다.[81]

---

81) 대법원 2008.2.14. 선고 2007도9606 판결. 이 사건의 공소사실은 "피고인은, 사실은 대구 북구 매천동 (지번 1 생략)소재 ○○부동산사무실의 대표는 자신이 아니라 공소외 1임에도 2003.12.5.경 대구 북구 매천동 (지번 1 생략)소재 ○○부동산사무실에서, 행사할 목적으로 권한 없이, 그곳에 비치된 부동산매매계약서 용지의 부동산표시란에 '대구시 북구 매천동 (지번 2 생략)대지 364㎡(110평) 및 판넬구조 사무실 53㎡(16평)', 매매대금란에 '사억구천만원', 매도인란에 '대구시 북구 관음동 (지번 생략), 공소외 2', 공인중개사란에 '○○부동산대표 △△△(피고인의 이름임)' 등으로 기재한 다음 위 ○○부동산대표 △△△의 이름 옆에 자신의 도장을 날인하는 방법으로, ○○부동산대표 공소외 1의 자격을 모용하여 위 부동산매매계약서 1통을 작성하고, 그 자리에서 위와 같이 자격을 모용하여 작성한 계약서를 그 정을 모르는 공소외 3에게 마치 진정하게 성립한 것처럼 교부하여 이를 행사하였다"

(4) 위작 · 변작

전자기록은 엄격한 의미에서 '문서'의 유형으로 보기는 어렵다. 그러나 과학기술의 진보에 따라 사람의 관념과 의사표시를 기록한 매체로서 이미 사회적 신용물로 자리잡아가고 있는 현실을 반영하여 형법적 보호의 대상이 된 것이다. 문제는 이 새로운 신용대상에 대한 침해유형을 어떻게 구성할 것인가에 있다. 입법자는 '위작'과 '변작'이라는 개념을 선택했다. 일견하면 문서범죄의 위조 · 변조에 대칭적인 인상을 주는 용어라고 할 수 있다. 그렇지만 전자기록은 가시성과 가독성이 없고 작출과정도 문서와 달라 위조 · 변조의 용어만 대칭적으로 바뀐 것으로 볼 수 없다.

학설은 유형위조설과 무형위조설로 나뉘어 있다. 전자는 위작과 변작의 개념은 문서의 위조 · 변조에 상응하는 개념으로 이해하고, 사문서의 경우에는 유형위조만을 처벌하는 형법의 태도에 비추어 전자기록의 경우에도 작성권한 없는 자의 위조행위인

는 것이다. 1심과 2심은 "대표권을 가장하여 자격모용사문서작성죄가 성립하기 위해서는 적어도 피모용자가 대표권을 가지는 법인 혹은 단체를 전제로 하고, 또한 대리권을 가장하여 위 죄가 성립하기 위해서는 피모용자인 자연인과의 대리관계를 현명하여야 한다고 봄이 상당한바, 이 사건의 경우 피모용자인 '○○부동산'은 민법상의 법인, 권리능력 없는 사단 혹은 재단으로서의 성격을 가진다기보다는 단순히 부동산중개사무소의 상호일 뿐이고, 피고인이 '○○부동산대표 △△△'이라고 표시한 것은 피고인이 위 부동산 사무실을 직접 운영한다는 것을 나타낼 뿐 피고인이 위 부동산 사무실에 관하여 어떠한 대표권이 있음을 나타내는 것은 아니어서 자격모용사문서작성 및 동행사죄가 성립되지 않는다"는 이유로, 이 부분 공소사실에 대하여 무죄를 선고한 제1심판결을 그대로 유지하였다.

유형위조만을 의미한다고 한다.82) 후자에 의하면 전자기록은 일반적으로 표시주체가 결여되어 있고, 그 작성에 고도의 전문성·기술성·신뢰성을 요하여 작성권한 있는 자의 허위내용을 기록하는 경우에도 처벌할 필요가 있으므로 유형위조뿐만 아니라 무형위조도 포함된다고 한다.

그러므로 유형위조설에 따르면 위작이란 권한없이 전자기록을 만드는 것을 말하고, 변작이란 권한없이 이미 작성된 전자기록의 내용을 변경하는 것을 말한다. 그러나 무형위조설에 의하면 위작이란 처음부터 권한없이 기록을 작성하여 저장·기억시키는 경우는 물론 허위내용의 기록을 저장·기억시키는 경우를 말하고, 변작이란 권한없이 기존의 기록을 동일성을 해하지 않는 범위 내에서 부분적으로 고치거나 말소하여 기록을 변경하는 경우를 말한다.

관련판례

형법 제227조의2에서 위작의 객체로 규정한 전자기록은, 그 자체로는 물적 실체를 가진 것이 아니어서 별도의 표시·출력장치를 통하지 아니하고는 보거나 읽을 수 없고, 그 생성 과정에 여러 사람의 의사나 행위가 개재됨은 물론 추가 입력한 정보가 프로그램에 의하여 자동으로 기존의 정보와 결합하여 새로운 전자기록을 작출하는 경우도 적지 않으며, 그 이용 과정을 보아도 그 자체로서 객관적·고정적 의미를 가지면서 독립적으로 쓰이는 것이 아니라 개인 또는 법인

82) 유형위조설을 취하는 견해 중에도 공전자기록의 경우에는 공문서에 대한 무형위조도 처벌하는 것이 형법의 태도이므로 이에 맞추어 공전자기록 위작·변작에 무형위조도 포함시켜야 한다는 견해가 있다.

이 전자적 방식에 의한 정보의 생성 · 처리 · 저장 · 출력을 목적으로 구축하여 설치 · 운영하는 시스템에서 쓰임으로써 예정된 증명적 기능을 수행하는 것이므로, 위와 같은 시스템을 설치 · 운영하는 주체와의 관계에서 전자기록의 생성에 관여할 권한이 없는 사람이 전자기록을 작출하거나 전자기록의 생성에 필요한 단위 정보의 입력을 하는 경우는 물론 시스템의 설치 · 운영 주체로부터 각자의 직무 범위에서 개개의 단위정보의 입력 권한을 부여받은 사람이 그 권한을 남용하여 허위의 정보를 입력함으로써 시스템 설치 · 운영 주체의 의사에 반하는 전자기록을 생성하는 경우도 형법 제227조의2에서 말하는 전자기록의 '위작'에 포함된다.[83)]

(5) 허위작성 · 허위변개

허위작성이란 작성권한 있는 자가 그 권한 범위 내에서 진실에 반하는 허위내용을 기재하는 것을 말한다. 여기서 허위란 의사표시의 내용이 객관적 진실에 반하는 것을 의미하고, 그 내용은 사실 · 가치판단 · 의견을 불문한다. 또한 부작위에 의한 방법으로도 허위문서를 작성할 수 있다.

관련판례

사서증서 인증을 촉탁받은 공증인이 사서증서 인증서를 작성함에 있어, 당사자가 공증인의 면전에서 사서증서에 서명 또는 날인을 하거나 당사자 본인이나 그 대리인으로 하여금 사서증서의 서명 또는 날인이 본인의 것임을 확인하게 한 바가 없음에도 불구하고, 당사자가 공증인의 면전에서 사서증서에 서명 또는 날인을 하거나 본인이나 그 대리인이 사서증서의 서명 또는 날인이 본인의 것임

83) 대법원 2005.6.9. 선고 2004도6132 판결.

을 확인한 것처럼 인증서에 기재하였다면, 허위공문서작성죄의 죄책을 면할 수 없다. 공증담당 변호사가 법무사의 직원으로부터 인증촉탁서류를 제출받았을 뿐 법무사가 공증사무실에 출석하여 사서증서의 날인이 당사자 본인의 것임을 확인한 바 없음에도 마치 그러한 확인을 한 것처럼 인증서에 기재한 경우, 인증촉탁 대리인이 법무사일 경우 그 직원이 공증사무실에 촉탁서류를 제출할 뿐 법무사 본인이 사서증서의 날인 또는 서명이 당사자 본인의 것임을 확인하지 아니하는 것이 업계의 관행이라고 할지라도 그와 같은 업계의 관행이 정당하다고 볼 수 없어 허위공문서작성죄가 성립한다.[84)]

민원인 또는 작성권한없는 공무원의 허위신고에 기해 공무원이 허위로 문서를 작성한 경우에, 작성공무원이 실질적 심사권을 가지고 있는 경우[85)]에는 작성권자가 그 신고내용이 허위인 정을 알고도 이를 기재하여 문서를 작성한 경우는 허위작성에 해당한다. 그러나 작성공무원이 형식적 심사권만 가진 경우[86)]에는 견해가 대립하고 있다. 작성공무원이 비록 형식적 심사권만가지고 있다 할지라도 신고사실이 허위임을 안 경우에는 그 서류접수 기재를 거부 할 수 있고, 허위내용이 기재되면 공문서에 대한 공공의 신용이 저해될 수 있기 때문에 허위작성을 인정하는 견해와 작성공무원은 일정한 형식과 요건을 구비한 신고가 있으면 신고사실이 허위라는 사실을 알았다하더라도 작성공무원은 신고에 따른 문서작성의 직무상 의무가 있으므로 허위작성이라고 할 수

---

84) 대법원 2007.1.25. 선고 2006도3844 판결.
85) 예컨대 가옥재장이나 토지대장을 기재하는 공무원이 이에 해당한다.
86) 예컨대 등기부를 기재하는 공무원이 이에 해당한다.

없다는 견해가 있다. 판례는 신고사항이 허위인 것을 알고 있으면서 고의로 신고인의 뜻을 받아 이를 호적부에 기재한 경우에는 허위작성을 인정하고 있다.[87]

허위변개란 작성권한 있는 공무원이 진정하게 작성된 기존문서의 내용을 허위로 고치는 것을 말한다. 진정하게 작성된 기존문서의 내용을 변경한다는 점에서는 '변조'와 유사하지만 작성권한있는 자의 변경이라는 점에서 구별된다. 또한 작성권한 있는 자의 행위라는 점에서는 '허위작성'과 동일하나 기존문서의 내용의 동일성을 해하지 않는 범위 내에서의 허위변경이라는 점에서 처음부터 허위작성하는 경우와 구별된다.

(6) 부실기재 또는 기록

형법 제228조 공정증서원본부실기재죄의 행위는 공무원에 대하여 허위신고를 하여 부실의 사실을 기재하게 하는 것이다. 부실기재의 주체는 공무원이다. 여기서 공무원은 공정증서원본 등에 신고사실을 기재·기록할 수 있는 권한을 가진 공무원을 말한다. 공무원은 기재사실이 부실임을 알지 못해야 한다. 만일 그 정을 알면서 기재·기록한 경우에는 허위공문서작성죄가 성립하고, 신고자는 가담형태에 따라 공동정범·교사범·종범이 된다. 허위신고는 일정한 사실의 존부에 대해서 진실에 반하는 신고를 말한다. 신고내용이 허위인 경우뿐만 아니라 등기명의인이 아닌 자가 명의인의 자격을 사칭하여 소유권이전등기신청을

87) 대법원 1977.12.27. 선고 77도2155 판결.

한 경우와 같이 신고인의 자격을 사칭하는 경우도 허위신고에 해당한다.

부실사실의 기재·기록은 공정증서원본이 증명하는 사항과 관련하여 중요한 부분에서 객관적 진실에 반하는 사실을 기재·기록하게 하는 것을 말한다. 그러므로 중요부분을 사실과 달리 기재하거나 반대로 기재한 경우에는 부실기재가 된다. 그러나 기재사실이 무효나 부존재에 해당하는 하자가 있다면 그 기재는 부실기재가 되지만 그것이 객관적으로 존재하는 사실이고 취소사유에 해당하는 하자가 있을 뿐인 경우에는 그 취소되기 전에 신고가 되어 공정증서원본에 기재된 경우에는 부실기재라고 할 수 없다.

관련판례

피고인의 시조부인 A가 그 소유인 토지를 동생인 B에게 증여하고, B는 이를 C에게 매도하였으나 아직 그 소유권이전등기가 경료되지 아니한 상태에서 A가 사망하였는데, 피고인은 A의 공동상속인들 중 위 증여 및 매도사실을 모르는 공동상속인들을 기망하여 그들의 각 상속지분을 피고인에게 증여한다는 증여계약서 및 그에 기한 토지소유권이전등기신청서를 작성하게 하여 등기소 등기공무원에게 제출함으로써 이 사건 토지의 등기부에 위 상속권자들의 지분 286분의 182를 피고인 앞으로 소유권이전등기가 경료되게 하여 공정증서원본에 불실의 사실을 기재하고, 그 등기부를 위 등기소에 비치하게 하여 이를 행사하였다는 사실로 기소되었다. 대법원은 공소사실 자체에 의하더라도 위 상속권자들의 지분 286분의 182에 관한 피고인 명의의 소유권이전등기의 원인행위인 증여계약은 객관적으로 존재하는 것이므로, 설사 거기에 취소사유에 해당되는 위와 같은 기망이라는 하자가 있다고 하더라도 이를 이유로 그 증여계약이 취소되지 아니한 이상 피고인이 등기공무원에게 허위의 사실을 신고하여 등기부에 불실의 사실을 기재하게 한 것이라고 할 수 없다고 판시하였다.[88]

부동산거래와 같은 재산적 법률행위에 기한 등기신청행위는 통정의 허위표시라 하더라도 신고 자체에 당사자의 의사합치가 있는 이상 부실기재에 해당하지 않는다. 그러나 혼인이나 이혼과 같은 신분적 법률행위를 신고하는 경우에는 그 신고 자체에 의사의 합치가 있더라도 해당 법률행위의 민법적 효력여하에 따라 부실기재여부가 달라진다.[89]

관련판례

피고인들이 중국 국적의 조선족 여자들과 참다운 부부관계를 설정할 의사 없이 단지 그들의 국내 취업을 위한 입국을 가능하게 할 목적으로 형식상 혼인하기로 한 것이라면, 피고인들과 조선족 여자들 사이에는 혼인의 계출에 관하여

---

88) 대법원 2004.9.24. 선고 2004도4012 판결.

89) 예를 들어 민법 제815조 제1호는 "당사자간에 혼인의 합의가 없는 때에는 혼인은 무효로 한다"고 규정하고 있다. 대법원은 '혼인의 합의가 없는 때'에 대해서 당사자간에 사회관념상 부부라고 인정되는 정신적, 육체적 결합을 생기게 할 의사를 갖고 있지 않은 경우를 가리킨다고 해석할 것이고 따라서 비록 혼인의 계출 자체에 관하여 당사자간에 의사의 합치가 있고 나아가 당사자간에 일응 법률상의 부부라는 신분관계를 설정할 의사는 있었다고 인정되는 경우에도 그것이 단지 다른 목적을 달성하기 위한 방편에 불과한 것으로서 그들 간에 참다운 부부관계의 설정을 바라는 효과의사가 없는 경우에는 혼인은 그 효력이 없다고 해석한다(대법원 1985.9.10. 선고 85도1481 판결).

는 의사의 합치가 있었으나 참다운 부부관계의 설정을 바라는 효과의사는 없었다고 인정되므로 피고인들의 혼인은 우리나라의 법에 의하여 혼인으로서의 실질적 성립요건을 갖추지 못하여 그 효력이 없고, 따라서 피고인들이 중국에서 중국의 방식에 따라 혼인식을 거행하였다고 하더라도 우리나라의 법에 비추어 그 효력이 없는 혼인의 신고를 한 이상 피고인들의 행위는 공정증서원본불실기재 및 동행사 죄가 성립한다.[90]

비교판례

피고인들이 해외로 이주할 목적으로 이혼신고를 하였다 하더라도 일시적이나마 이혼할 의사가 있었다고 보여지므로 혼인 및 이혼의 효력발생여부에 있어서 형식주의를 취하는 이상 피고인 등의 이혼신고는 유효함으로 공정증서원본불실기재 및 동행사 죄가 성립하지 않는다.[91]

기재절차에 하자가 있거나 등기의 원인관계가 실제와 다르다고 하더라도 기재 또는 기록 내용의 중요부분이 당사자의 의사에 합치되거나 실체권리관계와 부합하는 때에는 부실의 기재·기록이 아니다. 따라서 중간생략등기는 등기부의 기재내용이 당사자의 의사 및 실체법률관계와 합치되므로 부실기재에 해당하지 않는다. 그리고 실체권리관계와의 부합여부는 소유권이전등기 경료 당시를 기준으로 판단한다.

90) 대법원 1996.11.22. 선고 96도2049 판결.
91) 대법원 1976.9.14. 선고 76도107 판결.

비교판례

소유권이전등기가 절차상 하자가 있거나 등기원인이 실제와 다르다 하더라도 그 등기가 실체적 권리관계에 부합하게 하기 위한 것이거나 실체적 권리관계에 부합하는 유효한 등기인 경우에는 공정증서원본불실기재 및 동행사죄가 성립되지 않는다고 할 것이나, 이는 소유권이전등기 경료 당시를 기준으로 그 등기가 실체권리관계에 부합하여 유효한 경우에 한정되는 것이다. 소유권이전등기 경료 당시에는 실체권리관계에 부합하지 아니한 등기인 경우에는 사후에 이해관계인들의 동의 또는 추인 등의 사정으로 실체권리관계에 부합하게 된다 하더라도 공정증서원본불실기재 및 동행사죄의 성립에는 아무런 영향이 없다.[92]

(7) 위조 · 변조 · 허위작성문서 등 행사

행사란 위조·변조 또는 허위작성된 문서 등을 진정문서 또는 내용이 진실한 문서인 것처럼 사용하는 것을 말한다. 문서의 내용을 상대방이 인식할 수 있는 상태에 두는 것이면 그 방법에는 재한이 없다. 그러므로 제시나 교부 또는 송부 뿐만 아니라, 비치하거나 열람상태에 두는 것도 행사에 해당한다. 예를 들어 위조사문서의 행사는 상대방으로 하여금 위조된 문서를 인식할 수 있는 상태에 둠으로써 기수가 되고 상대방이 실제로 그 내용을 인식하여야 하는 것은 아니므로, 위조된 문서를 우송한 경우에는 그 문서가 상대방에게 도달한 때에 기수가 되고 상대방이 실제로 그 문서를 보아야 하는 것은 아니다.

행사의 상대방에도 특별한 제한이 없다. 다만 위조통화행사

---

92) 대법원 1998.4.14. 선고 98도16 판결.

나 위조유가증권행사와는 달리 위조·변조 또는 허위작성된 문서의 행사에 있어서 상대방은 위조 내지 변조 등의 문서라는 정을 알지 못하는 자임을 요한다.

관련판례

위조문서행사죄에 있어서의 행사는 위조된 문서를 진정한 것으로 사용함으로써 문서에 대한 공공의 신용을 해칠 우려가 있는 행위를 말하므로, 행사의 상대방에는 아무런 제한이 없고 위조된 문서의 작성 명의인이라고 하여 행사의 상대방이 될 수 없는 것은 아니며, 다만 문서가 위조된 것임을 이미 알고 있는 공범자 등에게 행사하는 경우에는 위조문서행사죄가 성립될 수 없다.[93)]

판례는 컴퓨터 모니터 화면상의 이미지 및 이미지 파일의 문서성을 부인하면서도 컴퓨터에 연결된 스캐너(scanner)로 읽어들여 이미지화한 다음 이를 전송하여 컴퓨터 화면상에서 보게 하는 경우도 행사에 해당하여 위조문서행사죄가 성립한다고 한다. 문서성이 없는 경우에도 위조문서가 되어 이를 행사한 경우에 해당한다는 판례의 태도는 납득하기 어렵다. 위조문서행사죄에 있어서 행사는 위조된 문서를 진정한 문서인 것처럼 그 문서의 효용방법에 따라 이를 사용하는 것을 말하고, 위조된 문서를 제시 또는 교부하거나 비치하여 열람할 수 있게 두거나 우편물로 발송하여 도달하게 하는 등 위조된 문서를 진정한 문서인 것처럼 사용하는 한 그 행사의 방법에 제한이 없다고 하더라도, 문

93) 대법원 2005.1.28. 선고 2004도4663 판결.

서의 본질적인 기능형태인 계속성이 없어 문서성을 부인하면서도 이를 위조문서행사죄로 포섭하는 것은 타당하지 않다.

관련판례

공소사실의 요지는 "① 피고인은 2006. 11. 25.경 진주시에 있는 '차 없는 거리' 피씨방에서 인터넷 쇼핑사이트인 'G-마켓'에 들어가 휴대전화기 구입신청을 하면서, 인터넷상에 게시된 케이. 티. 에프.(KTF) 신규 가입신청서 양식에 컴퓨터를 이용하여 공소외 1의 인적사항 및 그 계좌번호, 청구지 주소 등을 각 입력하고 이를 출력한 다음, 그 신청서 용지 하단 고객명란과 서명란에 '공소외 1'이라고 각 기재함으로써, 행사할 목적으로 권한 없이 권리의무에 관한 사문서인 공소외 1명의로 된 휴대전화 신규 가입신청서 1장을 위조하고, ② 위와 같은 일시, 장소에서 위와 같이 위조한 휴대전화 가입신청서를 사본, 이미지화한 다음, 이메일로 그 위조사실을 모르는 공소외 2에게 마치 진정하게 성립된 것처럼 그 신청서를 전송하여 위조한 사문서를 행사하였다."는 것인바, 제1심은 위 사문서위조의 점에 대하여는 유죄를, 위 위조사문서행사의 점에 대하여는 무죄를 선고하였으며,[94] 원심은, 위조한 휴대전화 가입신청서를 스캔하여 만든 이미지는 전자기록인 이미지 파일을 보기 위한 프로그램을 실행할 경우에 그때마다 순간적으로 화면이 전자적 반응을 일으켜 영상을 만들어 내는 것에 지나지 않아 이를 문자 등이 계속적으로 화면에 고정된 것이라고 할 수 없으므로 위 화면상의 이미지를 문서라고 할 수 없고, 그와 같은 이미지를 전송하여 타인으로 하여금 컴퓨터 모니터로 보게 하였다 하여 이를 위조된 문서의 행사라고 할 수도 없으며, 또한 행사는 위조된 문서 자체 내지는 기계적 방법에 의하여 복사된 사본에 대한 것임을 요하는바, 이 사건의 경우 공소외 2에게 전송되어 제시된 것은 위 이미지일 뿐 위조된 휴대전화 가입신청서 자체는 아니므로 이 부분 공소사실을 두고 이미 존재하고 있는 위조사문서를 행사하는 하나의 방법이라고 볼 수 없다

94) 춘천지방법원 원주지원 2008.1.8. 선고 2007고단558 판결.

는 이유로, 위 위조사문서행사의 점에 대하여 무죄를 선고한 제1심판결을 그대로 유지하였다[95]

대법원은 위조문서행사죄에 있어서 행사라 함은 위조된 문서를 진정한 문서인 것처럼 그 문서의 효용방법에 따라 이를 사용하는 것을 말하고, 위조된 문서를 제시 또는 교부하거나 비치하여 열람할 수 있게 두거나 우편물로 발송하여 도달하게 하는 등 위조된 문서를 진정한 문서인 것처럼 사용하는 한 그 행사의 방법에 제한이 없으며, 또 위조된 문서 그 자체를 직접 상대방에게 제시하거나 이를 기계적인 방법으로 복사하여 그 복사본을 제시하는 경우는 물론, 이를 모사전송의 방법으로 제시하거나 컴퓨터에 연결된 스캐너(scanner)로 읽어 들여 이미지화한 다음 이를 전송하여 컴퓨터 화면상에서 보게 하는 경우도 행사에 해당하여 위조문서행사죄가 성립한다고 할 것이라고 판시하였다.[96]

(8) 부정행사

부정행사란 사용할 권한이 없는 자가 그 문서명의자로 가장 행세하여 이를 사용하거나 또는 사용할 권한이 있더라도 그 문서를 본래의 작성목적 이외의 다른 사실을 직접 증명하는 용도에 이를 사용하는 것을 말한다.

사문서부정행사죄는 '권리·의무 또는 사실증명에 관한 타인의 진정문서 또는 도화'를 부정행사하는 것이다. 이때에 부정행사는 사용권한자와 용도가 특정된 사문서여야 한다.

---

95) 춘천지법 2008.5.30. 선고 2008노72 판결.

96) 대법원 2008.10.23. 선고 2008도5200 판결. 이 대법원 판결은 대법원 2007.11.29. 선고 2007도7480 판결과 모순되는 결론을 내리고 있다. 이미지파일의 문서성을 부인하는 것은 동일하지만, 전자의 판결에서는 '전송하여 컴퓨터 화면상으로 보게 한 행위'를 '행사'에 포섭하고 있다.

관련판례

실질적인 채권채무관계 없이 당사자 간의 합의로 작성한 '차용증 및 이행각서'는 그 작성명의인들이 자유의사로 작성한 문서로 그 사용권한자가 특정되어 있다고 할 수 없고 또 그 용도도 다양하므로, 설령 피고인이 그 작성명의인들의 의사에 의하지 아니하고 위 '차용증 및 이행각서'상의 채권이 실제로 존재하는 것처럼 그 지급을 구하는 민사소송을 제기하면서 소지하고 있던 위 '차용증 및 이행각서'를 법원에 제출하였다고 하더라도 그것이 사문서부정행사죄에 해당하지 않는다.[97]

관련판례

사용자에 관한 각종 정보가 전자기록되어 있는 자기띠가 카드번호와 카드발행자 등이 문자로 인쇄된 플라스틱 카드에 부착되어 있는 전화카드의 경우 그 자기띠 부분은 카드의 나머지 부분과 불가분적으로 결합되어 전체가 하나의 문서를 구성하므로, 전화카드를 공중전화기에 넣어 사용하는 경우 비록 전화기가 전화카드로부터 판독할 수 있는 부분은 자기띠 부분에 수록된 전자기록에 한정된다고 할지라도, 전화카드 전체가 하나의 문서로서 사용된 것으로 보아야 하고 그 자기띠 부분만 사용된 것으로 볼 수는 없으므로 절취한 전화카드를 공중전화기에 넣어 사용한 것은 권리의무에 관한 타인의 사문서를 부정행사한 경우에 해당한다.[98]

사용할 권한이 있는 자가 '본래의 용도외의 다른 목적으로' 사용하는 경우도 부정행사에 해당하는가에 대해서는 견해의 대립이 있다. 판례는 원칙적으로 사용할 권원이 있다 하더라도 문

---

97) 대법원 2007.3.30. 선고 2007도629 판결.
98) 대법원 2002.6.25. 선고 2002도461 판결.

서를 본래의 작성 목적 이외의 다른 사실을 직접 증명하는 용도에 이를 사용하는 경우에는 부정사용이 될 수 있다고 하고 있다.[99] 이에 대해서 다수의 견해는 '행사'란 문서의 용도에 따른 사용으로서 문서의 기능적 이용이란 점은 '일반'행사이건, '부정'행사이건 동일하지만, '부정'행사는 특히 사용할 권한이 없는 자의 이용을 의미하는 것으로 본다. 따라서 '사용권한 있는 자'의 이용은 '부정'개념에 포함될 수 없고, '용도 외의 사용'은 기능적 이용을 의미하는 '행사'개념에 포함될 수 없기 때문에 '사용권한 있는 자의 용도 외 사용'은 부정행사가 되지 않는다고 한다.

공문서부정행사죄에서 부정사용의 의미는 사문서부정행사죄에서 부정사용과 같다. 그런데 사용권한 있는 자의 용도 내 사용은 문제될 것이 없지만, 공문서 본래의 용도와 다른 목적으로 사용권한 있는 자가 사용한 경우에 부정행사가 되는지에 대해서는 견해대립이 있다. 사문서와 달리 공문서는 그 사용용도가 사회일반인에게 주지되어 있기 때문에 공문서의 '용법'에 대한 공공의 신용을 보호할 필요가 있으므로 이 경우에도 부정행사가 된다는 견해와 공문서의 용도가 불명확하고, 개별적·구체적인 용도에 따라 본죄의 성립을 판단할 경우에는 판단자의 자의가 개입될 우려가 있으므로 부정행사로 볼 수 없다는 견해가 있다.

---

99) 대법원 1985.5.28. 선고 84도2999 판결 : 그러나 이 판결의 사안에 대해서 대법원은 현금보관증이 자기 수중에 있다는 사실 자체를 증명키 위하여 증거로서 법원에 제출하는 행위는 사문서의 부정행사에 해당되지 않는다고 하였다.

관련판례

공문서부정행사죄는 사용권한자와 용도가 특정되어 작성된 공문서 또는 공도화를 사용권한 없는 자가 사용권한이 있는 것처럼 가장하여 부정한 목적으로 행사하거나 또는 권한 있는 자라도 정당한 용법에 반하여 부정하게 행사하는 경우에 성립되는 것이다.[100]

사용권한 없는 자가 공문서의 본래의 용도대로 사용한 경우가 전형적인 공문서부정사용죄에 해당하는 것은 당연하다. 그러나 구체적 사안에서 '본래의 용도'인지 '본래의 용도 외'인지에 대한 해석상 논란이 있다.

관련판례

피고인이 폭력행위등처벌에관한법률위반죄의 현행범으로 체포되어 경찰에서 조사를 받던 중 신분확인을 위하여 신분증명서의 제시를 요구받고 자신의 인적사항을 속이기 위하여 전에 길에서 주어 가지고 있던 타인의 운전면허증을 마치 피고인의 운전면허증인 것처럼 제시한 사안에서,

[다수의견]

운전면허증은 운전면허를 받은 사람이 운전면허시험에 합격하여 자동차의 운전이 허락된 사람임을 증명하는 공문서로서, 운전면허증에 표시된 사람이 운전면허시험에 합격한 사람이라는 '자격증명'과 이를 지니고 있으면서 내보이는 사람이 바로 그 사람이라는 '동일인증명'의 기능을 동시에 가지고 있다. 운전면허증의 앞면에는 운전면허를 받은 사람의 성명・주민등록번호・주소가 기재되

100) 대법원 1998.8.21. 선고 98도1701 판결.

고 사진이 첨부되며 뒷면에는 기재사항의 변경내용이 기재될 뿐만 아니라, 정기적으로 반드시 갱신교부되도록 하고 있어, 운전면허증은 운전면허를 받은 사람의 동일성 및 신분을 증명하기에 충분하고 그 기재 내용의 진실성도 담보되어 있다. 그럼에도 불구하고 운전면허증을 제시한 행위에 있어 동일인증명의 측면은 도외시하고, 그 사용목적이 자격증명으로만 한정되어 있다고 해석하는 것은 합리성이 없다. 인감증명법상 인감신고인 본인 확인, 공직선거및선거부정방지법상 선거인 본인 확인, 부동산등기법상 등기의무자 본인 확인 등 여러 법령에 의한 신분 확인절차에서도 운전면허증은 신분증명서의 하나로 인정되고 있다. 또한 주민등록법 자체도 주민등록증이 원칙적인 신분증명서이지만, 주민등록증을 제시하지 아니한 사람에 대하여 신원을 증명하는 증표나 기타 방법에 의하여 신분을 확인하도록 규정하는 등으로 다른 문서의 신분증명서로서의 기능을 예상하고 있다. 한편 우리 사회에서 운전면허증을 발급받을 수 있는 연령의 사람들 중 절반 이상이 운전면허증을 가지고 있고, 특히 경제활동에 종사하는 사람들의 경우에는 그 비율이 훨씬 더 이를 앞지르고 있으며, 금융기관과의 거래에 있어서도 운전면허증에 의한 실명확인이 인정되고 있는 등 현실적으로 운전면허증은 주민등록증과 대등한 신분증명서로 널리 사용되고 있다. 따라서, 제3자로부터 신분확인을 위하여 신분증명서의 제시를 요구받고 다른 사람의 운전면허증을 제시한 행위는 그 사용목적에 따른 행사로서 공문서부정행사죄에 해당한다고 보는 것이 옳다.

[반대의견]

공문서부정행사죄는 사용목적이 특정된 공문서의 경우에 그 사용명의자 아닌 자가 사용명의자인 것으로 가장하여 그 사용목적에 따른 행사를 하여야 성립하는 것인바, 운전면허증의 본래의 사용목적은 자동차를 운전할 때에 이를 지니고 있어야 하고 운전 중에 경찰공무원으로부터 제시를 요구받은 때에 이를 제시하는 데 있는 것일 뿐, 그 소지자의 신분의 동일성을 증명하는 데 있는 것은 아니므로, 제3자로부터 신분확인을 위하여 신분증명서의 제시를 요구받고 다른 사람의 운전면허증을 제시한 행위는 운전면허증의 사용목적에 따른 행사라고 할 수는 없고, 따라서 공문서부정사용죄가 성립하지 아니한다. 형법 제230조는 공문서부정행사죄의 구성요건으로 '공무원 또는 공무소의 문서 또는 도화를 부정행사한 자'라고만 규정하여, 문언상으로는 모든 공문서가 행위의 객체에 포함되고 그 사용권한자와 용도가 특정되었는지 여부는 묻지 않는 것으로 되어 있으나, 그 사용권한자와 용도를 특정할 수 없는 공문서의 경우에는 그 부정행사의 개념조차 특정하기 어려워 과연 그러한 경우에도 부정행사죄가 성립될 수 있는지조차 의문시되고, 만일 이를 긍정할 경우 처벌범위가 지나치게 확대될 위험이 있다. 범죄의 구성요건이 추상적이거나, 모호한 개념으로 이루어지거나 또는 그 적용 범위가 너무 광범위하고 포괄적이어서 불명확하게 되어 통상의 판단능력을 가진 국민이 그에 의하여 금지된 행위가 무엇인가를 알 수 없는 경우에는 죄형법정주의의 원칙에 위배된다. 무릇 어떠한 공문서가 일정한 자격을 받은 사람임을 증명하려면 그 사람이 자격을 취득하였다는 사실과 더불어 그 동일성을 확인하는 데 필요한 인적사항이 기재되고 사진도 첨부되어야 할 것이므로, 자격증명에는 언제나 동일인증명이 내재되기 마련이다. 이와 같이 자격증명을 위한 공문서에 동일인증명의 기능이 내재되어 있다고 하여 그 본래의 사용목적이 소지자 신분의 동일성을 증명하는 데 있다고 볼 수는 없는 것이다. 주민등록법 제17조의9의 규정 등에 의하면, 주민등록증을 17세 이상의 자에 대한 일반적인 신분증명서로서 규정하고 있음에 비하여, 도로교통법 제68조 등의 규정에 의하면, 운전면허증은 운전면허시험에 합격하여 자동차의 운전이 허락된 자임을 증명하는 공문서로서 그 본래의 사용용도가 운전 중에 경찰공무원으로부터 그 제시를 요구받으면 이를 제시하여 자동차의 운전이 허가된 자임을 증명하도록 그 사용목적이 특정되어 있다. 그 소지자의 인적사항 확인은 자격증명에 따르는 부수적인 기능에 지나지 아니하는 것이다. 현실 거래와 일부 법령이 정한 분야에서 운전면허증이 그 소지자의 인적사항을 확인하는 데 사용되고는 있지만, 이는 어디까지나 운전면허증의 사실적 내지 부수적 용도에 불과하고 본래의 용도라고 할 수 없으며, 그러한 용도로서 널리 사용된다는 사정만으로 사실적 용도 내지 부

> 수적 용도가 본래의 용도로 승화된다고 할 수는 없다. 이러한 사정은 운전면허증 외에도 일정한 자격의 증명에 관한 공문서들로서 여권, 공무원증, 사원증, 학생증 등의 경우에도 마찬가지이다. 그럼에도 불구하고 어떠한 공문서가 그 본래의 사용목적 이외의 용도로 널리 사용된다는 등의 이유를 들어 그러한 사실상 내지 부수적 용도도 본래의 사용목적에 포함된다고 본다면 그 부정행사로 인한 처벌범위가 크게 확대될 것이고, 이는 죄형법정주의의 원칙에 따라 공문서부정행사죄의 행위 객체와 태양을 제한적으로 해석함으로써 그 처벌범위를 합리적인 범위 내로 제한하여 온 종전 판례들과 실질적으로 저촉된다. 문서에 관한 죄는 본래 그 내용이든 형식이든 문서의 진정성립에 대한 사회 일반의 신용을 보호하려는 것인데, 일단 진정하게 성립된 문서의 행사는 그 자체만으로 이와 같은 법익을 침해한다고 보기 어려울 뿐만 아니라, 그 행사로 인하여 다른 법익이 침해되었다면 그 법익 침해에 관한 죄로 처벌할 수 있으므로, 진정한 문서의 행사를 제한 없이 처벌할 필요성이 크다고 하기도 어렵다.[101]

사용권한 없는 자가 공문서 본래의 용도 이외의 다른 용도로 사용한 경우가 부정행사에 해당하는지에 대해서도 논란이 되고 있다. 긍정하는 입장은 사용권한 없는 자가 그 문서의 용도 이외의 용도로 사용할 경우에도 문서의 증명기능에 대한 공공의 신뢰가 침해될 위험성이 있으므로 부정행사에 포함된다고 하는 반면에, 부정행사에서의 사용은 본래의 사용용도에 따른 공문서의 사용만을 지칭하는 것으로 축소해석하여야 하므로 부정행사가 될 수 없다는 입장이 대립되어 있다.

---

101) 대법원 2001.4.19. 선고 2000도1985 전원합의체판결.

관련판례

피고인이 이동전화기대리점 직원에게 기왕에 습득한 A의 주민등록증을 내보이고 A가 피고인의 어머니인데 어머니의 허락을 받았다고 속여 동인의 이름으로 이동전화 가입신청을 하거나, 습득한 B의 주민등록증을 내보이면서 B가 피고인의 누나인데 이동전화기를 구해오라고 하였다고 속이고 피고인의 이름을 가명으로 하여 이동전화 가입신청을 하면서 그 때마다 이동전화기를 교부받았다고 하더라도, 피고인이 A 또는 B의 주민등록증을 사용한 것이 타인의 주민등록증을 그 본래의 사용용도인 신분확인용으로 사용한 것이라고 볼 수 없어 공문서부정행사죄가 성립하지 아니한다.102)

제4절 인장에 관한 죄

1. 인장의 사회적 의미

인장에 관한 죄는 행사할 목적으로 인장·서명·기명·기호를 위조 또는 부정사용하거나, 위조 또는 부정사용한 인장·서명·기명·기호를 행사함으로써 성립하는 범죄이다. 인장(印章)이란 특정인의 인격과 그 동일성을 증명하기 위하여 사용되는 일정한 상형(象形)을 말한다. 상형은 반드시 성명일 것을 요하지 않는다. 별명·약칭도 무방하다. 또한 상형은 반드시 문자로 표시할 필요가 없으므로 지장(指章)·무인(拇印)·도형도 인장에 속한다.

법사회학적 관점에서 한국사회의 문서작성의 특징은 인장을

102) 대법원 2003.2.26. 선고 2002도4935 판결.

함께 사용한다는 점이다. 한국사회에서 문서를 통한 법적거래의 대중화는 19세기 들어 시작되었다. 엄격한 신분사회를 구성하였던 그 이전의 한국사회에서는 문서작성에 의한 증명기능은 지배계층 사이에서만의 도구에 불과하였으므로 상징적 의미는 별론으로 하고 문서범죄의 처벌은 필요성이 사실상 그다지 높지는 않았다. 위조에 관한 죄의 역사적인 발전과정을 살펴보면, 현재와 달리 주로 인장위조와 화폐위조를 중심으로 구성되어 있음을 발견할 수 있다. 조선시대의 경국대전(1471년)에 나타난 문서와 관련된 조문에 따르면 "관인을 위조한 자는 비록 그 인장의 문안이 완성되지 못하였더라도 참형에 처하고, 그 처자는 영구히 각 고을에서 노비로 삼는다. 범인을 체포하거나 관에 고발한 자에게는 범인의 재산을 상으로 준다. 화폐를 위조한 자는 교수형에 처하고 그 범인을 체포하거나 고발한 자는 관에서 상으로 정포(품질이 좋은 삼베) 250필을 주고 그 외에 범인 소유의 재산을 준다"고 규정하고 있었다. 이에 따르면 인신(印信: 나무나 쇠붙이 또는 돌로 글자를 새기어 신빙증거로 삼는 것으로서 왕이 쓰는 것은 璽(새), 관에서 쓰는 것은 印(인)이라 하였다), 관인 내지 공인을 위조한 자는 목을 베어 죽이는 극형인 참형(斬刑)에 처하였다. 비록 위조문안을 완성하지 못하고 미수에 그친 경우에도 마찬가지로 다스렸다. 인장위조를 살인에 준하여 중형으로 다스린 것은 관의 권위에 대한 도전행위를 차단하고 공문서의 신용을 높이기 위한 배려에서였다.

그러나 1960년부터 시작된 급격한 경제성장에 힘입어 한국사회는 자본주의 시장경제체제에 의해 신속하고 정확한 거래사회로 나아가게 되어 문서의 사회·경제적기능은 불가결한 것이 되었다. 이와 같이 한국사회에서 대중화된 문서를 통한 증명거래에서 전통적으로 중요하게 사용되어 온 인장제도는 여전히 일반인의 문서작성관행을 지배하는 하나의 관행으로 그 중요한 의미를 가지고 있다.

대부분의 문서에는 서명·날인이라는 형식이 요구되고 있고, 서명의 관행보다 인장을 통한 날인의 관행이 문서에서 중요하게 기능하고 있다. 이러한 관행으로 인하여 개인들은 자기의 유효한 인장을 관공서에 등록하고 법적거래에서 중요한 문서에 날인함으로써 문서의 진정성을 보장하고 위조로 인한 침해를 보장받고 있다. 물론 인장에 관한 죄가 문서죄와 별도로 규정되어 인장의 위조를 보호하고 있지만, 이러한 전통적이고 오래된 문서작성의 관행은 작성명의인의 서명보다 작성명의인의 인장을 문서의 진정성의 확인을 위해서 더 중요한 요소로 인식하고 있다.

2. 개별적인 쟁점

(1) 사인 등 위조죄

인장위조란 권한없이 타인의 인장·서명·기명·기호를 작출하거나 물체상에 현출·기재하는 것을 말한다. 그 정도는 일반인으로 하여금 명의인의 진정한 인장·서명·기명·기호로 오신케 할 정도이면 된다. 문서위조와 마찬가지로 명의인이 실재할 것을 요구하지 않는다.

관련판례

사인위조죄가 성립하기 위해서는 그 인장이 일반인으로 하여금 특정인의 진정한 인장으로 오신하게 할 정도에 이르러야 할 것이고, 일반인이 특정인의 진정한 인장으로 오신하기에 충분한 정도인지 여부는 그 인장의 형식과 외관, 작성경위 등을 고려하여야 할 뿐만 아니라 그 인장이 현출된 문서 등에 있어서의 인장 현출의 필요성, 그 문서 등의 작성경위, 종류, 내용 및 일반거래에 있어서 그 문서 등이 가지는 기능 등도 함께 고려하여 판단하여야 할 것이다. 이 사안에서 아파트 주민대표회 간부들이, 동대표로 당선된 공소외 甲이 사실은 대학을 졸업하지 않았음이 사립대학 교무처장 명의로 된 학력조회 회보서를 통해 확인되자, 甲의 허위학력 사실을 아파트 주민들에게 공고문 형식으로 알리면서 그 공고문의 신뢰성 제고를 위해 공고문 안에 대학 교무처장 명의의 직인을 함께 나타내어 사(私)인장인 위 직인을 위조한 것은 사인위조죄에 해당한다.[103)]

관련판례

어떤 문서에 권한 없는 자가 타인의 서명을 기재하는 경우에는 그 문서가 완성되기 전이라도 일반인으로서는 그 문서에 기재된 타인의 서명을 그 명의인의 진정한 서명으로 오신할 수도 있으므로, 일단 서명이 완성된 이상 문서가 완성되지 아니한 경우에도 서명의 위조죄는 성립할 수 있는 것이다. 그리고 수사기관이 수사대상자의 진술을 기재한 후 진술자로 하여금 그의 면전에서 조서의 말미에 서명 등을 하도록 한 후 그 자리에서 바로 회수하는 수사서류의 경우에는, 그 진술자가 그 문서에 서명을 하는 순간 바로 수사기관이 열람할 수 있는 상태에 놓이게 되는 것이므로, 그 진술자가 마치 타인인 양 행세하며 타인의 서명을 기재한 경우 그 서명을 수사기관이 열람하기 전에 즉시 파기하였다는 등의 특별한 사정이 없는 이상 그 서명 기재와 동시에 위조사서명행사죄가 성립하는

103) 대법원 2010.1.14. 선고 2009도5929 판결.

것이며, 그와 같이 위조사서명행사죄가 성립된 직후에 수사기관이 위 서명이 위조된 것임을 알게 되었다고 하더라도 이미 성립한 위조사서명행사죄를 부정할 수 없다 할 것이다.[104)]

---

104) 대법원 2005.12.23. 선고 2005도4478 판결 : 원심법원은 피고인에게 무죄를 선고하였으나 대법원이 무죄부분을 파기한 판결이다. 이 사건 공소사실의 요지는 피고인이 음주 및 무면허운전으로 경찰서에서 조사 받음에 있어 조카인 甲으로 행세하며 조사를 받은 다음, 행사할 목적으로 권한 없이 피의자신문조서에 위 甲의 이름을 기재하여 사서명을 위조하고, 그 정을 모르는 경찰관에게 위와 같이 사서명이 위조된 피의자신문조서를 마치 진정하게 성립한 것처럼 교부하여 이를 행사하였던 것인데, 이에 대하여 원심은, 피고인이 경찰공무원으로부터 피의자신문조서에 간인 및 서명무인할 것을 요구받고 그 피의자신문조서의 '진술자'란에 '甲'라고 기재를 하였으나, 무인 및 간인을 하기 전에 그 경찰공무원이 십지지문 조회를 통하여 피고인이 甲이 아니라는 사실을 알아내어 이를 추궁하였고, 이에 피고인은 자신이 甲이 아님을 자백한 사실을 인정한 다음, 피고인이 위 피의자신문조서의 '진술자'란에 '甲'라고 기재한 상태에서 甲이 아님이 발각되어 무인 및 간인을 하지 못한 경위와 피의자신문조서에는 형사소송법 제244조에 의하여 피의자가 그 조서를 열람하거나 읽어 주는 것을 들은 후 간인을 하고 서명 또는 기명날인(피의자로 하여금 서명무인을 하게 하는 것이 일반적이다) 하여야 하는 점, 위 피의자신문조서에는 작성자인 사법경찰리의 서명날인도 없는 점 등에 비추어 보면, 피고인이 위 피의자신문조서의 '진술자'란에 '甲'라고 기재한 것만으로는 일반인이 甲의 진정한 서명으로 오신하기에 부족하고, 따라서 이 사건 공소사실 중 사서명위조의 점은 범죄의 증명이 없으며, 위조사서명행사의 점은 사서명위조를 전제로 하는 것인데 위와 같이 사서명위조죄가 성립하지 아니할 뿐만 아니라, 피고인이 피의자신문조서를 그 진술자의 서명이 위조된 정을 모르는 경찰관이 열람할 수 있는 상태에 두었다고 볼 수도 없으므로 위조사서명행사죄 역시 그 범죄의 증명이 없다고 판단하여, 위 공소사실에 대하여 무죄를 선고하였다.

(2) 공인 등 위조·부정사용

공인 등 부정사용죄는 행사할 목적으로 공무원 또는 공무소의 인장·서명·기명·기호를 위조 또는 부정사용함으로써 성립한다. 공기호에는 자동차의 차량번호판, 택시미터기의 검정납본의 봉인, 전매청 기호 등이 이에 해당한다.

형법 제238조는 위조 또는 부정사용한 공무원 또는 공무소의 인장·서명·기명·기호를 행사한 자도 처벌하고 있다. 실무에서는 공기호부정사용이 위조공인등행사죄에도 해당하는 여부에 대해서 논란이 있다.

관련판례

피고인은 1996. 1. 30. 09:00경 서울 종로구 종로3가에 있는 종묘주차장에서, 피고인이 소외 삼성렌트카 북창영업소로부터 빌린 대전 1허6450호 뉴그랜져 승용차의 앞·뒤 번호판을 떼어 낸 다음 이미 절취하여 가지고 있던 서울 1누9342호 스텔라 승용차의 앞·뒤 번호판을 위 뉴그랜져 승용차에 부착하고 그 날 02:00경 서울 강남구 신사동 587에 있는 션사이호텔 주차장에 이르기까지 위 뉴그랜져 승용차를 운전하여 운행함으로써 부정사용한 공기호를 행사하였다는 공소사실로 기소된 사안에서,

원심은 공기호부정사용죄는 권한이 없는 자가 진정한 공기호를 그 용법에 따라 타인이 열람할 수 있는 상태로 사용하는 것을 말하고 부정사용된 공기호의 행사죄는 그와 같이 부정사용된 공기호를 진정한 것으로서 임의로 공범자 이외의 자에게 보이는 등으로 사용하는 행위를 말하는 것이며 이는 타인에 대한 외부적 행위를 말하는 것이라고 봄이 상당하므로, 공기호를 권한 없이 타인이 열람할 수 있는 상태로 사용하였을 뿐 다시 부정사용된 공기호 그 자체를 타인에

게 제시하는 행위 등을 한 사실이 없다면 공기호부정사용죄만 구성할 뿐 더 나아가 부정사용된 공기호행사죄를 구성하지는 아니한다고 할 것이므로, 이 사건 공소사실 중 절취한 자동차번호판을 승용차에 부착하여 운전하였다고 하여 공기호부정사용죄 외에 다시 부정사용공기호행사죄에 해당한다고 볼 수 없다고 판단하였다.

그러나 대법원은 부정사용한 공기호인 자동차등록번호판의 용법에 따른 사용행위인 행사라 함은 이를 자동차에 부착하여 운행함으로써 일반인으로 하여금 자동차의 동일성에 관한 오인을 불러일으킬 수 있는 상태 즉 그것이 부착된 자동차를 운행함을 의미한다고 할 것이고, 그 운행과는 별도로 부정사용한 자동차등록번호판을 타인에게 제시하는 등 행위가 있어야 그 행사죄가 성립한다고 볼 수 없다고 하여 부정사용공기호 행사죄를 인정하였다.[105]

비교판례

피고인은 어떤 자동차의 등록번호판을 다른 자동차에 자동차등록번호판을 부착하였을 뿐이고 운행을 한 바 없으므로 자동차관리법 제71조[106]에 정한 부정사용에 해당하지 않는다고 상고하였으나, 자동차등록번호판을 다른 자동차에 부착하고 운행까지 하였다면 오히려 따로 형법 제238조 제2항에 정한 부정사용

105) 대법원 1997.7.8. 선고 96도3319 판결.

106) 자동차관리법 제71조(부정사용 금지 등) ① 누구든지 이 법에 따른 자동차등록증, 폐차사실 증명서류, 등록번호판, 임시운행허가증, 임시운행허가번호판, 자동차자기인증표시, 부품자기인증표시, 신규검사증명서, 이륜자동차번호판, 차대표기 및 원동기형식 표기를 위조·변조 또는 부정사용하거나 위조 또는 변조한 것을 매매, 매매알선, 수수(수수) 또는 사용하여서는 아니 된다. ② 누구든지 자동차의 주행거리를 변경하여서는 아니 된다. 다만, 고장 또는 파손 등 대통령령으로 정하는 불가피한 사유로 변경하는 경우에는 그러하지 아니하다.

공기호행사죄가 성립할 수 있고, 다른 자동차에 자동차등록번호판을 부착하는 것과는 별도로 부착된 자동차를 운행하여야만 자동차관리법 제71조에 정한 부정사용행위에 해당하는 것은 아니므로 차량을 운행한 바가 없더라도 자동차관리법 제71조에 정한 부정사용에 해당한다.[107)]

107) 대법원 2006.9.28. 선고 2006도5233 판결.

제4장 위조범죄의 현황과 개정논의

제1절 위조범죄의 현황

1. 범죄통계에 나타난 위조범죄[1)]

(1) 위조범죄의 발생건수와 검거현황

〈표 1〉 위조범죄의 발생건수 · 검거건수

시점	발생					검거				
	위조범죄 발생건수	통화	유가증권 · 인지 · 우표	문서	인장	검거건수	검거율	검거인원		
								계	남	여
1976	4,606	69	443	3,778	316	4,424	96.0	7,330	6,615	715
1977	3,905	40	393	3,177	295	3,548	90.9	5,700	5,165	535
1978	3,529	19	311	2,958	241	3,110	88.1	4,816	4,182	634
1979	3,624	21	334	3,051	218	3,385	93.4	5,258	4,572	686
1980	3,843	25	530	3,015	273	3,442	89.6	5,234	4,401	833
1981	4,901	21	627	3,881	372	4,420	90.2	6,693	5,569	1,124
1982	5,562	28	1,023	4,161	350	4,799	86.3	7,348	6,172	1,176
1983	6,708	48	1,706	4,539	415	5,581	83.2	8,071	6,703	1,368

---

1) 이 논문에서 인용하고 있는 자료는 대검찰청에서 발행하는 「犯罪分析」을 참고로 한 것임을 밝혀 둔다.

시점	발생					검거				
	위조범죄 발생건수	통화	유가증권·인지·우표	문서	인장	검거건수	검거율	검거인원		
								계	남	여
1984	6,624	36	1,179	5,052	357	6,099	92.1	8,528	7,031	1,497
1985	6,357	95	1,104	4,849	309	5,569	87.6	8,287	6,903	1,384
1986	6,436	34	941	5,156	305	5,725	89.0	8,142	6,683	1,459
1987	6,833	23	1,052	5,459	299	5,848	85.6	8,499	7,030	1,469
1988	5,924	21	836	4,815	252	5,320	89.8	8,031	6,510	1,521
1989	5,931	12	668	5,020	231	5,438	91.7	7,903	6,504	1,399
1990	5,845	46	492	5,070	237	5,333	91.2	8,266	6,891	1,375
1991	5,819	56	576	4,920	267	5,759	99.0	8,857	7,372	1,485
1992	6,487	86	905	5,171	325	6,125	94.4	9,488	7,712	1,776
1993	7,899	114	1,168	6,248	369	7,647	96.8	11,039	9,167	1,872
1994	9,945	37	1,634	7,871	403	8,944	89.9	13,162	11,153	2,009
1995	10,318	10	1,817	8,141	350	9,158	88.8	13,559	10,845	2,714
1996	11,792	18	1,841	9,545	388	10,628	90.1	14,928	12,181	2,747
1997	11,773	23	1,832	9,544	374	10,753	91.3	15,093	12,087	3,006
1998	13,537	104	1,891	11,087	455	12,377	91.4	16,760	13,420	3,340
1999	16,873	714	1,592	14,063	504	15,696	93.0	22,260	17,689	4,571
2000	19,684	165	1,577	17,160	782	17,530	89.1	23,487	19,338	4,149
2001	23,439	222	1,516	20,582	1,119	19,922	85.0	27,580	22,537	5,043
2002	21,652	342	1,202	19,618	490	19,564	90.4	25,188	20,421	4,767
2003	19,806	456	1,221	17,669	460	16,322	82.4	21,663	17,364	4,299
2004	22,613	570	1,579	18,891	1,573	19,330	85.5	17,901	14,102	3,799
2005	24,012	1,448	2,041	19,847	676	20,067	83.6	25,724	21,223	4,501
2006	28,751	3,047	2,621	22,472	611	22,815	79.4	27,448	23,215	4,233
2007	25,170	3,616	1,737	19,210	607	19,679	78.2	27,408	21,282	6,126
2008	28,022	3,646	1,413	22,157	806	22,913	81.8	30,651	22,661	7,990
2009	27,789	4,392	1,395	19,695	2,307	21,765	78.3	28,247	22,061	6,186

〈표 1〉은 지난 35년간의 위조범죄 발생추이를 보여주고 있다. 전체 위조범죄 발생건수는 1976년에 비해서 2009년에 약 6배 정도가 증가하였다. 이것은 사회적 신용물을 통한 법적거래 영역이 점진적으로 확대되고, 이에 수반되는 위조범죄의 점증적인 증가추세가 반영된 결과라고 할 수 있다. 즉 사회의 발전과 기술문명의 발달 그리고 자본주의 자유시장구조는 위조범죄와 상당히 밀접한 관련성을 가지고 있다.[2] 우리 사회가 1990년대 들어서 경제적 성장과 더불어 문서나 유가증권을 통한 법적 거래가 증가하였고, 통화위조가 전문적인 범죄자에 이루어지던 과거와는 달리 개인들이 고성능 스캐너와 복사기를 이용하여 통화를 위조할 수 있게 된 2000년대 후반부터 통화위조범죄가 급격하게 증가한 것 등을 통해서 그러한 관련성을 확인할 수 있다.

위조범죄의 검거율은 최근 몇 년 동안 낮아지기는 했지만 그래도 상당히 높은 편이라고 할 수 있다.[3] 그렇지만 이러한 검거율의 의미는 높이 평가되기에는 문제가 있다. 왜냐하면 문서위조

2) 위조범죄는 실무에서 자주 사기죄와 관련해서 범해진다. 즉 문서나 유가증권의 위조를 통해서 사기행위를 가능하게 하거나 이미 행해진 사기행위를 은폐하려고 한다. 그렇기 때문에 위조범죄는 경제적 영역과 관련해서 특징지워지며, 이러한 관점에서 위조범죄를 넓은 의미에서 경제범죄로 보기도 한다. 더 나아가서 횡령죄나 배임죄 또는 다른 경제범죄 - 예를 들어 조세범죄 - 와 관련해서도 위조범죄가 범해진다.

3) 이러한 높은 검거율에 대해서 비판적인 입장에 의하면 "위조관련범죄에 있어서 중요한 것은 검거율(이것도 얼마나 많은 진범을 잡았는가가 아닌 단지 고소사건의 피고소인을 조사한 것의 비율인 것으로 사료됨)이 아니라 얼마나 많은 사건을 제대로 해결하여 진범을 기소하는 것이라"고 한다. 김정호 편저, 위조범죄와 문서감정, 1996, 79면.

범죄의 암수율(暗數率)을 추정하기는 매우 어렵기 때문이다. 그 이유로는 위조범죄의 발현현상이 아주 상이한 상황에 놓여있다는 점을 들 수 있다. 또한 〈표 2〉에서 문서위조범죄의 수사단서를 보면 신고, 특히 고소에 의한 수사단서가 월등히 높다. 이는 피해자의 신고·고소·고발에 의해 수사가 개시되고 있으며, 만일 피해자의 그러한 신고가 없다면 수사기관에서 위조범죄의 인지가 어렵다는 점을 보여준다. 결국 위조범죄의 암수율은 대단히 높을 것이라 추정되며, 독일 학자 Geerds에 따르면 암수율을 1:4 또는 5 정도로 추정하고 있다.[4]

(2) 위조범죄의 수사관련 통계

〈표 2〉는 위조범죄의 수사단서를 보여주고 있다. 위조범죄에 대한 수사기관의 수사단서는 신고에 의해서 이루어지고, 특히 문서범죄와 유가증권범죄는 주로 고소에 의해서, 통화범죄는 고발에 의해서 수사가 개시되고 있다. 이는 문서범죄나 유가증권범죄가 공공의 신용을 보호하는 것이기는 하지만, 구체적으로 법적거래에 참여하는 개개인들의 이해관계를 침해하는 형태로 발현되는 위조범죄의 특징을 보여주는 것이다.

---

4) Geerds, Friedrich, Urkundendelikt, in: Handwörterbuch der Kriminologie, Band II, 2.Aufl., 1979, S.208.

〈표 2〉 위조범죄 수사단서

시점	범법별	소계	현행범	신고							미신고						
				소계	피해자신고	고소	고발	자수	진정투서	타인신고	소계	불신검문	피해품발견	변사체	탐문정보	여죄	기타
2000	위조범죄	19,684	2,677	13,639	1,143	11,206	610	41	406	233	3,368	204	45	3	1,643	160	1,313
	통화	165	18	125	57	4	42	-	-	22	22	1	1	-	9	-	11
	유가증권·인지·우표	1,577	88	1,376	74	1,162	105	-	28	7	113	-	3	-	33	6	71
	문서	17,160	2,086	11,976	965	9,970	451	39	374	177	3,098	170	38	2	1,546	147	1,195
	인장	782	485	162	47	70	12	2	4	27	135	33	3	1	55	7	36
2001	위조범죄	23,439	2,910	14,038	1,314	11,248	688	82	409	297	6,491	208	155	3	3,324	192	2,609
	통화	222	17	176	71	3	61	2	-	39	29	-	2	-	5	1	21
	유가증권·인지·우표	1,516	110	1,221	101	999	104	4	10	3	185	3	12	-	36	4	130
	문서	20,582	2,465	12,467	1,084	10,178	503	74	398	230	5,650	180	134	3	2,746	173	2,414
	인장	1,119	318	174	58	68	20	2	1	25	627	25	7	-	537	14	44
2002	위조범죄	21,652	3,220	13,202	1,399	10,488	580	34	386	315	5,230	250	21	4	2,168	198	2,589
	통화	342	39	269	111	7	77	-	3	71	34	-	-	-	17	2	15
	유가증권·인지·우표	1,202	73	985	77	813	77	-	10	8	144	4	-	-	34	3	103
	문서	19,618	2,849	11,811	1,166	9,614	416	33	367	215	4,958	226	18	4	2,092	177	2,441
	인장	490	259	137	45	54	10	1	6	21	94	20	3	-	25	16	30

시점	범법별	소계	현행범	신고							미신고						
				소계	피해자 신고	고소	고발	자수	진정 투서	타인 신고	소계	불신 검문	피해품 발견	변사체	탐문 정보	여죄	기타
2003	위조범죄	19,806	1,847	13,575	1,122	10,908	820	38	317	370	4,384	173	11	6	1,387	222	2,585
	통화	456	31	331	157	12	92	-	-	70	94	1	2	-	49	1	41
	유가증권 · 인지 · 우표	1,221	80	1,026	76	841	80	3	8	18	115	2	1	-	33	9	70
	문서	17,669	1,612	12,023	833	9,964	635	34	307	250	4,034	142	4	3	1,272	187	2,426
	인장	460	124	195	56	91	13	1	2	32	141	28	4	3	33	25	48
2004	위조범죄	22,613	1,257	15,209	539	12,090	1,399	41	557	583	6,147	238	10	-	3,167	565	2,167
	통화	570	8	510	144	8	218	1	17	122	52	1	-	-	13	1	37
	유가증권 · 인지 · 우표	1,579	36	1,404	69	1,199	97	-	22	17	139	-	-	-	60	15	64
	문서	18,891	1,102	13,099	293	10,791	1,060	39	509	407	4,690	189	4	-	2,020	507	1,970
	인장	1,573	111	196	33	92	24	1	9	37	1,266	48	6	-	1,074	42	96
2005	위조범죄	24,012	943	15,895	629	10,921	2,420	73	938	914	7,174	242	11	-	3,521	506	2,894
	통화	1,448	13	1,329	236	8	681	-	10	394	106	-	7	-	15	1	83
	유가증권 · 인지 · 우표	2,041	16	1,638	93	1,325	146	3	44	27	387	1	-	-	266	18	102
	문서	19,847	790	12,716	270	9,508	1,548	68	875	447	6,341	214	1	-	3,205	376	2,545
	인장	676	124	212	30	80	45	2	9	46	340	27	3	-	35	111	164

시점	범법별	소계	현행범	신고							미신고						
				소계	피해자 신고	고소	고발	자수	진정 투서	타인 신고	소계	불신 검문	피해품 발견	변사체	탐문 정보	여죄	기타
2006	위조범죄	28,751	806	21,018	968	10,845	3,812	3,189	933	1,271	6,927	185	13	-	3,241	398	3,090
	통화	3,047	15	2,835	547	5	1,504	1	31	747	197	1	5	-	22	-	169
	유가증권·인지·우표	2,621	28	2,382	193	1,760	318	-	54	57	211	-	2	-	76	11	122
	문서	22,472	653	15,598	208	9,014	1,924	3,182	844	426	6,221	157	2	-	3,088	327	2,647
	인장	611	110	203	20	66	66	6	4	41	298	27	4	-	55	60	152
2007	위조범죄	2,517	651	16,651	958	9,096	4,116	111	1,059	1,311	7,868	212	15	-	3,700	403	3,538
	통화	3,616	15	3,305	661	5	1,757	-	167	715	296	3	10	-	13	-	270
	유가증권·인지·우표	1737	48	1,403	110	1,037	172	-	26	58	286	7	3	-	107	21	148
	문서	19,210	504	11,767	161	8,000	2,147	110	844	505	6,939	162	1	-	3,503	317	2,956
	인장	607	84	176	26	54	40	1	22	33	374	40	1	-	77	65	164
2008	위조범죄	28,022	795	16,654	955	8,322	4,261	169	1,473	1,474	10,573	280	31	1	1,458	2,483	320
	통화	3,646	16	3,290	612	12	1,612	-	355	99	340	-	20	-	27	5	288
	유가증권·인지·우표	1,413	22	1,260	97	951	123	1	31	57	131	2	-	-	25	20	84
	문서	22,157	654	11,926	222	7,308	2,492	167	1,068	669	9,577	186	5	1	1,385	2,269	5,731
	인장	806	103	178	24	51	34	1	19	49	525	92	6	-	21	189	217

시점	범법별	소계	현행범	신고							미신고						
				소계	피해자 신고	고소	고발	자수	진정 투서	타인 신고	소계	불신 검문	피해품 발견	변사체	탐문 정보	여죄	기타
2009	위조범죄	27,789	570	18,044	1,851	8,190	4,595	90	1,548	1,770	9,175	271	18	3	1,319	2,071	5,493
	통화	4,392	12	3,778	812	8	1,596	1	509	852	602	2	3	-	41	20	536
	유가증권 · 인지 · 우표	1,395	9	1,187	262	751	91	-	35	48	199	4	-	-	33	44	118
	문서	19,695	450	12,261	294	7,370	2,870	88	985	654	6,984	217	15	3	1,225	1,153	4,371
	인장	2,307	99	818	483	61	38	1	19	216	1,390	48	-	-	20	854	468

〈표 3〉을 보면 위조범죄자의 구속율이 높지 않다는 것을 알 수 있다. 수사단계에서 위조범죄피의자를 구속하는 경우는 대부분 위조범죄가 경제범죄나 재산범죄와 같은 다른 범죄를 위한 수단범죄로 행해지는 경우이다. 그렇지 않고 단순 위조범죄의 경우는 〈표 4〉에서 보는 바와 같이 불기소처분하거나 기소하더라도 구약식에 의해서 처리하는 경우가 많기 때문에 수사단계에서 위조범죄의 구속율은 높지 않다.

(3) 위조범죄자의 처분 결과

〈표 4〉를 보면 위조범죄자에 대한 기소율은 최근들어 점차 낮아지고 있다. 또한 불기소이유 중에 혐의없음은 문서위조범죄의 많은 경우가 진정하게 작성된 문서를 작성명의인 자신이 채무면탈 등 자신의 재산상의 이익을 목적으로 다른 사람에 의하여 위조되었다고 주장하면서 그 문서의 소지자 등을 사문서위조죄 등의 혐의로 고소하는 경우가 많기 때문이다. 이러한 현상은 사문서위조 중 고소사건이 차지하는 비율과 그 중 절반이 넘는 사건이 혐의없음으로 불기소결정 처리되고 있으며, 혐의없음 결정이 난 사건 중 상당히 많은 사건의 고소인들이 무고혐의를 받게 되는 것으로도 알 수 있다.[5)]

5) 김정호, 전게서, 68면.

〈표 3〉 위조범죄자 구속·불구속 건수

시점	범법별	계	구속					불구속					
			소계	현행범 체포	긴급 체포	사전 영장	체포	소계	불구속 입건	영장요구		적부심 석방	검사 구속 취소
										검사 기각	판사 기각		
2000	위조범죄	18,895	1,346	481	738	105	22	17,549	16,994	477	57	-	-
	통화	81	11	3	8	-	-	70	64	4	2	-	-
	유가증권·인지·우표	2,171	146	16	107	19	4	2,025	1,952	65	7	1	-
	문서	16,409	1,172	457	613	84	18	15,237	14,775	394	48	19	-
	인장	234	17	5	10	2	-	217	203	14	-	-	-
2001	위조범죄	18,759	1,420	447	833	121	19	17,339	16,848	419	66	6	-
	통화	149	22	4	17	-	1	127	124	3	-	-	-
	유가증권·인지·우표	1,913	117	11	88	16	2	1,796	1,735	56	5	-	-
	문서	16,501	1,264	428	720	102	14	15,237	14,818	354	59	6	-
	인장	196	17	4	8	3	2	179	171	6	2	-	-
2002	위조범죄	17,900	1,633	532	987	98	16	16,267	15,811	334	88	4	30
	통화	296	18	6	12	-	-	278	274	3	1	-	-
	유가증권·인지·우표	1,516	124	23	83	14	4	1,392	1,339	40	5	-	8
	문서	15,875	1,467	495	878	83	11	14,408	14,015	228	79	4	22
	인장	213	24	8	14	1	1	189	183	3	3	-	-

시점	범법별	계	구속					불구속					
			소계	현행범 체포	긴급 체포	사전 영장	체포	소계	불구속 입건	영장요구		적부심 석방	검사 구속 취소
										검사 기각	판사 기각		
2003	위조범죄	18,332	1,863	470	1,239	108	46	16,469	16,011	366	76	5	11
	통화	386	36	13	23	-	-	350	324	26	-	-	-
	유가증권·인지·우표	1,633	160	19	118	13	10	1,473	1,439	29	2	-	3
	문서	16,061	1,654	432	1,093	93	36	14,407	14,023	301	70	5	8
	인장	252	13	6	5	2	-	239	225	10	4	-	-
2004	위조범죄	14,529	2,408	486	1,557	190	247	12,049	11,639	255	142	6	7
	통화	111	20	5	11	3	1	91	86	4	1	-	-
	유가증권·인지·우표	1,008	162	18	96	18	30	846	823	16	5	1	1
	문서	13,233	2,278	460	1,436	167	215	10,955	10,579	233	132	5	6
	인장	177	20	3	14	2	1	157	151	2	4	-	-
2005	위조범죄	16,601	2,406	236	1,678	197	295	14,195	13,852	202	130	7	4
	통화	118	13	4	9	-	-	105	103	2	-	-	-
	유가증권·인지·우표	1,075	142	11	96	10	25	933	897	23	12	-	1
	문서	15,245	2,240	220	1,571	181	268	13,005	12,702	176	117	7	3
	인장	163	11	1	2	6	2	152	150	1	1	-	-

시점	범법별	계	구속					불구속					
			소계	현행범 체포	긴급 체포	사전 영장	체포	소계	불구속 입건	영장요구		적부심 석방	검사 구속 취소
										검사 기각	판사 기각		
2006	위조범죄	20,153	1,037	81	617	110	229	19,116	18,928	106	74	1	7
	통화	191	20	5	13	1	1	171	168	-	3	-	-
	유가증권·인지·우표	1,409	93	16	35	16	26	1,316	1,291	16	8	-	-
	문서	18,355	913	55	569	91	198	17,442	17,283	89	63	1	6
	인장	198	11	5	-	2	4	187	186	1	-	-	-
2007	위조범죄	17,211	759	44	405	115	195	16,452	16,344	45	48	8	7
	통화	374	17	7	9	-	1	357	351	-	6	-	-
	유가증권·인지·우표	940	61	7	16	12	26	879	867	5	5	2	-
	문서	15,664	672	28	378	101	165	14,992	14,903	39	37	6	7
	인장	233	9	2	2	2	3	224	223	1	-	-	-
2008	위조범죄	21,735	538	62	164	98	214	21,197	21,095	46	53	1	2
	통화	335	16	6	4	1	5	319	315	-	4	-	-
	유가증권·인지·우표	629	39	5	14	7	13	590	582	5	3	-	-
	문서	20,460	473	50	141	87	195	19,987	19,899	39	46	1	2
	인장	311	10	1	5	3	1	301	299	2	-	-	-

시점	범법별	계	구속					불구속					
			소계	현행범 체포	긴급체포	사전영장	체포	소계	불구속 입건	영장요구		적부심 석방	검사 구속 취소
										검사 기각	판사 기각		
2009	위조범죄	19,041	389	44	120	80	154	18,643	18,545	35	57	2	4
	통화	262	11	2	3	-	6	251	249	2	-	-	-
	유가증권·인지·우표	567	42	6	13	3	20	525	517	1	7	-	-
	문서	17,901	334	33	102	75	124	17,567	17,481	31	49	2	4
	인장	311	11	3	2	2	4	300	298	1	1	-	-

〈표 4〉 위조범죄자 처분결과

시점	범법별	계	기소				소년보호송치	가정보호송치	성매매 보호송치	불기소					기소중지	참고인 중지	공소보류
			소계	구공판		구약식				소계	기소유예	혐의없음	죄가안됨	공소권 없음			
				구속	불구속												
2000	위조범죄	18,895	5,972	1,806	2,103	2,063	132	-	-	12,791	1,452	6,853	6	664	2,509	1,307	
	통화	81	19	17	2	-	-	-	-	62	21	9	-	-	27	5	
	유가증권 · 인지 · 우표	2,171	495	187	292	16	1	-	-	1,675	97	771	-	49	410	348	
	문서	16,409	5,368	1,576	1,746	2,046	128	-	-	10,913	1,299	6,001	6	612	2,048	947	
	인장	234	90	26	63	1	3	-	-	141	35	72	-	3	24	7	
2001	위조범죄	18,759	6,358	1,835	2,052	2,471	114	1	-	12,286	1,413	6,433	5	752	2,558	1,125	
	통화	149	31	26	2	3	-	-	-	118	18	3	-	1	96	-	
	유가증권 · 인지 · 우표	1,913	459	147	292	20	-	-	-	1,454	96	631	1	49	390	287	
	문서	16,501	5,775	1,644	1,683	2,448	112	1	-	10,613	1,272	5,753	3	698	2,053	834	
	인장	196	93	18	75	-	2	-	-	101	27	46	1	4	19	4	
2002	위조범죄	17,900	6,574	2,045	1,947	2,582	152	-	-	11,174	1,394	5,688	4	649	2,522	917	
	통화	296	26	19	4	3	-	-	-	270	52	13	-	3	199	3	
	유가증권 · 인지 · 우표	1,516	396	138	255	3	1	-	-	1,119	57	489	-	38	330	205	
	문서	15,875	6,057	1,865	1,616	2,576	144	-	-	9,674	1,256	5,138	4	603	1,968	705	
	인장	213	95	23	72	-	7	-	-	111	29	48	-	5	25	4	

시점	범법별	계	기소				소년보호송치	가정보호송치	성매매보호송치	불기소					기소중지	참고인중지	공소보류
			소계	구공판		구약식				소계	기소유예	혐의없음	죄가안됨	공소권없음			
				구속	불구속												
2003	위조범죄	18,332	6,753	2,207	1,961	2,585	151	-	-	11,428	1,406	5,704	3	693	2,733	889	
	통화	386	40	30	7	3	11	-	-	335	71	12	1	3	245	3	
	유가증권·인지·우표	1,633	406	181	224	1	1	-	-	1,226	84	544	-	46	335	217	
	문서	16,061	6,186	1,977	1,628	2,581	133	-	-	9,742	1,218	5,094	2	637	2,130	661	
	인장	252	121	19	102	-	6	-	-	125	33	54	-	7	23	8	
2004	위조범죄	23,161	8,154	2,417	2,330	3,407	153	-	-	10,216	2,148	7,039	4	1,025	3,538	1,100	-
	통화	426	23	14	7	2	3	-	-	203	185	12	-	6	195	2	-
	유가증권·인지·우표	1,832	383	144	239	-	-	-	-	822	105	648	-	69	353	274	-
	문서	20,647	7,625	2,236	1,984	3,405	145	-	-	9,088	1,811	6,328	4	945	2,967	822	-
	인장	256	123	23	100	-	5	-	-	103	47	51	-	5	23	2	-
2005	위조범죄	26,785	9,692	2,365	3,045	4,282	123	-	1	11,641	3,181	7,484	5	971	4,130	1,198	-
	통화	889	15	11	3	1	10	-	-	453	443	7	-	3	411	-	-
	유가증권·인지·우표	2,043	339	126	213	-	-	-	-	926	179	684	-	63	421	357	-
	문서	23,586	9,212	2,206	2,725	4,281	111	-	1	10,161	2,518	6,739	5	889	3,269	832	-
	인장	267	126	22	104	-	2	-	-	101	41	54	-	6	29	9	-

시점	범법별	계	기소				소년보호송치	가정보호송치	성매매보호송치	불기소					기소중지	참고인중지	공소보류
			소계	구공판		구약식				소계	기소유예	혐의없음	죄가안됨	공소권없음			
				구속	불구속												
2006	위조범죄	33,736	9,476	1,214	3,364	4,898	126	-	-	18,150	7,111	8,595	13	2,431	4,423	1,561	-
	통화	1,848	27	20	7	-	6	-	-	1,256	1,242	11	-	3	555	4	-
	유가증권·인지·우표	2,815	325	89	231	5	2	-	-	1,271	324	890	-	57	603	614	-
	문서	28,713	8,898	1,078	2,927	4,893	117	-	-	15,530	5,501	7,649	13	2,367	3,230	938	-
	인장	360	226	27	199	-	1	-	-	93	44	45	-	4	35	5	-
2007	위조범죄	28,937	9,548	954	3,832	4,762	165	-	-	14,415	5,736	7,731	12	936	3,691	1,118	-
	통화	2,451	34	14	17	3	17	-	-	1,765	1,753	11	-	1	634	1	-
	유가증권·인지·우표	1,920	287	74	213	-	4	-	-	881	142	697	-	42	398	350	-
	문서	24,196	9,031	839	3,433	4,759	141	-	-	11,648	3,783	6,965	12	888	2,613	763	-
	인장	370	196	27	169	-	3	-	-	121	58	58	-	5	46	4	-
2008	위조범죄	36,394	11,724	706	4,173	6,845	280	-	1	18,864	7,921	9,700	12	1,231	4,465	1,060	-
	통화	2,735	29	13	12	4	19	-	-	2,088	2,054	23	7	4	591	8	-
	유가증권·인지·우표	1,619	225	36	187	2	2	-	-	797	97	671	-	29	334	261	-
	문서	31,517	11,256	638	3,779	6,839	255	-	1	15,733	5,654	8,891	5	1,183	3,487	787	-
	인장	521	214	19	195	-	4	-	-	246	116	115	-	15	53	4	-

시점	범법별	계	기소				소년보호송치	가정보호송치	성매매보호송치	불기소					기소중지	참고인중지	공소보류
			소계	구공판		구약식				소계	기소유예	혐의없음	죄가안됨	공소권없음			
				구속	불구속												
2009	위조범죄	34,887	9,502	618	2,801	6,083	368	-	-	20,205	9,450	9,194	13	1,548	3,841	971	-
	통화	3,316	22	11	9	2	14	-	-	2,672	2,588	31	3	50	604	4	-
	유가증권·인지·우표	1,562	251	51	200	-	-	-	-	830	128	656	-	46	286	195	-
	문서	29,494	9,005	535	2,389	6,081	350	-	-	16,461	6,609	8,397	10	1,445	2,914	764	-
	인장	515	224	21	203	-	4	-	-	242	125	110	-	7	37	8	-

2. 위조범죄자의 인적 특성

위조범죄의 원인을 보면 사기, 횡령 그리고 좁은 의미의 경제범죄와 거의 동일하다. 행위를 야기하는 요인들로는 행위자의 행위영역에 속해있는 피해자들의 부주의와 경솔함이 중요한 것으로 나타나고 있고 또한 행위자에게 유리한 행위상황도 중요한 요인이다.

(1) 범죄자의 연령

위조범죄자의 연령을 보면 대체로 30대와 40대가 가장 많다. 그렇기 때문에 위조범죄를 전형적인 성인범죄라고 한다. 30대와 40대는 사회에서 실제로 문서나 유가증권 등을 통한 법적거래영역의 중심적 역할을 하기 때문에 그들에 의해서 위조범죄가 주로 이루어진다는 것은 당연한 것이라 할 수 있다. 그리고 18세 이상 21세 미만의 청소년들의 경우는 이욕(利慾)적인 목적을 위한 위조범죄보다는 각종 증명서류 등의 위조나 변조가 많다.

〈표 5〉 위조범죄자의 연령

시점	범법별	총 계	소년			성인							미 상
			소계	14세 미만	14~19세	소계	20~30세	31~40세	41~50세	51~60세	61~70세	71세 이상	
2000	위조범죄	18,895	487	6	481	13,878	1,900	4,612	4,285	2,044	831	206	4,530
	통화	81	7	-	7	20	1	10	8	1	-	-	54
	유가증권·인지·우표	2,171	6	-	6	1,535	86	538	585	239	71	16	630
	문서	16,409	457	6	451	12,153	1,786	3,998	3,638	1,789	752	190	3,799
	인장	234	17	-	17	170	27	66	54	15	8	-	47
2001	위조범죄	18,759	538	6	532	13,593	1,956	4,368	4,212	2,060	823	174	4,628
	통화	149	3	-	3	33	12	8	9	4	-	-	113
	유가증권·인지·우표	1,913	3	1	2	1,280	75	433	514	197	57	4	630
	문서	16,501	524	5	519	12,117	1,839	3,878	3,635	1,834	761	170	3,860
	인장	196	8	-	8	163	30	49	54	25	5	-	25
2002	위조범죄	17,900	684	16	668	12,870	1,813	4,135	4,105	1,887	756	174	4,346
	통화	296	1	-	1	43	14	15	12	2	-	-	252
	유가증권·인지·우표	1,516	3	1	2	1,031	61	348	413	155	47	7	482
	문서	15,875	662	15	647	11,625	1,704	3,723	3,636	1,697	699	166	3,588
	인장	213	18	-	18	171	34	49	44	33	10	1	24

시점	범법별	총 계	소년			성인							미 상
			소계	14세 미만	14~19세	소계	20~30세	31~40세	41~50세	51~60세	61~70세	71세 이상	
2003	위조범죄	18,332	608	9	599	12,929	1,788	3,925	4,338	1,928	789	161	4,795
	통화	386	19	2	17	58	20	9	21	7	1	-	309
	유가증권 · 인지 · 우표	1,633	6	-	6	1,084	76	355	438	150	56	9	543
	문서	16,061	567	7	560	11,607	1,663	3,492	3,824	1,755	722	151	3,887
	인장	252	16	-	16	180	29	69	55	16	10	1	56
2004	위조범죄	23,161	622	15	607	17,410	2,155	5,090	6,312	2,670	1,013	170	5,129
	통화	426	20	-	20	34	9	6	15	4	-	-	372
	유가증권 · 인지 · 우표	1,832	3	-	3	1,319	76	385	577	213	60	8	510
	문서	20,647	592	15	577	15,879	2,029	4,648	5,669	2,431	940	162	4,176
	인장	256	7	-	7	178	41	51	51	22	13	-	71
2005	위조범죄	26,785	647	2	645	21,181	2,162	5,733	8,146	3,690	1,213	237	4,957
	통화	889	19	-	19	26	6	4	9	6	1	-	844
	유가증권 · 인지 · 우표	2,043	7	2	5	1,419	85	354	648	256	63	13	617
	문서	23,586	614	-	614	19,559	2,044	5,321	7,433	3,399	1,140	222	3,413
	인장	267	7	-	7	177	27	54	56	29	9	2	83

시점	범법별	총 계	소년			성인							미 상
			소계	14세 미만	14~19세	소계	20~30세	31~40세	41~50세	51~60세	61~70세	71세 이상	
2006	위조범죄	33,736	672	2	670	25,490	2,268	6,099	9,793	5,436	1,525	369	7,574
	통화	1848	15	-	15	49	9	15	18	7	-	-	1,784
	유가증권·인지·우표	2,815	5	1	4	1,805	85	426	839	335	111	9	1,005
	문서	28,713	649	1	648	23,410	2,142	5,578	8,862	5,064	1,405	359	4,654
	인장	360	3	-	3	226	32	80	74	30	9	1	131
2007	위조범죄	28,937	909	-	909	21,962	2,034	5,151	8,194	4,663	1,513	407	6,066
	통화	2,451	27	-	27	89	13	50	16	10	-	-	2,335
	유가증권·인지·우표	1,920	9	-	9	1,419	79	344	633	295	63	5	492
	문서	24,196	871	-	871	20,189	1,900	4,685	7,447	4,321	1,435	401	3,136
	인장	370	2	-	2	265	42	72	98	37	15	1	103
2008	위조범죄	36,394	1,833	12	1,821	28,256	3,445	6,507	9,866	5,960	1,960	518	6,305
	통화	2,735	53	7	46	105	20	38	25	16	6	-	2,577
	유가증권·인지·우표	1,619	4	-	4	1,279	66	221	580	322	82	8	336
	문서	31,519	1,763	4	1,759	26,463	3,301	6,151	9,097	5,552	1,855	507	3,293
	인장	521	13	1	12	409	58	97	164	70	17	3	99

시점	범법별	총 계	소년			성인							미 상
			소계	14세 미만	14~19세	소계	20~30세	31~40세	41~50세	51~60세	61~70세	71세 이상	
2009	위조범죄	34,887	1,903	2	2,080	26,426	6,437	6,151	8,822	5,605	2,032	587	6,379
	통화	3,316	31	1	31	126	3,307	57	26	20	7	1	3,158
	유가증권·인지·우표	1,562	6	-	12	1,227	3,286	196	530	319	87	12	323
	문서	29,494	1,856	1	2,027	24,675	3,030	5,910	8,143	5,181	1,901	566	2,791
	인장	515	10	-	10	398	56	89	123	85	37	8	107

(2) 위조범죄자의 성비

문서위조범죄자의 남녀성비는 대체로 20%정도를 이루고 있다. 이러한 것은 우리 사회에서 주로 남성활동인구가 여성활동인구에 비해서 월등히 많기 때문에 보여지는 비율이라고 할 수 있다. 즉 문서를 통한 법적거래영역의 활동정도에 따른 결과이기 때문에, 앞으로 여성활동인구가 늘어날수록 문서위조범죄에 있어서 여성의 수도 증가할 것이다.

〈표 6〉 위조범죄자의 남여 성비

시점	범법별	합계(A)	남자	여(B)	B/A×100	미상
2000	위조범죄	18,895	13,044	4,021	21.3	1,830
	통화	81	32	2	2.5	47
	유가증권·인지·우표	2,171	1,593	337	15.5	241
	문서	16,409	11,223	3,664	22.3	1,522
	인장	234	196	18	7.7	20
2001	위조범죄	18,759	12,671	3,985	21.2	2,103
	통화	149	40	6	4.0	103
	유가증권·인지·우표	1,913	1,333	269	14.1	311
	문서	16,501	11,131	3,692	22.4	1,678
	인장	196	167	18	9.2	11
2002	위조범죄	17,900	11,535	3,969	22.2	2,396
	통화	296	52	5	1.7	239
	유가증권·인지·우표	1,516	1,038	206	13.6	272
	문서	15,875	10,273	3,728	23.5	1,874
	인장	213	172	30	14.1	11

시점	범법별	합계(A)	남자	여(B)	B/A×100	미상
2003	위조범죄	18,332	11,634	4,032	22.0	2,666
	통화	386	95	11	2.8	280
	유가증권 · 인지 · 우표	1,633	1,128	223	13.7	282
	문서	16,061	10,216	3,780	23.5	2,065
	인장	252	195	18	7.1	39
2004	위조범죄	23,161	15,073	5,630	24.3	2,458
	통화	426	52	9	2.1	365
	유가증권 · 인지 · 우표	1,832	1,399	215	11.7	218
	문서	20,647	13,412	5,375	26.0	1,860
	인장	256	210	31	12.1	15
2005	위조범죄	26,785	16,527	6,916	25.8	3,342
	통화	889	39	5	0.6	845
	유가증권 · 인지 · 우표	2,043	1,401	207	10.1	435
	문서	23,586	14,874	6,661	28.2	2,051
	인장	267	213	43	16.1	11
2006	위조범죄	33,736	18,492	7,117	21.1	8,127
	통화	1,848	56	2	0.1	1,790
	유가증권 · 인지 · 우표	2,815	1,755	225	8.0	835
	문서	28,713	16,379	6,836	23.8	5,498
	인장	360	302	54	15.0	4
2007	위조범죄	28,937	16,512	6,380	22.0	6,045
	통화	2,451	118	7	0.3	2,326
	유가증권 · 인지 · 우표	1,920	1,407	162	8.4	351
	문서	24,196	14,672	6,168	25.5	3,356
	인장	370	315	43	11.6	12

시점	범법별	합계(A)	남자	여(B)	B/A×100	미상
2008	위조범죄	36,394	20,590	7,736	21.3	8,068
	통화	2,735	142	12	0.4	2,581
	유가증권·인지·우표	1,619	1,233	148	9.1	238
	문서	31,519	18,787	7,506	23.8	5,226
	인장	521	428	70	13.4	23
2009	위조범죄	34,887	19,855	7,511	22	7,521
	통화	3,316	142	11	0	3,163
	유가증권·인지·우표	1,562	1,158	196	13	208
	문서	29,494	18,149	7,232	25	4,113
	인장	515	406	72	14	37

(3) 위조범죄자의 교육정도

위조범죄자의 지적능력이나 교육정도에 대해서 정확하게 판단을 내릴 수는 없다. 그러나 위조범죄자는 위조할 수 있는 적합한 상태에 도달하기 위한 능력은 가지고 있어야 하기 때문에 어느 정도의 교육정도가 필요하다고 할 수 있다. 특히 허위공문서작성과 같은 범죄에 있어서는 전형적인 공무원범죄로서 평균 이상의 교육정도와 지적능력을 필요로 한다. 〈표 7〉을 보면 고등학교 이상의 학력자가 문서위조범죄의 대다수를 차지하는 것은 바로 위조능력과 교육정도의 관계를 보여주고 있다.

〈표 7〉 위조범죄자의 교육정도

시점	범법별	총 계	불취학	초등학교	중학교	고등학교	전문대학	일반대학	대학원	기타	미상
2000	위조범죄	18,895	194	1,501	1,875	5,948	838	2,347	268	266	5,658
	통화	81	-	4	4	21	1	4	-	1	46
	유가증권 · 인지 · 우표	2,171	13	126	176	650	78	274	26	36	792
	문서	16,409	179	1,351	1,668	5,185	741	2,045	240	222	4,778
	인장	234	2	20	27	92	18	24	2	7	42
2001	위조범죄	18,759	181	1,322	1,791	6,008	926	2,435	222	194	5,680
	통화	149	1	4	3	20	4	4	-	-	113
	유가증권 · 인지 · 우표	1,913	10	104	139	565	85	233	21	21	735
	문서	16,501	165	1,195	1,624	5,347	830	2,177	201	172	4,790
	인장	196	5	19	25	76	7	21	-	1	42
2002	위조범죄	17,900	187	1,291	1,799	5,843	947	2,201	250	150	5,232
	통화	296	-	3	7	16	7	6	-	-	257
	유가증권 · 인지 · 우표	1,516	9	82	127	409	64	196	17	16	596
	문서	15,875	178	1,188	1,634	5,319	871	1,977	231	133	4,344
	인장	213	-	18	31	99	5	22	2	1	35

시점	범법별	총 계	불취학	초등학교	중학교	고등학교	전문대학	일반대학	대학원	기타	미상
2003	위조범죄	18,332	192	1,284	1,724	5,690	873	2,332	251	121	5,865
	통화	386	5	3	12	39	2	15	1	-	309
	유가증권 · 인지 · 우표	1,633	15	92	116	458	65	214	14	9	650
	문서	16,061	170	1,174	1,569	5,102	792	2,076	233	111	4,834
	인장	252	2	15	27	91	14	27	3	1	72
2004	위조범죄	23,161	167	1,452	2,282	6,599	894	2,156	226	311	9,074
	통화	426	4	0	17	17	3	10	1	13	361
	유가증권 · 인지 · 우표	1,832	8	63	98	523	55	171	17	42	855
	문서	20,647	153	1,377	2,133	5,982	816	1,952	206	246	7,782
	인장	256	2	12	34	77	20	23	2	10	76
2005	위조범죄	26,785	205	1,735	2,874	7,125	933	2,283	182	293	11,155
	통화	889	-	4	16	14	1	5	-	1	848
	유가증권 · 인지 · 우표	2,043	20	59	121	449	64	211	10	25	1,084
	문서	23,586	183	1,652	2,717	6,577	858	2,044	171	262	9,122
	인장	267	2	20	20	85	10	23	1	5	101

시점	범법별	총 계	불취학	초등학교	중학교	고등학교	전문대학	일반대학	대학원	기타	미상
2006	위조범죄	33,736	218	1,893	4,382	8,018	880	2,153	158	491	15,723
	통화	1,848	2	3	11	35	2	5	-	2	1,788
	유가증권·인지·우표	2,815	39	55	110	608	70	170	6	58	1,699
	문서	28,713	175	1,821	4,061	7,286	791	1,950	151	426	12,052
	인장	360	2	14	20	89	17	28	1	5	184
2007	위조범죄	28,937	168	1,531	2,813	7,491	930	1,933	160	286	13,625
	통화	2,451	1	4	9	83	2	10	-	5	2,337
	유가증권·인지·우표	1920	9	36	62	472	61	121	10	25	1,124
	문서	24,196	156	1,472	2,709	6,841	848	1,771	149	251	9,999
	인장	370	2	19	33	95	19	31	1	5	165
2008	위조범죄	36,394	176	1,615	3,372	9,686	1,355	2,457	179	315	17,239
	통화	2,735	2	3	25	63	11	16	-	-	2,615
	유가증권·인지·우표	1,619	6	30	46	292	46	98	4	11	1,086
	문서	31,519	165	1,559	3,264	9,197	1,276	2,294	174	297	13,293
	인장	521	3	23	37	134	22	49	1	7	245

시점	범법별	총 계	불취학	초등학교	중학교	고등학교	전문대학	일반대학	대학원	기타	미상
2009	위조범죄	34,887	141	1,247	2,456	9,157	1,093	727	231	318	17,787
	통화	3,316	3	6	17	46	5	12	-	-	3,227
	유가증권·인지·우표	1,562	2	19	54	263	42	86	6	11	1,079
	문서	29,494	128	1,195	2,344	8,724	1,028	2,327	224	300	13,234
	인장	515	8	27	41	134	18	32	1	7	247

(4) 위조범죄자의 직업

위조범죄의 유형과 개별위조범죄의 태양에 따라 위조범죄자와 직업과의 상관관계는 매우 상이하다고 할 수 있다. 예를 들어 문서위조범죄의 다수를 차지하고 있는 사문서위조・변조의 경우는 자영업자나 피고용자가 직업적 분포로 많고, 허위진단서작성의 경우는 의사라는 전문직이 차지하고 있으며, 허위공문서작성죄의 경우는 공무원이 다수를 차지하고 있다. 그러므로 위조범죄가 기회범의 성격도 가지고 있지만, 이욕범죄의 특징을 고려하면, 위조범죄자의 직업은 위조범죄에 밀접한 상관관계가 있다고 할 수 없다.

〈표 8〉 위조범죄자의 직업

시점	범법별	총계	자영자	피고용자	전문직	공무원	기타
2000	위조범죄	18,895	4,285	3,789	490	463	9,868
	통화	81	12	5	-	-	64
	유가증권・인지・우표	2,171	549	335	24	2	1,261
	문서	16,409	3,635	3,397	464	459	8,454
	인장	234	89	52	2	2	89
2001	위조범죄	18,759	4,085	3,760	482	408	10,024
	통화	149	4	10	-	-	135
	유가증권・인지・우표	1,913	476	286	28	-	1,123
	문서	16,501	3,547	3,413	451	408	8,682
	인장	196	58	51	3	-	84

시점	범법별	총계	자영자	피고용자	전문직	공무원	기타
2002	위조범죄	17,900	3,882	3,506	430	357	9,725
	통화	296	7	12	-	-	277
	유가증권 · 인지 · 우표	1,516	360	212	12	-	932
	문서	15,875	3,447	3,228	415	357	8,428
	인장	213	68	54	3	-	88
2003	위조범죄	18,332	3,791	3,650	425	310	10,156
	통화	386	6	24	1	-	355
	유가증권 · 인지 · 우표	1,633	399	227	11	-	996
	문서	16,061	3,327	3,321	403	310	8,700
	인장	252	59	78	10	-	105
2004	위조범죄	23,161	4,019	3,619	441	316	14,764
	통화	426	17	5	3	-	399
	유가증권 · 인지 · 우표	1,832	408	135	11	4	1,274
	문서	20,647	3,541	3,422	422	311	12,951
	인장	256	53	57	5	1	140
2005	위조범죄	26,785	4,987	5,015	504	350	15,924
	통화	889	13	2	1	-	873
	유가증권 · 인지 · 우표	2,043	512	158	16	1	1,356
	문서	23,586	4,407	4,811	478	349	13,536
	인장	267	55	44	9	-	159
2006	위조범죄	33,736	5,511	7,472	570	338	19,841
	통화	1,848	24	11	1	-	1,812
	유가증권 · 인지 · 우표	2,815	646	195	13	1	1,960
	문서	28,713	4,769	7,217	551	334	15,838
	인장	360	72	49	5	3	231

<table>
<tr><th>시점</th><th>범법별</th><th>총계</th><th>자영자</th><th>피고용자</th><th>전문직</th><th>공무원</th><th>기타</th></tr>
<tr><td rowspan="5">2007</td><td>위조범죄</td><td>28,937</td><td>4,995</td><td>6,244</td><td>586</td><td>318</td><td>16,786</td></tr>
<tr><td>통화</td><td>2,451</td><td>11</td><td>12</td><td>1</td><td>-</td><td>2,427</td></tr>
<tr><td>유가증권 · 인지 · 우표</td><td>1,920</td><td>522</td><td>154</td><td>13</td><td>1</td><td>1,229</td></tr>
<tr><td>문서</td><td>24,196</td><td>4,371</td><td>6,001</td><td>568</td><td>312</td><td>12,937</td></tr>
<tr><td>인장</td><td>370</td><td>91</td><td>77</td><td>4</td><td>5</td><td>193</td></tr>
<tr><td rowspan="5">2008</td><td>위조범죄</td><td>36,394</td><td>6,100</td><td>8,028</td><td>793</td><td>422</td><td>21,046</td></tr>
<tr><td>통화</td><td>2,735</td><td>18</td><td>23</td><td>1</td><td>-</td><td>2,693</td></tr>
<tr><td>유가증권 · 인지 · 우표</td><td>1,619</td><td>445</td><td>168</td><td>9</td><td>-</td><td>997</td></tr>
<tr><td>문서</td><td>31,519</td><td>5,482</td><td>7,725</td><td>774</td><td>400</td><td>17,133</td></tr>
<tr><td>인장</td><td>521</td><td>155</td><td>112</td><td>9</td><td>22</td><td>223</td></tr>
<tr><td rowspan="5">2009</td><td>위조범죄</td><td>34,887</td><td>5,999</td><td>6,693</td><td>789</td><td>514</td><td>20,888</td></tr>
<tr><td>통화</td><td>3,316</td><td>16</td><td>24</td><td>2</td><td>-</td><td>3,274</td></tr>
<tr><td>유가증권 · 인지 · 우표</td><td>1,562</td><td>444</td><td>143</td><td>7</td><td>-</td><td>968</td></tr>
<tr><td>문서</td><td>29,494</td><td>5,390</td><td>6,444</td><td>771</td><td>511</td><td>16,374</td></tr>
<tr><td>인장</td><td>515</td><td>149</td><td>82</td><td>9</td><td>3</td><td>272</td></tr>
</table>

※ 위 표에서 自營業者群은 세부적으로 농 · 임 · 수산업, 광업, 제조업, 건설업, 도소매업, 무역업, 요식업, 숙박업, 금융업, 부동산업, 의료보건업, 차량정비업, 노점, 행상, 기타사업자로 분류할 수 있고, 被雇傭者群에는 교원(사립학교), 사무원, 기술자, 점원, 공원, 운전자, 경비원, 외판원, 국공립기업체직원, 일반회사원, 금융기관직원, 유흥업종사자, 요식업종사자, 일용노동자, 기타 피고용자로 분류되고, 專門職은 의사, 변호사, 교수, 종교가, 언론인, 예술인, 기타 전문직으로 분류되며, 기타에는 학생, 주부, 무직자, 미상으로 분류된다.

(5) 범죄자의 범죄동기

위조범죄의 동기와 관련한 일반적 특징은 경제적인 동기가 중요하다는 점이다. 여기에 사행심도 중요한 동기라고 할 수 있다. 특이한 점은 우발적 동기와 부주의가 상당히 많은 수를 차지한다는 점이다.

〈표 9〉 위조범죄자의 범죄동기

시점	범법별	총계	이욕	사행심	보복	가정불화	호기심	유혹	우발적	현실불만	부주의	기타	미상
2000	위조범죄	18,895	3,338	68	7	21	63	37	223	11	539	8,814	5,774
	통화	81	14	1	-	-	1	-	1	-	-	11	53
	유가증권 · 인지 · 우표	2,171	369	4	-	2	5	1	13	4	53	942	778
	문서	16,409	2,931	59	7	19	53	34	196	7	467	7,748	4,888
	인장	234	24	4	-	-	4	2	13	-	19	113	55
2001	위조범죄	18,759	3,276	75	3	14	159	62	273	32	529	8,740	5,596
	통화	149	13	-	-	-	3	-	1	-	1	23	108
	유가증권 · 인지 · 우표	1,913	319	3	1	-	10	1	13	2	21	819	724
	문서	16,501	2,916	67	2	14	145	61	250	30	492	7,799	4,725
	인장	196	28	5	-	-	1	-	9	-	15	99	39
2002	위조범죄	17,900	3,150	35	6	17	153	64	311	19	416	8,312	5,417
	통화	296	24	-	-	-	3	-	3	-	1	14	251
	유가증권 · 인지 · 우표	1,516	262	1	-	-	5	-	12	-	15	620	601
	문서	15,875	2,816	34	6	17	138	64	288	19	382	7,575	4,536
	인장	213	48	-	-	-	7	-	8	-	18	103	29

시점	범법별	총계	이욕	사행심	보복	가정불화	호기심	유혹	우발적	현실불만	부주의	기타	미상
2003	위조범죄	18,332	3,630	41	5	9	103	56	228	30	458	8,138	5,634
	통화	386	52	-	-	-	1	1	-	-	3	37	292
	유가증권·인지·우표	1,633	344	2	-	-	1	-	18	-	18	614	636
	문서	16,061	3,195	37	5	9	101	55	196	29	420	7,376	4,638
	인장	252	39	2	-	-	-	-	14	1	17	111	68
2004	위조범죄	23,161	2,250	115	14	43	185	130	399	45	380	11,056	8,544
	통화	426	17	1	-	-	9	-	2	-	-	49	348
	유가증권·인지·우표	1,832	139	14	2	1	-	3	4	1	24	844	800
	문서	20,647	2,068	100	12	42	173	127	378	44	339	10,031	7,333
	인장	256	26	-	-	-	3	-	15	-	17	132	63
2005	위조범죄	26,785	2,674	140	20	36	159	145	395	32	408	12,382	10,394
	통화	889	13	1	-	-	8	-	2	-	-	26	839
	유가증권·인지·우표	2,043	148	21	1	2	1	6	36	2	28	795	1,003
	문서	23,586	2,508	117	18	34	148	137	333	30	365	11,433	8,463
	인장	267	5	1	1	-	2	2	24	-	15	128	89

시점	범법별	총계	이욕	사행심	보복	가정불화	호기심	유혹	우발적	현실불만	부주의	기타	미상
2006	위조범죄	33,736	3,669	119	21	49	168	131	382	29	578	14,637	13,953
	통화	1,848	19	3	-	-	3	1	2	-	-	79	1,741
	유가증권·인지·우표	2,815	108	21	3	3	5	7	24	-	38	1124	1,482
	문서	28,713	3,519	95	18	46	158	120	338	29	526	13,288	10,576
	인장	360	23	-	-	-	2	3	18	-	14	146	154
2007	위조범죄	28,937	2,527	91	22	21	215	220	393	51	583	12,622	12,192
	통화	2,451	42	-	2	-	3	-	5	1	2	132	2,264
	유가증권·인지·우표	1,920	82	15	1	1	1	13	24	2	33	714	1,034
	문서	24,196	2,385	76	19	19	210	207	352	46	535	11,594	8,753
	인장	370	18	-	-	1	1	-	12	2	13	182	141
2008	위조범죄	36,394	3,532	182	78	55	434	355	2,234	122	1,298	12,790	15,314
	통화	2,735	25	1	1	1	26	2	12	-	1	68	2,598
	유가증권·인지·우표	1,619	72	12	5	1	3	4	81	2	22	389	1,028
	문서	31,519	3,406	166	71	51	403	342	2,076	119	1,230	12,182	11,473
	인장	521	29	3	1	2	2	7	65	1	45	151	215

시점	범법별	총계	이욕	사행심	보복	가정불화	호기심	유혹	우발적	현실불만	부주의	기타	미상
2009	위조범죄	34,887	2,600	194	6	14	525	343	999	96	1,577	12,106	16,427
	통화	3,316	26	2	-	-	10	1	12	-	5	41	3,219
	유가증권·인지·우표	1,562	71	19	-	1	4	5	23	-	21	374	1,044
	문서	29,494	2,478	172	6	13	510	334	917	95	1,511	11,515	11,943
	인장	515	25	1	-	-	1	3	47	1	40	176	221

(6) 범죄자의 전과

위조범죄로 처벌받은 자의 1/3 이상이 재범자이다. 재범자들은 특히 강한 반사회성을 가지고 있다. 재범자들 중에서 동종재범자의 비율은 대략 14%정도로 나타나고 있다. 이것은 이욕적 성향이 강한 위조범죄의 특징과 관련시켜 보면, 위조행위는 행위자의 일정한 범위에서 반사회적 소인을 갖는다고 할 수 있다.

〈표 10〉 위조범죄자의 전과

시점	범법별	총계	초범	재범	미상
2000	위조범죄	18,895	30	7,752	11,113
	통화	81	-	9	72
	유가증권 · 인지 · 우표	2,171	1	1,032	1,138
	문서	16,409	27	6,593	9,789
	인장	234	2	118	114
2001	위조범죄	18,759	44	7,905	10,810
	통화	149	-	22	127
	유가증권 · 인지 · 우표	1,913	3	877	1,033
	문서	16,501	41	6,877	9,583
	인장	196	-	129	67
2002	위조범죄	17,900	36	7,565	10,299
	통화	296	-	24	272
	유가증권 · 인지 · 우표	1,516	3	702	811
	문서	15,875	32	6,710	9,133
	인장	213	1	129	83

시점	범법별	총계	초범	재범	미상
2003	위조범죄	18,332	4	7,578	10,750
	통화	386	-	37	349
	유가증권 · 인지 · 우표	1,633	-	775	858
	문서	16,061	4	6,643	9,414
	인장	252	-	123	129
2004	위조범죄	23,161	8,786	8,642	5,733
	통화	426	79	23	324
	유가증권 · 인지 · 우표	1,832	599	740	493
	문서	20,647	8,012	7,752	4,883
	인장	256	96	127	33
2005	위조범죄	26,785	9,475	9,813	7,497
	통화	889	63	21	805
	유가증권 · 인지 · 우표	2,043	535	798	710
	문서	23,586	8,760	8,884	5,942
	인장	267	117	110	40
2006	위조범죄	33,736	13,472	9,873	10,391
	통화	1,848	133	27	1,688
	유가증권 · 인지 · 우표	2,815	705	938	1,172
	문서	28,713	12,469	8,768	7,476
	인장	360	165	140	55
2007	위조범죄	28,937	10,172	9,346	9,419
	통화	2,451	292	45	2,114
	유가증권 · 인지 · 우표	1,920	371	777	772
	문서	24,196	9,359	8,364	6,473
	인장	370	150	160	60

시점	범법별	총계	초범	재범	미상
2008	위조범죄	36,394	12,936	11,040	12,418
	통화	2,735	208	67	2,460
	유가증권·인지·우표	1,619	261	518	840
	문서	31,519	12,304	10,250	8,965
	인장	521	163	205	153
2009	위조범죄	34,887	11,301	9,725	13,861
	통화	3,316	150	51	3,115
	유가증권·인지·우표	1,562	256	435	871
	문서	29,494	10,727	9,020	9,747
	인장	515	168	219	128

3. 위조범죄의 기법

위조범죄의 기법은 매우 다양해서 개별적인 기법들을 여기에서 모두 설명할 수는 없다. 여기서는 중요하고 빈번한 위조범죄 기법만을 설명하고자 한다.

(1) 필적위조 · 변조방법

행위자는 자기자신의 필적을 숨기거나, 다른 사람들의 필적을 모방하는 방법으로 문서의 내용을 구성하는 필적 또는 작성자의 동일성을 나타내는 서명을 위조하거나 변조한다. 실제로 구분하기 어려운 모방을 위해서 행위자는 명의자의 원래의 필적을 이미 알고 있거나, 다른 문서에 기재되어 있는 원필적을 알고 있는 것이 전제된다. 이러한 타인의 필적을 연습하거나 단순에 모방하기도 한다. 특히 연습을 통해서 글씨의 경직되거나 움츠려든 움직임을 피하는 장점을 갖는다. 또한 필적위조의 방법으로 모방의 연습없이도 원필적의 정확한 모사를 가능하게 하는 투사지(Pauspapier)가 사용되기도 한다. 이러한 방법에서는 원필적의 흔적을 정확히 덧그려야 투사지 사용을 감출 수 있다. 따라서 투사지를 사용한 위조시에는 대체로 행위자는 천천히 쓰거나 정지하는 부분이 많게 된다. 이 밖에도 위조범이 원필적에 개의치 않고 행하는 방법이 있다. 이러한 기법은 행위자가 원필적을 알지 못한 경우나 다른 위조방법을 모른 경우 그리고 제3자가 위조행위시 옆에 있는 경우에 사용된다. 특별한 경우이지만 행위자가 자신의 필체를 사용하지 않고 다른 필적을 흉내내는 경우가 있다. 이러한 경우는 행위자가 문서의 구속력으로부터 벗어나고자 시도할 때 사용된다.[6)]

필적위조 중 가장 문제가 되는 것은 신용카드의 전표나 은행의 예금청구서 또는 계약서상의 보증인의 서명이다. 서명은 다른 필적들과는 달리 거의가 이름석자에 불과하고 단시간의 연습에 의하여도 쉽게 모방이 가능하다고 생각하기 때문인 듯하다. 그리고 서명의 위조여부가 문제되었을 때에 감정전문가가 아닌 보통사람이 위조여부를 밝혀내는 것은 결코 쉬운 일이 아니다. 뿐만 아니라 때로는 감정전문가조차도 그 진위를 밝혀내는 것이 쉽지 않을 때가 있다.[7)]

---

6) Geerds, a.a.O., S.211.

7) 이러한 상황에서 시중은행들이 고객의 편의를 위한다는 구실로 서명만을 가지고 예금을 인출할 수 있게 하고, 서명의 진위에 대하여는

(2) 기계적 필적을 이용한 기법

기계적으로 작동하여 쓸 수 있는 타자기나 컴퓨터를 이용한 워드 작업은 개개인의 필적이 중요하지 않기 때문에 아주 많이 이용되고 있다. 그러나 이러한 기법은 행위자가 위조나 변조시에 이미 원본작성시에 이용한 기계적 장치를 가지고 있어야만 가능하다.

(3) 인쇄를 이용한 위조기법

이 기법을 이용한 경우는 그리 많지는 않으나 손해의 정도나 범죄성의 강도는 아주 크다. 여기에서 중요한 것은 일반적으로 원본서류를 만들어내는 인쇄과정이다. 따라서 인쇄기법을 사용하는 위조범은 철판인쇄나 요판인쇄 또는 평판인쇄의 과정을 전문가로서나 아니면 어느 정도는 잘 알고 있어야만 한다. 더 나아가서 위조범은 위조된 인쇄물이 수필(手筆)이나 기계적 필적의 투입으로 마무리되는지를 알고 있어야만 한다. 특히 결합적인 방법으로 행해지는 인쇄과정에서 위조범의 지식과 능력만이 중요한 것이 아니라, 원본과 가능한 한 유사한 인쇄형태를 유지하는 것에 유의하는 것이 중요한 점이다. 그리고 이러한 인쇄의 기술적 측면 이외에도 위조범죄의 행위시에는 인쇄물의 재질을 선택하

은행원들이 상당한 주의를 가지고 양 서명을 비교하였다면 설사 예금이 부정하게 인출되었다고 하더라도 그에 대한 책임을 지지 않는다고 예금거래약관으로 규정한 것은 은행이용자가 그 약관에 근거하여 예금계약을 맺었다고 할지라도 상당한 논란의 여지가 있다는 지적이 있다. 김정호, 전게서, 63면.

는 것도 중요한 역할을 한다. 마찬가지로 원본에 상응하는 인쇄 색상도 위조범은 고려해야 한다. 따라서 특별한 형태의 문서 - 예를 들어 여권이나 유가증권 - 의 경우는 위조가 어렵지만, 경우에 따라서는 그러한 재질을 얻기 위한 방법으로 절도가 행해지기도 한다.[8)]

(4) 복사기를 이용하는 기법

최근 컬러복사기의 기술적 혁신과 보급의 확대는 법적 거래와 상거래에서 그 사용영역을 혁신적으로 증가시켰다. 부분적으로는 전에 원본이나 복본의 제시가 필요했었던 곳에서조차도 이제는 복사본을 사용한다. 복사본은 더 개선되고 신속한 정보의 유통을 보증하고 상거래에서 불가결한 업무의 완화에 기여하고 있다. 그러나 이러한 순기능에 반해서 복사기계의 혁신적인 개선은 기존문서에 다소 교묘하게 행해진 변경과 조작만으로도 그 위조나 변조의 상태를 인식하는 것이 거의 불가능하게 되었다. 이처럼 조작된 복사본은 법적 거래에서 현저한 잠재적 위험으로 되었다. 위조범은 복사기계를 사용하기 전에 이미 위조나 변조된 문서를 만들거나, 이미 진정한 문서를 복사과정을 통해서 - 원본의 일부를 가리거나 다른 내용을 덮어서 복사하여 다른 의사표시 또는 다른 명의인을 원본처럼 만드는 경우 - 아니면 진정문서의 원본대로 복사한 후 그 복사본을 변조해서 변조된 복사본을 복사하여 행사하는 기법을 사용하고 있다.

---

8) Geerds, a.a.O., S.211.

(5) 화약약품을 이용하는 기법

문서의 특정한 내용을 지우는 방법을 통해서 범해지는 - 주로 변조 - 기법은 화학약품을 사용하는 경우이다. 이러한 화학약품으로 산화물질 또는 산(酸)이나 중성용액의 환원제, 예를 들어 표백제, 잉크제거제 등이 사용된다. 이러한 화학약품을 가지고서 문자들은 전체적으로 혹은 부분적으로 지우면 위조나 변조문서에 화학적인 변화들이 있게 되며 위조범은 위조문서를 행사할 때 이를 은폐하려고 한다.[9] 이러한 화학약품을 이용하여 기존의 글자를 지우고 다른 글자를 기입한 위조·변조문서는 자외선감식기를 이용하여 삭제여부를 밝힐 수 있다.[10]

제2절 문서죄에 관한 패러다임의 변화

1. 문서죄에 대한 기존이해의 재고

(1) 문서죄의 기능의 재검토

문서는 관념 내지 의사를 표현하는 수단의 하나이지만 동시에 이러한 사회생활관계를 명확하게 하고 영속적으로 기록하는 수단으로 널리 활용되기 때문에 문서에 대한 사회적 신뢰와 공공의 신용성이 강조되지 않을 수 없다. 한편 문서에 대한 공공의 신용성이 높다는 점을 악용하여 타인명의의 문서를 위조하거나

9) Geerds, a.a.O., S.212.
10) 김정호, 전게서, 65면.

이를 전제로 하여 불법한 재산상의 이익을 얻는 경우도 많기 때문에 문서에 관한 죄는 사기·횡령·배임 등 재산범죄의 준비행위로서도 이용된다. 그러나 문서에 관한 죄는 이와같이 재산범죄를 방지하기 위해서 인정된 것이 아니라, 사회생활에서 갖는 문서의 중요성을 고려하여 문서에 대한 법적거래의 확실성과 공공의 신용을 보장하기 위해서 범죄로 규정하고 있다.

우리 형법에서 문서범죄는 위조범죄의 전형으로서 공공의 신용이라는 보호법익아래 신용도구들 중에서 전통적으로 중요시되어 문서에 대한 개별 구성요건들을 두고 있으며, 최근에 현대사회의 기술혁신을 통해 전통적인 신용도구들을 대체하고 있는 전자기록 등을 포함하고 있다.

위조범죄의 보호법익으로서 공공의 신용은 하나의 집합개념으로 이해할 수 있다. 따라서 하나의 집합개념으로서 공공의 신용이라는 보호법익의 내용은 큰 의미를 갖지 못한다. 오히려 형법해석을 위해서 중요한 것은 공공의 신용이 사회적으로 형성되는 것인지, 아니면 규범적으로 설정되는 것인지의 문제를 해결하는 것이다.

현재 다수의 형법학자들은 입법자가 공공의 신용을 보호하기 위해서 형법규범을 두고 있다고 이해하고 있다. 이러한 이해에 의하면 공공의 신용은 형벌규정에 상응해서 선재하는 보호가치 있는 이익을 형성할 수 없고, 결국 형법규범을 통해서 생겨나는 기대로부터 나오는 것이라는 관점이나, 법률적인 열거가 공공의 신용의 범위에 대해서 결정한다는 관점과 같은 것이다. 즉 공공의 신용은 형법규범에 의해서 생겨나는 순수한 규범적인 보호객체이지, 사회 일반의 사실상의 신용은 고려의 대상에서 제외해야 한다는 것을 의미한다.

그러나 여러 다른 형법규범과는 달리 위조범죄의 본질은 '진정한 것처럼 보이는 외관'을 법적거래에 보여줌으로써 일반인이 신용하는 대상들의 기능을 해치는데 있다. 특히 유가증권과 문서의 경우는 통화와 달리 사적인 거래에 참여하는 자들 사이에서 형성되는 '대상물의 신용'이 형법규범을 통해서 보호해야하는 보호객체이지, 입법자가 규범적으로 설정해 놓은 대상물에 한정하는 것은 현실을 외면한 순수한 실정법적 사고일 뿐이다. 더군다나 법적거래의 발전속도에 비추어 볼 때, 입법자에 의한 사회적 신용의 보호는 전혀 실효성이 없는 경우가 대부분일 것이다. 이런 관점에서 대법원이 오늘날 일상거래에서 복사문서가 원본에 대신하는 증명수단으로서의 기능이 증대되고 있는 실정에 비추어 볼 때 이에 대한 사회적 신용을 보호할 필요가 있다고 한 것은 타당한 법해석이라고 할 수 있다.[11]

위조범죄가 그 보호법익을 공공의 신용에 두고 있는 한, 그러한 공공의 신용은 사회에서 형성되고 널리 이용되는 공공의 신용의 대상물을 포함하기 위한 보호법익으로 이해해야 한다고 본다. 물론 형법규범의 해석을 위해서 보호법익을 결정할 때, 순수한 규범적 관점이나 순수한 사실적 관점만을 유일하게 고려해서는 안 된다. 그러나 다른 범죄와 달리 위조범죄의 경우에는 특

---

11) 대법원 1989.9.12. 선고 87도506 전원합의체판결.

히 현실을 고려하지 않고서 순수한 규범적 관점에서 공공의 신용을 보호한다고 이해해서는 안 된다. 왜냐하면 위조범죄의 핵심은 '위조'에 있지 위조의 '대상물'에 있는 것이 아니다. 그 대상물이라 함은 사회가 오랜 동안 사용해온 신용의 도구일 뿐이다. 따라서 위조범죄란 일반인으로 하여금 진정한 것으로 오인할 수 있는 정도의 문서 등을 만들거나 사용하는 범죄라고 할 수 있다. 따라서 당연히 현실을 구성하는 '일반인의 관점'이 우선적이어야지, '입법자의 관점'이 우선할 수 없는 것이다.

그러므로 위조범죄에 있어서는 법적거래의 현실이 공공의 신용이라는 보호법익의 결정을 위해서 중요한 결정인자가 되어야 한다는 점이다. 물론 사회 일반인의 공공의 신용의 정도를 어떻게 판단하고 결정해야 하는지의 문제가 남는다. 이 문제는 먼저 문제가 되는 신용의 대상물에 대한 개별적인 사회현실을 파악하는 것이 중요하고 그리고 이러한 현실을 법관의 규범적 판단에 맡기는 정도에서 해결해야 할 것이다.

(2) 문서죄의 해석론과 입법의 조화

한국형법상 문서죄의 해석론의 특징은 1989년을 전후로 하여 그 논의의 주제가 대별될 수 있다는 점이다. 1989년 이전에는 해석론상 문서의 개념은 특별한 논의 대상이 되지 않았고, 오히려 행위태양으로서 위조와 변조의 개념과 그에 대한 구별문제가 학계에서 중요한 논쟁점이 되었다고 할 수 있다. 한국형법에서 문서의 개념에 대한 문제가 중요한 논의의 대상이 되지 못한 이유를 범죄사회학적인 관점에서 보면, 1980년대 초까지는 문서죄가 실무에서 그 빈도수나 중요도에서 특별하게 문제되지 않았고, 다른 이유로는 1953년 형법제정이후 지난 40여년의 짧은 시간동안 형법의 기본체계와 총론분야의 범죄이론에 대한 이해에 중점을 두는 학계의 상황을 들 수가 있다.

1) 문서개념의 정의규정의 필요성 여부

1980년대 접어들면서 한국사회는 경제적 성장에 힘입어 기존의 사회적 거래와는 다른 방향으로 나아가게 되었고, 대량, 신속을 요하는 거래사회에서 증명방법은 다양화되고 그러한 결과로서 문서는 법적거래에서 점차 중요한 비중을 차지하게 되었고, 실무에서는 형사정책적인 입장에서 가벌성을 확대하는 경향을 보여주었다. 이러한 상황에서 1978년 대법원의 복사문서에 대한 판결[12]은 기존의 문서개념을 확인하는 판결이었기 때문에 별 반향(反響)이 없었으나, 1989년의 판결[13]은 종래의 문서개념의 이해에 변화를 주는 것이었기 때문에 학계에서는 이를 두고 찬반의 논쟁이 되었다. 이 판결을 지지하는 견해는 대부분 형사정책적인 필요성에 근거하고, 문서의 기능적 측면을 문서개념의 핵심으로 이해하고 있고, 반대하는 다수설은 기존의 형법학의 해석론상의 문서의 개념을 견지하면서 죄형법정주의 원칙을 근거로 하고 있다.

형법상 문서죄의 행위객체로서 문서에 대한 정의규정을 두지

---

12) 대법원 1978.4.11. 선고 77도4068 판결.

13) 대법원 1989.9.12. 선고 87도506 판결.

않고, 규범적 구성요건요소로 이해하여 시대가 변하면 문서라고 하는 개념도 당연히 변한다는 인식이 일반적 이해라고 보여진다. 1851년 프로이센 형법 제223조 제2항에는 문서에 대한 정의규정이 있었다. 그에 따르면 "문서란 권리나 법률관계에 대한 계약, 처분행위, 의무, 면제 등 증명을 위한 중요한 서면을 말한다"고 규정되었었다. 그러나 1871년의 제국형법의 입법자는 문서를 서면(Schrift)에 제한하는 것이 실무의 필요를 고려하지 않은 것이라는 이유에서 프로이센 형법에 있었던 문서개념을 삭제하였다. 우리 형법상 문서개념과 관련한 문제점들은 해석론상 계속적인 논의의 장에서 해결해가야 할 것으로 보여진다.

2) 허위공문서작성죄의 해석론의 순화

문서죄의 해석론과 관련해서 제기된 문제점들 중에서 허위공문서작성죄의 간접정범 성립여부와 관련한 판례와 학설의 주장들을 입법론에 의해서 해결할 필요가 있는지 검토할 필요가 있다.

공무원신분이 없는 자가 권한 있는 공무원을 이용한 경우에 허위공문서작성죄의 간접정범이 성립할 수 없다는데 학설과 판례[14]는 일치하고 있다. 그런데 공무원의 신분이 있는 자가 권한 있는 공무원을 이용한 경우에 허위공문서작성죄의 간접정범이 성립하는지에 대해서 판례는 이를 인정하고 있으며[15], 학설은 긍

---

14) 대법원 1961.12.14. 선고 4292형상647 판결; 대법원 1976.8.24. 선고 76도151 판결.

15) 대법원 1963.6.20. 선고 63도138 판결.

정설과 부정설로 나뉘어져 있다. 긍정설은 공무원이라는 신분이 아니라 공무원이 직무에 관한 문서를 작성하는 것을 말하므로 반드시 권한을 가진 공무원에 한하지 않는다는 견해[16], 기안을 담당하는 보조공무원이 문서의 작성명의인은 아니지만 사실상 또는 실질적으로 작성권한을 갖고 있어 간접정범이 성립한다는 견해[17]가 있다. 이에 대해서 부정설은 허위공문서작성죄의 주체는 작성권한 있는 공무원에 엄격히 제한되는 진정신분범이고, 이 경우 신분없는 자가 신분있는 자를 이용한 간접정범은 성립할 수 없다고 하거나[18], 허위공문서작성죄는 의무범의 아류인 부진정자수범의 일종이므로 작성권한 있는 공무원 이외의 모든 사람은 간접정범이 될 수 없다고 하는 견해[19]가 제시되고 있다

공문서의 작성권한 있는 공무원을 보좌하여 기안을 담당하는 공무원이 그 직위를 이용하여 행사할 목적으로 허위공문서를 기안하여 그 정을 모르는 상사의 서명날인을 받아 공문서를 완성한 경우에 허위공문서작성죄의 간접정범이 성립한다는 대법원의 입장은 이미 40년이 넘게 변함없이 유지되고 있다. 형법 제227조의 허위공문서작성죄규정이 「공무원이 행사할 목적으로 그 직무에 관하여 문서 또는 도화를 허위로 작성하거나 변개한 때」라고 하여 주체를 '공무원'이라고 명시하고 있으며, 이 때의 공무원은 문서의 작성권한자로서 공무원이라는 신분을 가진 자에 제한되

16) 유기천, 형법각론[하], 156면.
17) 배종대, 형법각론, 712면 ; 정성근/박광민, 형법각론, 598면.
18) 이재상, 형법각론, 586면.
19) 김일수/서보학, 형법각론, 761면.

는 진정신분범으로 이해하고 있다.[20] 이러한 진정신분범이라는 허위공문서작성죄의 성격에 근거하여 작성권한 없는 공무원의 간접정범을 부정하는 견해에 대해서 "이러한 견해에 의하면 '입법적 해결'이 있기 전까지는 보조공무원의 행위가 무죄가 되어야 한다는 결론이 되므로 받아들이기 어렵다... 이론적으로 매끄럽지 않더라도, 법률흠결을 해석으로 보충하여 가벌성을 근거짓는 이론구성을 해야 할 필요가 있다"고 주장한다.[21] 물론 이 주장에 대해서는 법률흠결을 해석으로 보충하여 가벌성을 확대하는 것은 죄형법정주의에 반하는 것이며, 입법적 해결에 의해야한다고 반박되고 있다.[22]

이러한 논의과정에서 일치하는 부분은 현행 형법상 문서작성을 보조하는 공무원이 정을 모르는 권한있는 공무원을 이용하여 허위의 공문서를 작성하는 행위의 처벌필요성은 인정하고 있다는 점이다. 단지 형법 제227조는 진정신분범으로서 '작성권한 있는 공무원'만이 주체라는 점이 무모한 해석의 논리를 양산하고 있다고 보여진다.[23] 따라서 해석론의 순화를 위해서 형법 제227조의 규정을 개정할 필요가 있다고 생각된다.

---

20) 일정한 사항에 관하여 문서의 작성권한 있는 공무원이 그 작성권한 이외의 사항에 대하여 공문서를 허위로 작성한 경우에는 공문서위조죄가 성립한다. 대법원 1996.4.23. 선고 96도424 판결.

21) 배종대, 형법각론, 712면.

22) 이재상, 형법각론, 597면.

23) 백원기, 형사판례연구[10], 270면.

2. 문서죄의 새로운 패러다임

(1) 공문서 · 사문서의 단일화

공문서의 위조 또는 변조는 사문서에 비해 불법이 가중된 경우로 보고 가중된 법정형을 정하고 있다. 이와 같은 공문서와 사문서의 구별은 일본을 통해 계수된 독일의 1871년 제국형법의 영향이라고 설명되고 있다. 그러나 오늘날 경제생활분야에서 거래주체로서 국가 공공단체나 사인, 공기업 사이에 본질적인 차이는 무너졌고 공 · 사문서에 대한 안전과 신용보호에 차이를 둘 필요가 없다는 점에서 현행법의 태도에 대해 의문이 제기되고 있으며[24], 이러한 공 · 사문서의 구별의 배경이 한국사회에 남아 있는 관료적인 전통이 개인의 사문서에 비해 공문서의 높은 신용성을 요구하고 있는 것으로 생각된다.

우리 사회에서 문서에 대한 공공의 신용을 보호하는데 언제까지 공문서와 사문서의 구별을 필요할 것인가를 생각해본다면 아마도 개정논의가 있는 시점에서는 공문서와 사문서를 구별하지 않는 입법태도가 타당할 것이다.

(2) 허위문서작성죄의 세분화

현행 형법상 작성명의인이 허위내용의 문서를 작성하는 것에 대한 처벌규정은 제227조의 허위공문서작성죄와 제233조의 허위진단서작성죄가 있다. 허위공문서작성죄의 간접정범의 성립여부

24) 김일수, 한국형법 V, 330면.

에 대한 논쟁을 입법적으로 해결하고, 동일조문에 허위진단서작성죄를 규정하는 것이 바람직하다고 생각하여 개정대상으로 삼았다.

(3) 복사문서규정의 삭제

현행형법은 제237조의 2에 복사문서에 대한 특별규정을 두고 있다. 그 규정에 따르면 "이 장의 죄에 있어서 전자복사기, 또는 모사전송기 기타 이와 유사한 기기를 사용하여 복사한 문서 또는 도화의 사본도 문서 또는 도화로 본다"라고 되어 있다. 복사문서의 문서성을 인정하는 1989년의 대법원판결 전에 정부의 형법개정작업의 소위원 심의과정에서 복사기에 의한 문서의 사본을 문서의 개념에 포함될 수 있도록 규정을 신설할 것인지가 논의되었다.[25] 논의 결과는 처벌규정을 별도규정으로 두자는 안이 7:3으로 다수의견이었다. 반대의견을 표명한 3인의 의견도 규정의 신설을 반대하는 것이 아니라, 단지 그 규정을 별도규정이 아니라 간주규정으로 신설하자는 견해였다. 그러나 현행대로 두고 해석에 맡기자는 견해에 대해서는 찬성견해가 없었다.

형법 개정 이후에 대부분의 문헌에서는 복사문서에 관한 입법적 해결에 대해서 별다른 평가없이 소개만 하고 있을 뿐이어서, 기존의 복사문서와 관련하여 전개된 논의가 무색할 정도이다. 일부의 학계의 견해에 의하면 복사문서에 대한 신설규정을 간주규정으로 보고 판례에 의해 확인된 그간의 법생활을 수용하

25) 형사법개정자료 VIII, 소위원회심의결과, 1989.1, 405면 이하.

였다는 긍정적인 견해[26]가 있는가 하면, 복사문서의 문서성을 부정하면서 신설규정은 현실적 필요성에 의한 특별규정이라고 보는 견해[27]와, 성급한 입법에 의해서 형법의 문서개념을 무의미하게 한다는 점을 들어 부정적인 견해[28]가 있다.

그러나 문서개념은 전적으로 해석에 맡겨져 있으며, 규범적 구성요건요소로서 '문서'는 사회변화에 따른 평가에 따라서 그 개념적 외연을 달리할 수 있는 것이므로, 이를 입법에 의해서 규정하는 것은 바람직하지 못하다고 생각된다.[29]

제3절 위조범죄의 개정논의

1. 개정의 기본 방향

(1) 위조범죄로서 문서죄의 특성반영

문서죄를 포함한 위조범죄가 그 보호법익을 공공의 신용에 두고 있는 한, 그러한 공공의 신용은 사회에서 형성되고 널리 이용되는 공공의 신용의 대상물을 포함하기 위한 보호법익으로 이해해야 한다. 특히 다른 범죄와 달리 위조범죄의 경우에는 특히

26) 김일수, 한국형법 V, 314면.
27) 정성근/박광민, 형법각론, 570면.
28) 이정원, 형법각론, 610면; 하태훈, 복사문서의 문서성, 형사판례연구[1], 215면.
29) 자세한 논거에 대해서는 류전철, 형법상 문서개념의 재구성, 형사법연구 제11호, 227면 이하 참조.

현실을 고려하지 않고서 순수한 규범적 관점에서 공공의 신용을 보호한다고 이해해서는 안 된다. 그러므로 문서와 관련된 문제에 대해서 입법적 해결보다는 가급적 문제된 사안과 관련된 개별적인 사회현실을 파악하는 것이 중요하고 그리고 이러한 현실을 법관의 규범적 판단에 맡기는 정도에서 해결하는 것이 바람직하다고 생각된다.

(2) 법조문구성의 간이화

현행 형법상 문서에 대한 범죄는 16개 조문으로 구성되어 있다. 그리고 이 조문의 배열방식은 제225조부터 제230조까지 공문서에 대한 규정을 하고, 제231조부터 제234조 및 제236조에 행위객체만 사문서로 하는 유사한 구성요건을 규정하고 있다. 공문서와 사문서를 구별하는 입법론에서는 불가피한 구성형식이라고 보여진다. 그러나 문서에 대한 죄 규정들을 가능한 한 간이화하고 명료하게 하는 것은 개정의 중요한 기본방향이다.

(3) 입법을 통한 해석론상 논쟁점의 정리

전술한 바와 같이 현행 형법하에서 논의되어 온 문서죄의 해석론상 논쟁점들 중에서 입법론적 해결이 필요한 부분들을 개정입법에 반영하는 것 또한 개정의 기본방향이 되어야 할 것이다.

(4) 법률용어의 순화 및 벌금형의 추가

1) 사인위조 · 부정사용죄에 벌금형 추가

2) 용어 순화

모용 → 사칭

변개 → 변경

위작 → 위조 / 변작 → 변조 : 이 용어문제에 대해서는 논의가 필요함.

2. 위조범죄규정 개정 제안(안)

현행 형법(1995년)	개정제안(안)	비고
第207조 (통화의 위조등) ① 행사할 목적으로 통용하는 대한민국의 화폐, 지폐 또는 은행권을 위조 또는 변조한 자는 무기 또는 2년 이상의 징역에 처한다. ② 행사할 목적으로 내국에서 유통하는 외국의 화폐, 지폐 또는 은행권을 위조 또는 변조한 자는 1년 이상의 유기징역에 처한다. ③ 행사할 목적으로 외국에서 통용하는 외국의 화폐, 지폐 또는 은행권을 위조 또는 변조한 자는 10년 이하의 징역에 처한다. ④ 위조 또는 변조한 전3항 기재의 통화를 행사하거나 행사할 目的으로 수입 또는 수출한 자는 그 위조 또는 변조의 각죄에 정한 형에 처한다.	좌동	
第208조 (위조통화의 취득) 행사할 목적으로 위조 또는 변조한 제207조기재의 통화를 취득한 자는 5년 이하의 징역 또는 1천500만원 이하의 벌금에 처한다.<改正 1995.12. 29>	좌동	

현행 형법(1995년)	개정제안(안)	비고
제209조 (자격정지 또는 벌금의 병과) 제207조 또는 제208조의 죄를 범하여 유기징역에 처할 경우에는 10년 이하의 자격정지 또는 2천만원 이하의 벌금을 병과할 수 있다.<改正 1995.12.29>	좌동	
제210조 (위조통화취득후의 지정행사) 제207조기재의 통화를 취득한 후 그 정을 알고 행사한 자는 2년 이하의 징역 또는 500만원 이하의 벌금에 처한다.<改正 1995.12.29>	좌동	
제211조 (통화유사물의 제조등) ① 판매할 目的으로 내국 또는 외국에서 통용하거나 유통하는 화폐, 지폐 또는 은행권에 유사한 물건을 제조, 수입 또는 수출한 자는 3年 이하의 징역 또는 700만원 이하의 벌금에 처한다.<改正 1995.12.29> ②전항의 물건을 판매한 자도 전항의 형과 같다.	좌동	
제212조 (미수범) 제207조, 제208조와 전조의 미수범은 처벌한다.	좌동	
제213조 (예비, 음모) 제207조 제1항 내지 제3항의 죄를 범할 목적으로 예비 또는 음모한 者는 5년 이하의 징역에 처한다. 단, 그 목적한 죄의 실행에 이르기 전에 자수한 때에는 그 형을 감경 또는 면제한다.	좌동	
제214조 (유가증권의 위조등) ① 행사할 목적으로 대한민국 또는 외국의 공채증서 기타 유가증권을 위조 또는 변조한 자는 10년 이하의 징역에 처한다.	좌동	

현행 형법(1995년)	개정제안(안)	비고
② 행사할 목적으로 유가증권의 권리의무에 관한 기재를 위조 또는 변조한 자도 전항의 형과 같다.	좌동	
제215조 (자격모용에 의한 유가증권의 작성) 행사할 목적으로 타인의 자격을 모용하여 유가증권을 작성하거나 유가증권의 권리 또는 의무에 관한 사항을 기재한 자는 10년 이하의 징역에 처한다.	제215조 (자격사칭에 의한 유가증권의 작성) 행사할 목적으로 타인의 자격을 사칭하여 유가증권을 작성하거나 유가증권의 권리 또는 의무에 관한 사항을 기재한 자는 10년 이하의 징역에 처한다.	용어순화
제216조 (허위유가증권의 작성등) 행사할 목적으로 허위의 유가증권을 작성하거나 유가증권에 허위사항을 기재한 자는 7년 이하의 징역 또는 3천만원 이하의 벌금에 처한다.<改正 1995.12.29>	좌동	
제217조 (위조유가증권등의 행사등) 위조, 변조, 작성 또는 허위기재한 전3조 기재의 유가증권을 행사하거나 행사할 목적으로 수입 또는 수출한 자는 10년 이하의 징역에 처한다.	제217조 (위조유가증권등의 행사등) ① 위조, 변조, 작성 또는 허위기재한 전3조 기재의 유가증권을 행사하거나 행사할 목적으로 수입 또는 수출한 자는 10년 이하의 징역에 처한다. ② 제1항의 행사에는 제237조의2를 준용한다.	개정
제218조 (인지·우표의 위조등 <改正 1995.12.29>) ① 행사할 목적으로 대한민국 또는 외국의 인지, 우표 기타 우편요금을 표시하는 증표를 위조 또는 변조한 자는 10년 이하의 징역에 처한다.<改正 1995.12.29> ② 위조 또는 변조된 대한민국 또는 외국의 인지, 우표 기타 우편요금을 표시하는 증표	좌동	

현행 형법(1995년)	개정제안(안)	비고
를 행사하거나 행사할 목적으로 수입 또는 수출한 자도 제1항의 형과 같다.<改正 1995. 12.29>	좌동	
제219조 (위조인지・우표등의 취득) 행사할 목적으로 위조 또는 변조한 대한민국 또는 외국의 인지, 우표 기타 우편요금을 표시하는 증표를 취득한 자는 3년 이하의 징역 또는 1천만원 이하의 벌금에 처한다.<改正 1995.12.29>	좌동	
제220조 (자격정지 또는 벌금의 병과) 제214조 내지 제219조의 죄를 범하여 징역에 처하는 경우에는 10년 이하의 자격정지 또는 2천만원 이하의 벌금을 병과할 수 있다.	좌동	
제221조 (소인말소) 행사할 목적으로 대한민국 또는 외국의 인지, 우표 기타 우편요김을 표시하는 증표의 소인 기타 사용의 표지를 말소한 자는 1년 이하의 징역 또는 300만원 이하의 벌금에 처한다.	좌동	
제222조 (인지・우표유사물의 제조등)<改正 1995.12.29> ① 판매할 목적으로 대한민국 또는 외국의 공채증서, 인지, 우표 기타 우편요금을 표시하는 증표와 유사한 물건을 제조, 수입 또는 수출한 자는 2년 이하의 징역 또는 500만원 이하의 벌금에 처한다. ② 전항의 물건을 판매한 자도 전항의 형과 같다.	좌동	
제223조 (미수범) 제214조 내지 제219조와 전조의 미수범은 처벌한다.	좌동	

현행 형법(1995년)	개정제안(안)	비고
第224조 (예비, 음모) 제214조, 제215조와 제218조 제1항의 죄를 범할 목적으로 예비 또는 음모한 자는 2년 이하의 징역에 처한다.	좌동	
第225조 (공문서등의 위조·변조) 행사할 목적으로 공무원 또는 공무소의 문서 또는 도화를 위조 또는 변조한 자는 10년 이하의 징역에 처한다.<改正 1995.12.29>	第225조(문서등의 위조·변조) 행사할 목적으로 문서 또는 도화를 위조 또는 변조한 자는 5년이하의 징역 또는 1천만원 이하의 벌금에 처한다.	공문서·사문서 단일화
第226조 (자격모용에 의한 공문서등의 작성) 행사할 목적으로 공무원 또는 공무소의 자격을 모용하여 문서 또는 도화를 작성한 자는 10년 이하의 징역에 처한다.<改正 1995.12.29>	第226조 (자격모용에 의한 문서등의 작성) 행사할 목적으로 타인의 자격을 모용하여 문서 또는 도화를 작성한 자는 5년이하의 징역 또는 1천만원 이하의 벌금에 처한다.	개정
第227조 (허위공문서작성등) 공무원이 행사할 목적으로 그 직무에 관하여 문서 또는 도화를 허위로 작성하거나 변개한 때에는 7년 이하의 징역 또는 2천만원 이하의 벌금에 처한다.		조문위치 변동 및 개정
第227조의2 (공전자기록위작·변작) 사무처리를 그르치게 할 목적으로 공무원 또는 공무소의 전자기록등 특수매체기록을 위작 또는 변작한 자는 10년 이하의 징역에 처한다.	第227조(전자기록위작·변작) 사무처리를 그르치게 할 목적으로 타인의 전자기록등 특수매체기록을 위작 또는 변작한 자는 5년이하의 징역 또는 1천만원 이하의 벌금에 처한다.	
第228조 (공정증서원본등의 부실기재) ① 공무원에 대하여 허위신고를 하여 공정증서원본 또는 이와 동일한 전자기록등 특수매체기록에 부실의 사실을 기재 또는 기록하게		

현행 형법(1995년)	개정제안(안)	비고
한 자는 5년 이하의 징역 또는 1천만원 이하의 벌금에 처한다.<改正 1995.12.29> ② 공무원에 대하여 허위신고를 하여 면허증, 허가증, 등록증 또는 여권에 부실의 사실을 기재하게 한 자는 3년 이하의 징역 또는 700만원 이하의 벌금에 처한다.<改正 1995.12.29>		조문위치 변동
제229조 (위조등 공문서의 행사) 제225조 내지 제228조의 죄에 의하여 만들어진 문서, 도화, 전자기록등 특수매체기록, 공정증서원본, 면허증, 허가증, 등록증 또는 여권을 행사한 자는 그 각 죄에 정한 형에 처한다.		조문위치 변동 및 개정
제230조 (공문서등의 부정행사) 공무원 또는 공무소의 문서 또는 도화를 부정행사한 자는 2년 이하의 징역이나 금고 또는 500만원 이하의 벌금에 처한다.<改正 1995.12.29>		조문위치 변동 및 개정
제231조 (사문서등의 위조・변조<改正 1995.12.29>) 행사할 목적으로 권리・의무 또는 사실증명에 관한 타인의 문서 또는 도화를 위조 또는 변조한 者는 5년 이하의 징역 또는 1천만원 이하의 벌금에 처한다.<改正 1995.12.29>		삭제
제232조 (자격모용에 의한 사문서의 작성) 행사할 목적으로 타인의 자격을 모용하여 권리・의무 또는 사실증명에 관한 문서 또는 도화를 작성한 자는 5년 이하의 징역 또는 1천만원 이하의 벌금에 처한다.<改正 1995.12.29>		삭제

<table>
<tr><th>현행 형법(1995년)</th><th>개정제안(안)</th><th>비고</th></tr>
<tr><td>제232조의2 (사전자기록위작ㆍ변작) 사무처리를 그르치게 할 목적으로 권리ㆍ의무 또는 사실증명에 관한 他人의 전자기록등 특수매체기록을 위작 또는 변작한 자는 5年 이하의 징역 또는 1천만원 이하의 벌금에 처한다.</td><td></td><td>삭제</td></tr>
<tr><td rowspan="2">제233조 (허위진단서등의 작성) 의사, 한의사, 치과의사 또는 조산사가 진단서, 검안서 또는 생사에 관한 증명서를 허위로 작성한 때에는 3년 이하의 징역이나 금고, 7년 이하의 자격정지 또는 3천만원 이하의 벌금에 처한다.</td><td>제228조(허위문서작성) ① 공무원이 행사할 목적으로 그 직무에 관하여 문서 또는 도화를 허위로 작성하거나 변개한 때에는 5年이하의 징역 또는 1천만원이하의 벌금에 처한다.
② 전항의 공무원의 직무를 보조하는 자가 행사할 목적으로 부지의 작성권한 있는 공무원을 이용하여 문서 또는 도화를 허위로 작성하거나 변개한 때에도 전항의 형과 같다.
③ 의사, 한의사, 치과의사 또는 조산사가 진단서, 검안서 또는 생사에 관한 증명서를 허위로 작성한 때에는 3년이하의 징역이나 금고 또는1천만원이하의 벌금에 처한다.</td><td rowspan="2">조문위치 변동 및 개정</td></tr>
<tr><td>제229조 (공정증서원본등의 부실기재) ①공무원에 대하여 허위신고를 하여 공정증서원본 또는 이와 동일한 전자기록등 특수매체기록에 부실의 사실을 기재 또는 기록하게 한 자는 3년이하의 징역 또는 700만원 이하의 벌금에 처한다.</td></tr>
</table>

현행 형법(1995년)	개정제안(안)	비고
	②공무원에 대하여 허위신고를 하여 면허증, 허가증, 등록증 또는 여권에 부실의 사실을 기재하게 한 자는 3년이하의 징역 또는 700만원 이하의 벌금에 처한다.	
제234조 (위조사문서등의 행사) 제231조 내지 제233조의 죄에 의하여 만들어진 문서, 도화 또는 전자기록등 특수매체기록을 행사한 자는 그 각 죄에 정한 형에 처한다.	제230조 (위조등 문서의 행사) 제225조 내지 제229조의 죄에 의하여 만들어진 문서, 도화, 전자기록등 특수매체기록, 공정증서원본, 면허증, 허가증, 등록증 또는 여권을 행사한 자는 그 각 죄에 정한 형에 처한다	조문위치 변동 및 개정
제235조 (미수범) 제225조 내지 제234조의 미수범은 처벌한다.<改正 1995.12.29>	제231조 (미수범) 제225조 내지 제230조의 미수범은 처벌한다.	개정
제236조 (사문서의 부정행사) 권리・의무 또는 사실증명에 관한 타인의 문서 또는 도화를 부정행사한 자는 1년 이하의 징역이나 금고 또는 300만원 이하의 벌금에 처한다.<改正 1995.12.29>	제232조 (문서의 부정행사) 타인의 문서 또는 도화를 부정행사한 자는 1년이하의 징역이나 금고 또는 300만원이하의 벌금에 처한다.	개정
제237조 (자격정지의 병과) 제225조 내지 제227조의2 및 그 행사죄를 범하여 징역에 처할 경우에는 10년 이하의 자격정지를 병과할 수 있다.<改正 1995.12.29>	제233조 (자격정지의 병과) 제225조 내지 제236조를 범하여 징역에 처할 경우에는 7년이하의 자격정지를 병과할 수 있다.	
제237조의2 (복사문서등) 이 장의 죄에 있어서 전자복사기, 모사전송기 기타 이와 유사한 기기를 사용하여 복사한 문서 또는 도화의 사본도 문서 또는 도화로 본다.	좌동	
제238조 (공인등의 위조, 부정사용) ① 행사할 목적으로 공무원 또는 공무소의 인장, 서	좌동	

현행 형법(1995년)	개정제안(안)	비고
명, 기명 또는 기호를 위조 또는 부정사용한 자는 5년 이하의 징역에 처한다. ② 위조 또는 부정사용한 공무원 또는 공무소의 인장, 서명, 기명 또는 기호를 행사한 자도 전항의 형과 같다. ③ 전2항의 경우에는 7년 이하의 자격정지를 병과할 수 있다.	좌동	
第239조 (사인등의 위조, 부정사용) ① 행사할 목적으로 타인의 인장, 서명, 기명 또는 기호를 위조 또는 부정사용한 자는 3년 이하의 징역에 처한다. ② 위조 또는 부정사용한 타인의 인장, 서명, 기명 또는 기호를 행사한 때에도 전항의 형과 같다.	第239조 (사인등의 위조, 부정사용) ① 행사할 목적으로 타인의 인장, 서명, 기명 또는 기호를 위조 또는 부정사용한 자는 3년 이하의 징역 또는 천만원 이하의 벌금에 처한다.	벌금형 추가
第240조 (미수범) 본장의 미수범은 처벌한다.	좌동	

3. 2010년 형사법학회 개정안

(1) 개정안의 주요내용

1) 통화에 관한 죄

현행형법을 유지하되 자격정지를 병과하는 내용만 삭제

2) 유가증권에 관한 죄

① 개정시안

第285조 (자격사칭에 의한 유가증권의 작성) 행사할 목적으로 타인의 자격을 사칭하여 유가증권을 작성하거나 유가증권의 권리 또는 의무에 관한 사항을 기재한 자는 10년 이하의 징역에 처한다.

② 개정시안 의견

법률용어의 순화 차원에서 '모용'을 '사칭'으로 수정하였다.

3) 문서에 관한 죄

① 공문서·사문서의 단일화

㉠ 개정시안

제295조 (문서등의 위조·변조) 행사할 목적으로 문서 또는 도화를 위조 또는 변조한 자는 5년 이하의 징역 또는 1천만원 이하의 벌금에 처한다.

제297조 (전자기록위작·변작) 사무처리를 그르치게 할 목적으로 타인의 전자기록등 특수매체기록을 위작 또는 변작한 자는 5년 이하의 징역 또는 1천만원 이하의 벌금에 처한다.

제302조 (문서의 부정행사) 타인의 문서 또는 도화를 부정행사한 자는 1년 이하의 징역이나 금고 또는 300만원 이하의 벌금에 처한다.

㉡ 개정시안 의견

공문서의 위조 또는 변조는 사문서에 비해 불법이 가중된 경우로 보고 가중된 법정형을 정하고 있다. 이와 같은 공문서와 사문서의 구별은 일본을 통해 계수된 독일의 1871년 제국형법의 영향이라고 설명되고 있다. 그러나 오늘날 경제생활분야에서 거래주체로서 국가 공공단체나 사인, 공기업 사이에 본질적인 차이는 무너졌고 공·사문서에 대한 안전과 신용보호에 차이를 둘 필요가 없다는 점에서 현행법의 태도에 대해 의문이 제기되고 있으며, 이러한 공·사문서의 구별의 배경이 한국사회에 남아 있는 관료적인 전통이 개인의 사문서에 비해 공문서의 높은 신용성을 요구하고 있는 것으로 생각된다.

우리 사회에서 문서에 대한 공공의 신용을 보호하는데 언제까지 공문서와 사문서의 구별이 필요할 것인가를 생각해본다면 아마도 개정논의가 있는 시점에서는 공문서와 사문서를 구별하지 않는 입법태도가 타당할 것으로 판단된다.

② 자격모용에 의한 공문서등의 작성

㉠ 개정시안

第226조 (자격사칭에 의한 문서등의 작성) 행사할 목적으로 타인의 자격을 모용하여 문서 또는 도화를 작성한 자는 5년 이하의 징역 또는 1천만원 이하의 벌금에 처한다.

㉡ 개정시안 의견

용어순화와 공문서, 사문서 단일화 취지의 개정을 하였다.

③ 허위공문서작성죄

㉠ 개정시안

第298조 (허위문서작성) ① 공무원 또는 공무원인 의사가 행사할 목적으로 그 직무에 관하여 문서 또는 도화를 허위로 작성하거나 변경한 때에는 5년이하의 징역 또는 2천만원 이하의 벌금에 처한다.

② 전항의 공무원의 직무를 보조하는 자가 행사할 목적으로 부지의 작성권한 있는 공무원을 이용하여 문서 또는 도화를 허위로 작성하거나 변경한 때에도 전항의 형과 같다.

③ 의사, 한의사, 치과의사 또는 조산사가 진단서, 검안서 또는 생사에 관한 증명서를 허위로 작성한 때에는 3년 이하의 징역이나 금고 또는 1천만원 이하의 벌금에 처한다.

㉡ 개정시안 의견

문서죄의 해석론과 관련해서 제기된 문제점들 중에서 허위공문서작성죄의 간접정범 성립여부와 관련한 판례와 학설의 주장들을 입법론에 의해서 해결할 필요가 있는지 검토할 필요가 있다. 공문서의 작성권한 있는 공무원을 보좌하여 기안을 담당하는 공무원이 그 직위를 이용하여 행사할 목적으로 허위공문서를 기안하여 그 정을 모르는 상사의 서명·날인을 받아 공문서를 완성한 경우에 허위공문서작성죄의 간접정범이 성립한다는 대법원의 입장은 이미 40년이 넘게 변함없이 유지되고 있다. 이러한 논의과정에서 일치하는 부분은 현행 형법상 문서작성을 보조하는 공무원이 정을 모르는 권한 있는 공무원을 이용하여 허위의 공문서를 작성하는 행위의 처벌필요성은 인정하고 있다는 점이다. 단지 형법 제227조는 진정신분범으로서 '작성권한 있는 공무원'만이 주체라는 점이 무모한 해석의 논리를 양산하고 있다고 본다. 따라서 해석론의 순화를 위해서 형법 제227조의 규정을 개정할 필요가 있다고 생각되었다.

4) 인장에 관한 죄

① 개정시안

제304조 (인장등의 위조, 부정사용) ① 행사할 목적으로 타인의 인장, 서명, 기명 또는 기호를 위조 또는 부정사용한 자는 3년 이하의 징역에 처한다.

② 위조 또는 부정사용한 타인의 인장, 서명, 기명 또는 기호를 행사한 자도 전항의 형과 같다.

③ (삭제)

제305조 (공기호의 위조, 부정사용) ① 행사할 목적으로 공무원 또는 공무소의 기호를 위조 또는 부정사용한 자는 5년 이하의 징역에 처한다.

② 위조 또는 부정사용한 공무원 또는 공무소의 기호를 행사한 때에도 전항의 형과 같다.

② 개정시안 의견

문서죄에서 공문서와 사문서의 구별을 폐지하고 단일화한 것과 마찬가지의 취지에서 공인과 사인의 구별도 더 이상 의미가 없다. 인장에 관한 죄는 문서나 유가증권을 위조하는 수단이 되는 경우가 많다. 따라서 인장에 관한 죄는 다른 위조범죄에 수반되는 범죄로서 문서나 유가증권 위조범죄가 성립한 경우에는 이에 흡수되어 독자적인 범죄로 성립하는 경우가 거의 없는 실정이다. 그러나 인장에 관한 죄 중에서 공기호에 대한 공공의 신용은 사기호와는 달리 독자적인 의미를 가질 뿐만 아니라, 타 위조범죄와는 다른 독자성이 있으므로 별도의 공기호에 대한 처벌규정을 별도로 규정하였다.

<현행 형법상 문서에 관한 죄와 개정안 대비표>

현행형법	1992년 법무부 개정안	형법개정연구회 개정시안
제18장 통화에 관한 죄	**제28장 통화에 관한 죄**	**제28장 통화에 관한 죄**
제207조 (통화의 위조등) ① 행사할 목적으로 통용하는 대한민국의 화폐, 지폐 또는 은행권을 위조 또는 변조한 자는 무기 또는 2년 이상의 징역에 처한다. ② 행사할 목적으로 내국에서 유통하는 외국의 화폐, 지폐 또는 은행권을 위조 또는 변조한 자는 1년 이상의 유기징역에 처한다. ③ 행사할 목적으로 외국에서 통용하는 외국의 화폐, 지폐 또는 은행권을 위조 또는 변조한 자는 10년 이하의 징역에 처한다. ④ 위조 또는 변조한 전3항 기재의 통화를 행사하거나 행사할 目的으로 수입 또는 수출한 자는 그 위조 또는 변조의 각죄에 정한 형에 처한다.	제288조 (통화위조등) ① 행사할 목적으로 대한민국 또는 외국의 통화를 위조 또는 변조한 자는 무기 또는 1년 이상의 징역에 처한다. ② 위조 또는 변조된 제1항의 통화를 행사하거나 행사할 목적으로 수입 또는 수출한 자도 제1항의 형과 같다.	제277조 (통화의 위조등) 현행형법과 동일
제208조 (위조통화의 취득) 행사할 목적으로 위조 또는 변조한 제207조기재의 통화를 취득한 자는 5년 이하의 징역 또는	제289조 (위조통화취득) 행사할 목적으로 위조 또는 변조된 제288조의 통화를 취득한 자는 5년 이하의 징역 또는 1	제278조 (위조통화의 취득) 행사할 목적으로 위조 또는 변조한 제277조 기재의 통화를 취득한 자는 5년 이하의 징역

현행형법	1992년 법무부 개정안	형법개정연구회 개정시안
제18장 통화에 관한 죄	제28장 통화에 관한 죄	제28장 통화에 관한 죄
1천500만원 이하의 벌금에 처한다.	천5백만원 이하의 벌금에 처한다.	또는 1천500만원 이하의 벌금에 처한다.
제209조 (자격정지 또는 벌금의 병과) 제207조 또는 제208조의 죄를 범하여 유기징역에 처할 경우에는 10년 이하의 자격정지 또는 2천만원 이하의 벌금을 병과할 수 있다.	제290조 (자격정지 또는 벌금의 병과) 제288조 또는 제289조의 죄를 범하여 유기징역에 처 할 경우에는 10년 이하의 자격정지 또는 1천만원 이하의 벌금을 병과할 수 있다.	제279조 (벌금의 병과) 제707조 또는 제278조의 죄를 범하여 유기징역에 처할 경우에는 2천만원 이하의 벌금을 병과할 수 있다.
제210조 (위조통화취득후의 지정행사) 제207조기재의 통화를 취득한 후 그 정을 알고 행사한 자는 2년 이하의 징역 또는 500만원 이하의 벌금에 처한다.	제291조 (위조통화취득후지정행사) 제288조 통화를 취득한 후 그 정을 알고 행사한 자는 2년 이하의 징역 또는 5백만원 이하의 벌금에 처한다.	제280조 (위조통화취득후의 지정행사) 제277조기재의 통화를 취득한 후 그 정을 알고 행사한 자는 2년 이하의 징역 또는 500만원 이하의 벌금에 처한다.
제211조 (통화유사물의 제조등) ① 판매할 目的으로 내국 또는 외국에서 통용하거나 유통하는 화폐, 지폐 또는 은행권에 유사한 물건을 제조, 수입 또는 수출한 자는 3年 이하의 징역 또는 700만원 이하의 벌금에 처한다. ② 전항의 물건을 판매한 자도 전항의 형과 같다.	제292조(통화유사물제조등) ① 판매할 목적으로 대한민국 또는 외국의 통화와 유사한 물건을 제조, 수입 또는 수출한 자는 3년 이하의 징역 또는 7백만원 이하의 벌금에 처한다. ② 제1항의 물건을 판매한 자도 제1항의 형과 같다.	제281조 (통화유사물의 제조등) 현행형법과 동일
제212조 (미수범) 제207조, 제208조와 전조의 미수범은 처벌한다.	제293조 (미수범) 제288조, 제289조 및 제292조의 미수범은 처벌한다.	제282조 (미수범) 제277조, 제278조와 제280조의 미수범은 처벌한다.

현행형법	1992년 법무부 개정안	형법개정연구회 개정시안
제18장 통화에 관한 죄	제28장 통화에 관한 죄	제28장 통화에 관한 죄
제213조 (예비, 음모) 제207조 제1항 내지 제3항의 죄를 범할 목적으로 예비 또는 음모한 者는 5년 이하의 징역에 처한다. 단, 그 목적한 죄의 실행에 이르기 전에 자수한 때에는 그 형을 감경 또는 면제한다.	제294조 (예비 · 음모) 제288조 제1항의 죄를 범할 목적으로 예비 또는 음모한 자는 5년 이하의 징역에 처한다. 다만, 그 목적한 죄의 실행에 착수하기 전에 자수한 때에는 그 형을 감경 또는 면제한다.	제283조 (예비 · 음모) 제277조 제1항 내지 제3항의 죄를 범할 목적으로 예비 또는 음모한 者는 5년 이하의 징역에 처한다. 단, 그 목적한 죄의 실행에 이르기 전에 자수한 때에는 그 형을 감경 또는 면제한다.
제19장 유가증권,우표와 인지에 관한 죄	제29장 유가증권,우표와 인지에 관한 죄	제27장 유가증권,우표와 인지에 관한 죄
제214조 (유가증권의 위조등) ① 행사할 목적으로 대한민국 또는 외국의 공채증서 기타 유가증권을 위조 또는 변조한 자는 10년 이하의 징역에 처한다. ② 행사할 목적으로 유가증권의 권리의무에 관한 기재를 위조 또는 변조한 자도 전항의 형과 같다.	제295조 (유가증권의 위조등) ① 행사할 목적으로 대한민국 또는 외국의 공채증서 기타 유가증권을 위조 또는 변조한 자는 10년 이하의 징역에 처한다. ② 행사할 목적으로 유가증권의 권리의무에 관한 기재를 위조 또는 변조한 자도 제1항의 형과 같다.	현행형법과 동일
제215조 (자격모용에 의한 유가증권의 작성) 행사할 목적으로 타인의 자격을 모용하여 유가증권을 작성하거나 유가증권의 권리 또는 의무에 관한 사항을 기재한 자는 10년 이하의 징역에 처한다.	제296조 (자격모용에 의한 유가증권의 작성) 행사할 목적으로 타인의 자격을 모용하여 유가증권을 작성하거나 유가증권의 권리 · 의무에 관한 사항을 기재한 자는 10년 이하의 징역에 처한다.	제285조 (자격사칭에 의한 유가증권의 작성) 행사할 목적으로 타인의 자격을 사칭하여 유가증권을 작성하거나 유가증권의 권리 또는 의무에 관한 사항을 기재한 자는 10년 이하의 징역에 처한다.

현행형법	1992년 법무부 개정안	형법개정연구회 개정시안
제18장 통화에 관한 죄	제28장 통화에 관한 죄	제28장 통화에 관한 죄
제216조 (허위유가증권의 작성등) 행사할 목적으로 허위의 유가증권을 작성하거나 유가증권에 허위사항을 기재한 자는 7년 이하의 징역 또는 3천만원 이하의 벌금에 처한다.	제297조 (허위유가증권의 작성등) 행사할 목적으로 허위의 유가증권을 작성하거나 유가증권에 허위사항을 기재한 자는 7년 이하의 징역 또는 3천만원 이하의 벌금에 처한다.	제286조 (허위유가증권의 작성등) 현행형법과 동일
제217조 (위조유가증권등의 행사등) 위조, 변조, 작성 또는 허위기재한 전3조 기재의 유가증권을 행사하거나 행사할 목적으로 수입 또는 수출한 자는 10년 이하의 징역에 처한다.	제298조 (위조유가증권등의 행사등) 위조, 변조, 작성 또는 허위기재한 전3조 기재의 유가증권을 행사하거나 행사할 목적으로 수입 또는 수출한 자는 10년 이하의 징역에 처한다.	제287조 (위조유가증권등의 행사등) 현행형법과 동일
제218조 (인지·우표의 위조등) ① 행사할 목적으로 대한민국 또는 외국의 인지, 우표 기타 우편요금을 표시하는 증표를 위조 또는 변조한 자는 10년 이하의 징역에 처한다. ② 위조 또는 변조된 대한민국 또는 외국의 인지, 우표 기타 우편요금을 표시하는 증표를 행사하거나 행사할 목적으로 수입 또는 수출한 자도 제1항의 형과 같다.	제299조 (인지·우표의 위조등) ① 행사할 목적으로 대한민국 또는 외국의 인지, 우표 기타 우편요금을 표시하는 증표를 위조 또는 변조한 자는 10년 이하의 징역에 처한다. ② 위조 또는 변조된 대한민국 또는 외국의 인지, 우표 기타 우편요금을 표시하는 증표를 행사하거나 행사할 목적으로 수입 또는 수출한 자도 제1항의 형과 같다.	제288조 (인지·우표의 위조등) 현행형법과 동일
제219조 (위조인지·우표등의 취득) 행사할 목적으로 위조 또는 변조한 대한민국 또는 외국	제300조 (위조인지·우표등의 취득) 행사할 목적으로 위조 또는 변조한 대한민국 또	제289조 (위조인지·우표등의 취득)현행형법과 동일

현행형법	1992년 법무부 개정안	형법개정연구회 개정시안
제18장 통화에 관한 죄	제28장 통화에 관한 죄	제28장 통화에 관한 죄
의 인지, 우표 기타 우편요금을 표시하는 증표를 취득한 자는 3년 이하의 징역 또는 1천만원 이하의 벌금에 처한다.	는 외국의 인지, 우표 기타 우편요금을 표시하는 증표를 취득한 자는 3년 이하의 징역 또는 1천만원 이하의 벌금에 처한다.	
제220조 (자격정지 또는 벌금의 병과) 제214조 내지 제219조의 죄를 범하여 징역에 처하는 경우에는 10년 이하의 자격정지 또는 2천만원 이하의 벌금을 병과할 수 있다.	제301조 (자격정지 또는 벌금의 병과) 제214조 내지 제219조의 죄를 범하여 징역에 처하는 경우에는 10년 이하의 자격정지 또는 2천만원 이하의 벌금을 병과할 수 있다.	제290조 (벌금의 병과) 제214조 내지 제219조의 죄를 범하여 징역에 처하는 경우에는 2천만원 이하의 벌금을 병과할 수 있다.
제221조 (소인말소) 행사할 목적으로 대한민국 또는 외국의 인지, 우표 기타 우편요김을 표시하는 증표의 소인 기타 사용의 표지를 말소한 자는 1년 이하의 징역 또는 300만원 이하의 벌금에 처한다.	제302조 (소인말소) 행사할 목적으로 대한민국 또는 외국의 인지, 우표 기타 우편요김을 표시하는 증표의 소인 기타 사용의 표지를 말소한 자는 1년 이하의 징역 또는 300만원 이하의 벌금에 처한다.	제291조 (소인말소) 현행형법과 동일
제222조 (인지·우표유사물의 제조등) ① 판매할 목적으로 대한민국 또는 외국의 공채증서, 인지, 우표 기타 우편요금을 표시하는 증표와 유사한 물건을 제조, 수입 또는 수출한 자는 2년 이하의 징역 또는 500만원 이하의 벌금에 처한다. ② 전항의 물건을 판매한 자도	제303조 (인지·우표유사물의 제조등) ① 판매할 목적으로 대한민국 또는 외국의 공채증서, 인지, 우표 기타 우편요금을 표시하는 증표와 유사한 물건을 제조, 수입 또는 수출한 자는 2년 이하의 징역 또는 500만원 이하의 벌금에 처한다.	제292조 (인지·우표유사물의 제조등) 현행형법과 동일

현행형법	1992년 법무부 개정안	형법개정연구회 개정시안
제18장 통화에 관한 죄	제28장 통화에 관한 죄	제28장 통화에 관한 죄
전항의 형과 같다.	② 제1항의 물건을 판매한 자도 전항의 형과 같다.	
제223조 (미수범) 제214조 내지 제219조와 전조의 미수범은 처벌한다.	제304조 (미수범) 제295조 내지 제300조 및 제303조의 미수범은 처벌한다.	제293조 (미수범) 제284조 내지 제289조와 제292조의 미수범은 처벌한다.
제224조 (예비, 음모) 제214조, 제215조와 제218조 제1항의 죄를 범할 목적으로 예비 또는 음모한 자는 2년 이하의 징역에 처한다.	제305조 (예비·음모) 제295조, 제296조 및 제299조 제1항의 죄를 범할 목적으로 예비 또는 음모한 자는 2년 이하의 징역에 처한다.	제294조 (예비·음모) 제284조, 제285조 및 제288조 제1항의 죄를 범할 목적으로 예비 또는 음모한 자는 2년 이하의 징역에 처한다.
제20장 문서에 관한 죄	제30장 문서에 관한 죄	제28장 문서에 관한 죄
제225조 (공문서등의 위조·변조) 행사할 목적으로 공무원 또는 공무소의 문서 또는 도화를 위조 또는 변조한 자는 10년 이하의 징역에 처한다.	제306조 (공문서등의 위조·변조) 행사할 목적으로 공무원 또는 공무소의 문서 또는 도화를 위조 또는 변조한 자는 10년 이하의 징역에 처한다.	제295조 (문서등의 위조·변조) 행사할 목적으로 문서 또는 도화를 위조 또는 변조한 자는 5년 이하의 징역 또는 1천만원 이하의 벌금에 처한다.
제226조 (자격모용에 의한 공문서등의 작성) 행사할 목적으로 공무원 또는 공무소의 자격을 모용하여 문서 또는 도화를 작성한 자는 10년 이하의 징역에 처한다.	제307조 (자격모용에 의한 공문서등의 작성) 행사할 목적으로 공무원 또는 공무소의 자격을 모용하여 문서 또는 도화를 작성한 자는 10년 이하의 징역에 처한다.	제296조 (자격사칭에 의한 문서등의 작성) 행사할 목적으로 타인의 자격을 사칭하여 문서 또는 도화를 작성한 자는 5년 이하의 징역 또는 1천만원 이하의 벌금에 처한다.
제227조 (허위공문서작성등) 공무원이 행사할 목적으로 그 직무에 관하여 문서 또는 도화를 허위로 작성하거나 변개한 때에는 7년 이하의 징역 또는	제308조 (허위공문서작성등) 공무원이 행사할 목적으로 그 직무에 관하여 문서 또는 도화를 허위로 작성하거나 변개한 때에는 7년 이하의 징역	(삭제 - 허위문서작성죄로 변경)

현행형법	1992년 법무부 개정안	형법개정연구회 개정시안
제18장 통화에 관한 죄	제28장 통화에 관한 죄	제28장 통화에 관한 죄
2천만원 이하의 벌금에 처한다.	또는 2천만원 이하의 벌금에 처한다.	
제227조의2 (공전자기록위작·변작) 사무처리를 그르치게 할 목적으로 공무원 또는 공무소의 전자기록등 특수매체기록을 위작 또는 변작한 자는 10년 이하의 징역에 처한다.	제309조(공전자기록위작·변작) 사무처리를 그르치게 할 목적으로 공무원 또는 공무소의 전자기록등 특수매체기록을 위작 또는 변작한 자는 10년 이하의 징역에 처한다.	제297조(전자기록위작·변작) 사무처리를 그르치게 할 목적으로 타인의 전자기록등 특수매체기록을 위작 또는 변작한 자는 5년 이하의 징역 또는 1천만원 이하의 벌금에 처한다.
제228조 (공정증서원본등의 부실기재) ① 공무원에 대하여 허위신고를 하여 공정증서원본 또는 이와 동일한 전자기록등 특수매체기록에 부실의 사실을 기재 또는 기록하게 한 자는 5년 이하의 징역 또는 1천만원 이하의 벌금에 처한다. ② 공무원에 대하여 허위신고를 하여 면허증, 허가증, 등록증 또는 여권에 부실의 사실을 기재하게 한 자는 3년 이하의 징역 또는 700만원 이하의 벌금에 처한다.	제310조 (공정증서원본등의 부실기재) ① 공무원에 대하여 허위신고를 하여 공정증서원본 또는 이와 동일한 전자기록등 특수매체기록에 부실의 사실을 기재 또는 기록하게 한 자는 5년 이하의 징역 또는 1천만원 이하의 벌금에 처한다. ② 공무원에 대하여 허위신고를 하여 면허증, 허가증, 등록증 또는 여권에 부실의 사실을 기재하게 한 자는 3년 이하의 징역 또는 700만원 이하의 벌금에 처한다.	(위치이동 - 제299조)
제229조 (위조등 공문서의 행사) 제225조 내지 제228조의 죄에 의하여 만들어진 문서, 도화, 전자기록등 특수매체기록,	제311조 (위조등 공문서의 행사) 제306조 내지 제310조의 죄에 의하여 만들어진 문서, 도화, 전자기록등 특수매	(위치이동 - 제300조)

현행형법	1992년 법무부 개정안	형법개정연구회 개정시안
제18장 통화에 관한 죄	제28장 통화에 관한 죄	제28장 통화에 관한 죄
공정증서원본, 면허증, 허가증, 등록증 또는 여권을 행사한 자는 그 각 죄에 정한 형에 처한다.	체기록, 공정증서원본, 면허증, 허가증, 등록증 또는 여권을 행사한 자는 그 각 죄에 정한 형에 처한다.	
제230조 (공문서등의 부정행사) 공무원 또는 공무소의 문서 또는 도화를 부정행사한 자는 2년 이하의 징역이나 금고 또는 500만원 이하의 벌금에 처한다.	제312조 (공문서등의 부정행사) 공무원 또는 공무소의 문서 또는 도화를 부정행사한 자는 2년 이하의 징역이나 금고 또는 500만원 이하의 벌금에 처한다.	(삭제)
제231조 (사문서등의 위조·변조) 행사할 목적으로 권리·의무 또는 사실증명에 관한 타인의 문서 또는 도화를 위조 또는 변조한 者는 5년 이하의 징역 또는 1천만원 이하의 벌금에 처한다.	제313조 (사문서등의 위조·변조 행사할 목적으로 권리·의무 또는 사실증명에 관한 타인의 문서 또는 도화를 위조 또는 변조한 者는 5년 이하의 징역 또는 1천만원 이하의 벌금에 처한다.	(삭제)
제232조 (자격모용에 의한 사문서의 작성) 행사할 목적으로 타인의 자격을 모용하여 권리·의무 또는 사실증명에 관한 문서 또는 도화를 작성한 자는 5년 이하의 징역 또는 1천만원 이하의 벌금에 처한다.	제314조 (자격모용에 의한 사문서의 작성) 행사할 목적으로 타인의 자격을 모용하여 권리·의무 또는 사실증명에 관한 문서 또는 도화를 작성한 자는 5년 이하의 징역 또는 1천만원 이하의 벌금에 처한다.	(삭제)
제232조의2 (사전자기록위작·변작) 사무처리를 그르치게 할	제315조(사전자기록위작·변작) 사무처리를 그르치게 할	(삭제)

현행형법	1992년 법무부 개정안	형법개정연구회 개정시안
제18장 통화에 관한 죄	제28장 통화에 관한 죄	제28장 통화에 관한 죄
목적으로 권리·의무 또는 사실증명에 관한 他人의 전자기록등 특수매체기록을 위작 또는 변작한 자는 5年 이하의 징역 또는 1천만원 이하의 벌금에 처한다.	목적으로 권리·의무 또는 사실증명에 관한 他人의 전자기록등 특수매체기록을 위작 또는 변작한 자는 5年 이하의 징역 또는 1천만원 이하의 벌금에 처한다.	
제233조 (허위진단서등의 작성) 의사, 한의사, 치과의사 또는 조산사가 진단서, 검안서 또는 생사에 관한 증명서를 허위로 작성한 때에는 3년 이하의 징역이나 금고, 7년 이하의 자격정지 또는 3천만원 이하의 벌금에 처한다.	제316조 (허위진단서등의 작성) 의사, 한의사, 치과의사 또는 조산사가 진단서, 검안서 또는 생사에 관한 증명서를 허위로 작성한 때에는 3년 이하의 징역이나 금고, 7년 이하의 자격정지 또는 3천만원 이하의 벌금에 처한다.	제298조 (허위문서작성) ① 공무원 또는 공무원인 의사가 행사할 목적으로 그 직무에 관하여 문서 또는 도화를 허위로 작성하거나 변경한 때에는 5년 이하의 징역 또는 2천만원 이하의 벌금에 처한다. ② 전항의 공무원의 직무를 보조하는 자가 행사할 목적으로 부지의 작성권한 있는 공무원을 이용하여 문서 또는 도화를 허위로 작성하거나 변경한 때에도 전항의 형과 같다. ③ 의사, 한의사, 치과의사 또는 조산사가 진단서, 검안서 또는 생사에 관한 증명서를 허위로 작성한 때에는 3년 이하의 징역이나 금고 또는1천만원이하의 벌금에 처한다.
		제299조 (공정증서원본등의 부실기재) ① 공무원에 대하여

현행형법	1992년 법무부 개정안	형법개정연구회 개정시안
제18장 통화에 관한 죄	제28장 통화에 관한 죄	제28장 통화에 관한 죄
		허위신고를 하여 공정증서원본 또는 이와 동일한 전자기록등 특수매체기록에 부실의 사실을 기재 또는 기록하게 한 자는 3년 이하의 징역 또는 700만원 이하의 벌금에 처한다. ② 공무원에 대하여 허위신고를 하여 면허증, 허가증, 등록증 또는 여권에 부실의 사실을 기재하게 한 자는 3년 이하의 징역 또는 700만원 이하의 벌금에 처한다.
제234조 (위조사문서등의 행사) 제231조 내지 제233조의 죄에 의하여 만들어진 문서, 도화 또는 전자기록등 특수매체기록을 행사한 자는 그 각 죄에 정한 형에 처한다.	제317조 (위조사문서등의 행사) 제313조 내지 제316조의 죄에 의하여 만들어진 문서, 도화 또는 전자기록등 특수매체기록을 행사한 자는 그 각 죄에 정한 형에 처한다.	제300조 (위조등 문서의 행사) 제295조 내지 제299조의 죄에 의하여 만들어진 문서, 도화, 전자기록등 특수매체기록, 공정증서원본, 면허증, 허가증, 등록증 또는 여권을 행사한 자는 그 각 죄에 정한 형에 처한다.
제235조 (미수범) 제225조 내지 제234조의 미수범은 처벌한다.	제318조 (미수범) 제306조 내지 제317조의 미수범은 처벌한다.	제301조 (미수범) 제295조 내지 제330조의 미수범은 처벌한다.
제236조 (사문서의 부정행사) 권리·의무 또는 사실증명에 관한 타인의 문서 또는 도화를 부정행사한 자는 1년 이하의 징	제319조 (사문서의 부정행사) 권리·의무 또는 사실증명에 관한 타인의 문서 또는 도화를 부정행사한 자는 1년 이하	제302조 (문서의 부정행사) 타인의 문서 또는 도화를 부정행사한 자는 1년 이하의 징역이나 금고 또는 300만원 이하

현행형법	1992년 법무부 개정안	형법개정연구회 개정시안
제18장 통화에 관한 죄	제28장 통화에 관한 죄	제28장 통화에 관한 죄
역이나 금고 또는 300만원 이하의 벌금에 처한다.	의 징역이나 금고 또는 300만원 이하의 벌금에 처한다.	의 벌금에 처한다.
제237조 (자격정지의 병과) 제225조 내지 제227조의2 및 그 행사죄를 범하여 징역에 처할 경우에는 10년 이하의 자격정지를 병과할 수 있다.	제320조 (자격정지의 병과) 제306조 내지 제309조 및 그 행사죄를 범하여 징역에 처할 경우에는 10년 이하의 자격정지를 병과할 수 있다.	(삭제)
제237조의2 (복사문서등) 이 장의 죄에 있어서 전자복사기, 모사전송기 기타 이와 유사한 기기를 사용하여 복사한 문서 또는 도화의 사본도 문서 또는 도화로 본다.	제321조 (복사문서등) 이 장의 죄에 있어서 전자복사기, 모사전송기 기타 이와 유사한 기기를 사용하여 복사한 문서 또는 도화의 사본도 문서 또는 도화로 본다.	제303조 (복사문서등) 이 장의 죄에 있어서 전자복사기, 모사전송기 기타 이와 유사한 기기를 사용하여 복사한 문서 또는 도화의 사본도 문서 또는 도화로 본다.
제21장 인장에 관한 죄	제31장 인장에 관한 죄	제29장 인장에 관한 죄
제238조 (공인등의 위조, 부정사용) ① 행사할 목적으로 공무원 또는 공무소의 인장, 서명, 기명 또는 기호를 위조 또는 부정사용한 자는 5년 이하의 징역에 처한다. ② 위조 또는 부정사용한 공무원 또는 공무소의 인장, 서명, 기명 또는 기호를 행사한 자도 전항의 형과 같다. ③ 전2항의 경우에는 7년 이하의 자격정지를 병과할 수 있다.	제322조 (공인등의 위조, 부정사용) ① 행사할 목적으로 공무원 또는 공무소의 인장, 서명, 기명 또는 기호를 위조 또는 부정사용한 자는 5년 이하의 징역에 처한다. ② 위조 또는 부정사용한 공무원 또는 공무소의 인장, 서명, 기명 또는 기호를 행사한 자도 전항의 형과 같다. ③ 제1항 및 제2항의 경우에는 7년 이하의 자격정지를 병과할 수 있다.	제304조 (인장등의 위조, 부정사용) ① 행사할 목적으로 타인의 인장, 서명, 기명을 위조 또는 부정사용한 자는 3년 이하의 징역에 처한다. ② 위조 또는 부정사용한 타인의 인장, 서명, 기명 또는 기호를 행사한 자도 전항의 형과 같다. ③ (삭제)

현행형법	1992년 법무부 개정안	형법개정연구회 개정시안
제18장 통화에 관한 죄	제28장 통화에 관한 죄	제28장 통화에 관한 죄
제239조 (사인등의 위조, 부정사용) ① 행사할 목적으로 타인의 인장, 서명, 기명 또는 기호를 위조 또는 부정사용한 자는 3년 이하의 징역에 처한다. ② 위조 또는 부정사용한 타인의 인장, 서명, 기명 또는 기호를 행사한 때에도 전항의 형과 같다.	제323조 (사인등의 위조, 부정사용) ① 행사할 목적으로 타인의 인장, 서명, 기명 또는 기호를 위조 또는 부정사용한 자는 3년 이하의 징역에 처한다. ② 위조 또는 부정사용한 타인의 인장, 서명, 기명 또는 기호를 행사한 때에도 제1항의 형과 같다.	제305조 (공기호의 위조, 부정사용) ① 행사할 목적으로 공무원 또는 공무소의 기호를 위조 또는 부정사용한 자는 3년 이하의 징역에 처한다. ② 위조 또는 부정사용한 공무원 또는 공무소의 기호를 행사한 때에도 전항의 형과 같다.
제240조 (미수범) 본장의 미수범은 처벌한다.	제324조 (미수범) 본장의 미수범은 처벌한다	제306조 (미수범) 본장의 미수범은 처벌한다.

| 색인 |

ㅈ

저자

류전철

전남대학교 법과대학 및 동 대학원 법학석사 과정 수료 (법학석사)
독일 Freiburg 대학교 법과대학 박사과정 수료 (법학박사)

대한민국 국회입법지원 형사법분야 자문위원
사법시험, 행정고시, 입법고시 출제위원

현 전남대학교 법학전문대학원 교수

저서

형벌의 본질에 관한 연구
Die Urkundendelikte im deutschen und koreanischen Strafrecht
형법입문 -총론편

위조 범죄의 이론과 실제

인쇄 | 2011년 2월 21일
발행 | 2011년 2월 25일

저자 | 류전철
발행 | 김윤수
발행처 | 전남대학교출판부

등록 | 1981. 5. 21. 제53호
주소 | 500-757 광주광역시 북구 용봉로 77
전화 | (062) 530-0571~3
팩스 | (062) 530-0579
홈페이지 | http://altair.chonnam.ac.kr/~cnup

값 20,000원

ISBN 978-89-7598-914-8 (93360)

이 도서의 국립중앙도서관 출판시도서목록(CIP)은 e-CIP홈페이지 (http://www.nl.go.kr/ecip)에서 이용하실 수 있습니다.
(CIP제어번호 : CIP2011001595)